JN213345

一冊ですべてわかる!

暗号資産の税務処理と調査対応のポイント

令和6年度補訂版

監修　武田 恒男

第一法規

はじめに

2025年1月20日、ドナルド・トランプ氏が再び大統領に就任しましたが、トランプ氏はデジタル資産に関する大統領令に署名し、規制の見直しや国家備蓄の可能性を模索する作業部会を設置しました。さらに、中央銀行デジタル通貨（CBDC）の創設を禁止する措置も講じました。こうしたトランプ政権による規制緩和や暗号資産推進の姿勢が市場の期待を押し上げています。

今後、トランプ政権下で提案される新しいルールが市場参加者にとって有利になることが予想され、暗号資産取引に関わる税制の見直しや税率、報告義務の変更等、ビットコインを始めその他の暗号資産の魅力は社会に大きな影響を与えることになるでしょう。日本においても、こうしたアメリカの動きは注視しておく必要があり、ご存じのとおり、日本においても1月20日には、ビットコインが史上最高値をさらに更新し、円建てで1,707万円に到達しました。これは1年前の価格(540万円)と比べると3倍を超える水準です。期待値が高いビットコインに代表されるとおり、このまま暗号資産が普及していくことが予想され、税制などの見直しも現実味を帯びてきます。令和7年度税制改正においては、暗号資産取引に関する課税方法の見直しについても触れています。

現在、暗号資産取引による所得は「雑所得」として地方税も含め最大55％の税率が適用されていますが、高い税率が暗号資産の成長を妨げているという指摘もあり、株式投資と同様の「申告分離課税」への移行や、損失の繰越控除の導入など、投資家にとってより公平で理解しやすい税制への変更も検討されています。デジタル化社会がさらに進めば、日本においても現金取引が減ってくることは確実であり、暗号資産が改めて注目されると考えられます。

暗号資産に関する法律が日本で施行されたのは、2017年4月1日のことです。当時は暗号資産ではなく「仮想通貨」と言っており、「改正資金決済法」で仮想通貨（暗号資産）のルールが定められ、この法律によって、仮想通貨とは何か、仮想通貨交換業とは何かといった定義の部分、そして仮想通貨交換業者に対する規制等が行われました。改正資金決済法の施行にともない、国税庁では、暗号資産に関する問い合わせ等のあった事項をまとめた「仮想通貨関係FAQ」を公表し、それ以降も適宜FAQを改定しています。

現在では、暗号資産の“税”に関する書籍も多くあります。しかし、税務調査まで網羅した書籍はほぼないと思われます。初版は2023年3月20日に発刊され、あれから2年が経過しました。暗号資産に関する税制も見直されていることから、この度、補訂版を出版する運びとなりました。

税金は、この国を繁栄させ、国民生活を支えていく重要なお金です。特定の誰かが得をするようなものではありません。そのためにも適正納税の実現が不可欠であり、課税当局と納税者双方の道徳的で質の高い対応が求められます。

一般社団法人租税調査研究会は、課税当局で40年以上のキャリアを持ち、税務調査の最前線で指揮をとってきた国税出身の税理士が、研究員・主任研究員として会計事務所の相談、教育等の支援を行っている団体です。それぞれが所得税、法人税、相続税、消費税、国際など、各税法分野で実務の責任者及び調査の第一線で活躍してきました。こうした税の第一人者が暗号資産の税務処理から確定申告、税務調査対応、国税当局との税務訴訟等について、最新情報を執筆しており、今回、第一法規の協力を得て、補訂版を出版することができました。

多くの方にこの本を手に取っていただき、暗号資産に関係する税金関係のことについて深く理解していただければ幸いです。

なお、文中意見にわたる部分は、個人的な見解であることを念のため申し添えます。

税理士・一般社団法人租税調査研究会　代表理事　武田恒男

目 次

第4章　暗号資産の確定申告

第5章　暗号資産の税務調査

第6章　暗号資産取引の課税をめぐる裁決事例・裁判例等

参考資料

［凡例］

法令については、下記の略記を用いています。

所　法：所得税法
所　令：所得税法施行令
所基通：所得税基本通達
法　法：法人税法
法　令：法人税法施行令
法　規：法人税法施行規則
法基通：法人税基本通達
消　法：消費税法
消　令：消費税法施行令
消基通：消費税法基本通達

第1章

暗号資産取引の基礎

1　暗号資産取引の仕組み

(1)　暗号資産（仮想通貨）とは

日本銀行のホームページでは、「暗号資産（仮想通貨）とは何ですか?」という問いに対する回答として、次のように記載されている。

「暗号資産（仮想通貨）」とは、インターネット上でやり取りできる財産的価値であり、「資金決済に関する法律」において、次の性質をもつものと定義されています。

① 不特定の者に対して、代金の支払い等に使用でき、かつ、法定通貨と相互に交換できる。

② 電子的に記録され、移転できる。

③ 法定通貨又は法定通貨建ての資産（プリペイドカード等）ではない。

代表的な暗号資産には、ビットコインやイーサリアムなどがあります。

暗号資産は、銀行等の第三者を介することなく、財産的価値をやり取りすることが可能な仕組みとして、高い注目を集めました。

一般に、暗号資産は、「交換所」や「取引所」と呼ばれる事業者（暗号資産交換業者）から入手・換金することができます。

暗号資産は、国家やその中央銀行によって発行された法定通貨ではありません。

また、裏付け資産を持っていないことなどから、利用者の需給関係などの様々な要因によって、暗号資産の価格が大きく変動する傾向にある点には注意が必要です。（日銀HP：教えて！にちぎん）

⑵　中央管理者のいない暗号資産（仮想通貨）

2008年9月15日、米大手証券会社リーマン・ブラザーズが過剰な住宅投資の末に経営破綻に至り、連邦破産法適用を申請した。これをきっかけに、世界経済は未曽有の危機に突入した。株式や不動産、商品市場から資金が一斉に逃げ出し、世界の株式時価総額は、2008年の年初から約30兆ドルが吹き飛び同年末には半減にまで至るなど、まさに金融危機の様相を呈したのである。

このような危機的状況を引き起こした端緒は米住宅市場のバブルが崩壊したことだが、そのバブルの中心にあったのは、証券化商品を活用した信用力の低い個人向け住宅融資（サブプライムローン）の膨張であった。

世界経済が未曽有の危機に瀕している2008年、「サトシ・ナカモト」を名乗る人物が公表した論文において、「P2P」※1という通信技術と「ハッシュ値」※2という暗号技術を組み合わせれば、既存の金融機関を介さずとも実用的な仮想通貨を作れることが示された。

この論文を基に、2009年1月、インターネット上の仮想通貨ビットコインが誕生した。

ビットコインの中核技術は、各国に分散する数万台のコンピューターが共同して取引記録を書き込んだブロック（台帳）のコピーを保管するというものであり、ブロック（台帳）を共同して鎖のようにつなげていくことから、ブロックチェーン又は分散型台帳と呼ばれている。

ビットコインの取引記録は鎖のようにつながれ、多くのコンピューターで共有されることから、一部が壊れてもデータが失われることはなく、中央銀行のような管理者も必要としないで、自主的に参加した世界中の個人や企業が参加することによってシステムが維持されるという仕組みである。

※1　インターネットなどを通じて複数のコンピューター間で直接、情報をやり取りする技術。英語で同僚や仲間など立場が同等の人を指すpeerからつくられた造語「Peer-to-Peer」の略。

※2　ある数値を「ハッシュ関数」を使って別の数値に変換したもの。英語でごちゃ混ぜにするという意味のhashによる。ハッシュ値から元の数値を推測することはできない。

ブロックチェーン技術から派生したビットコインは、資金決済手段として手数料のかかる金融機関を介さずに個人間の端末機器同士で資金のやり取りができることから、高い利便性が評価され、海外では銀行ネットワークに依存しないで行える国際送金等の利用により一気に拡大した。

(3)　法定通貨と仮想通貨

2022年の外国為替取引において、年初に115円近辺で始まったドル円相場は、同年10月21日、32年ぶり（1990年8月以来）に150円台に突入した。年初から32％も上昇したことになる。

世界の外国為替取引で圧倒的なシェアを占める米ドルは、政治経済の中心的な存在であることからさまざまな要因・材料がドル相場に反映される。ドル円相場が上昇したということは、円相場が歴史的な安値水準で推移したことになる。

国家やその国の中央銀行によって発行され保証されている法定通貨に対しては、それぞれの国の中央銀行が、自国通貨の価値安定のために各種金融政策を駆使することにより急激な相場変動の解消に努めている。歴史的な相場の乱高下に対しては、複数の国の中央銀行や財政当局が協調して相場介入を行うことで急激な変動の沈静化にあたることもある。

通貨が通貨であるためには、通貨の三大機能である①支払手段、②価値の尺度、③価値の貯蔵手段の観点から、安心して使うことができるということが条件であり、ゆえに価値の安定は不可欠である。

金融庁が、仮想通貨を初めて法律で規定した改正資金決済法が施行された2017年４月から同年12月中旬までの間に代表的な仮想通貨の一つであるビットコイン価格（単位BTC）は、1BTC＝約1,000ドルから1BTC＝約20,000ドルに急伸した。

８か月という短期間に世界の機軸通貨である米ドル換算で20倍に価値が増加したことになる。

決済手段としての利便性の高さや海外送金手数料の安さから注目を浴びていた仮想通貨が、一転して世界中の投資家による投機対象として格好の受け皿になった。

「仮想通貨元年」と呼ばれることがあるほどの2017年、仮想通貨ブームが過熱する中で、ビットコインは８月１日に初めて分裂し、「ビットコインキャッシュ」が生まれた。さらに同年10月には「ビットコインゴールド」がビットコインから分裂して誕生した。

既に流通する仮想通貨の規格を元にして新たな規格の仮想通貨を誕生させる分裂は、本来であれば元の仮想通貨を分けるだけなので分裂前の価値と分裂後の２つを合わせた価値は同じになるはずである。

しかし、ブームが過熱する中においては、分裂後の新仮想通貨を得ようと大量の投機マネーが流れ込んだことにより、新通貨だけでなく本家の仮想通貨も値上がりするという現象が生じた。

2008年に「サトシ・ナカモト」の名前で公表された論文から誕生したビットコインは、当初、発行上限が2,100万ビットコインと定められていた。

当時はリーマンショックによる景気の急激な悪化を受け、各国の中央銀行が大規模な金融緩和を行う中で、発行上限のあるビットコインは発行量を自由に増やすことができる法定通貨と違い、インフレになっても価値が低下しないメリットがあるとされていた。

しかし、分裂という形でビットコインの発行量がなし崩し的に増えることは、発行上限があることによるメリットと相反する矛盾を孕むことになってしまった。

(4) 米国における税務指針の公表

米国の内国歳入庁（IRS）は、2014年3月にビットコインに代表される仮想通貨を巡る税務指針を公表した（IRS通知2014-21）。

同指針では、仮想通貨を「通貨」ではなく「資産」と認定し、連邦所得税の目的である財産として取り扱われると説明することで資産に対する一般的な課税原則を適用するとした。

ビットコインを使った商取引では、物やサービスを提供した見返りにビットコインを受け取った時点での時価評価で売上げを計上して相応の納税を求めるとし、投資目的で保有する仮想通貨の売却益は、株式や債券などの売却益と同等に課税すると明記した。

しかし、この時点では、仮想通貨の分裂に伴う税務上の取扱いや取得価格の算出方法の明記はなかった。

IRS通知2014-21に当初掲載されていた「FAQ（よくある質問）」は、16問だけであったが、2022年3月22日時点では、「ハードフォークを通過した場合」や「ハードフォークを経てエアドロップが続いた場合」などの例が追加されて46問まで増えている。

日本における「暗号資産と税務の取扱い」については第2章で詳述する。

(5) 仮想通貨を法律で規定

経済産業省の発表によれば、2015年時点でのキャッシュレス決済（クレジットカードや電子マネーなど現金を使わない決済）の比率は、韓国89%、中国60%、欧米が50～30%に対して日本は18%に留まっている。

しかし、訪日客の増加や付加価値通信網による社会のICT化により電子決済の普及は急速に進展した。また、かねてから為替取引が銀行固有の独占業務となっていることについての問題点を指摘する声は少なくなかった。このような状況を背景に、「資金決済に関する法律」（2009年6月24日法律第59号）が制定され、2010年4月1日に施行された。

同法においては、商品券やプリペイドカードなどの金券や電磁化された電子マネーなどが「前払式支払手段」とされ、銀行等以外の者が為替取引を業として営む「資金移動業者」等が規定された。なお、この時点では仮想通貨についての法律上の規定は、まだ存在していない。

2014年2月28日にビットコインの取引所「マウントゴックス」が経営破綻した。

同社は、ビットコインと預り金の消失により負債が急増し債務超過に陥ったとして、民事再生法手続の開始を申し入れた。この申入れを受けて、東京地裁は同年4月に破産手続開始を決定。この時点で債権者は12万人を超え、顧客から預かっていた約82億円の資産が消滅したといわれている。

当時の法律で仮想通貨について規定したものはなく、このような事態に直面したことによって、中央銀行などの発行主体や管理者もいないという仮想通貨の特徴が、取引の安全性や消費者保護の観点から懸念材料とされるようになったのである。

こうした事態を受けて、2016年5月25日、第190回国会において「情報通信技術の進展等の環境変化に対応するための銀行法等の一部を改正する法律」（法律第62号）が成立し、2017年4月1日に施行された。

同法第11条（資金決済に関する法律の一部改正）において、資金決済に関する法律に、「第三章の二　仮想通貨」として、仮想通貨交換業について内閣総理大臣への登録制（第63条の2）や交換業者による情報の安全管理（第63条の8）、利用者の保護等に関する措置（第63条の10）、利用者財産の管理（第63条の11）及び立入検査等（第63条の15）など、第63条の2から第63条の22までの条文が定められた。

この改正により、法規制面で「仮想通貨」という呼称が初めて明確に定義されたこととなったが、その一方で、これがむしろ、2017年に日本で起こった仮想通貨投機熱に拍車をかけたという見方もある。

(6)　仮想通貨から暗号資産へ

2018年3月に金融庁において仮想通貨交換業等をめぐる諸問題について制度的な対応を検討するため、「仮想通貨交換業等に関する研究会」が設置された。

その会合は11回にわたり、海外の事業者を含む関係者からのヒアリングも行いながら検討が重ねられた。2018年12月の会合で「仮想通貨交換業等に関する研究会報告書」が取りまとめられ、同報告書の中で、法令上、「仮想通貨」の呼称を「暗号資産」に変更することについての提案がなされた。

その理由としては、国際的にはビットコインが登場した当時の「Virtual Currency」という呼称から「Crypto-asset」という表現が多く用いられつつあるということと、資金決済法において仮想通貨交換業者に対して、法定通貨との誤認防止のための顧客への説明義務を課しているが仮想通貨の呼称では誤解が生じやすいというものであった。

このような議論を受け、2019年5月31日、「情報通信技術の進展に伴う金融取引の多様化に対応するための資金決済に関する法律等の一部を改正する法律」（法律第28号）が国会で成立し、同法第1条で「仮想通貨」を「暗号資産」に改めることが正式に決まった。

「通貨」なのか「資産」なのか、さらには「仮想」と「暗号」という呼称の違いにどれほどの違いがあるかについては、実社会での経済活動等にあまり影響はないものの、日本の法体系の中においては、「暗号資産」とすることで整理が行われたことになる。

暗号資産は、発行量に上限があることから供給面で制約がある。そのために需要が増えると価格は上昇し、さらに値上がりを見込んで投機的資金が流れ込むことで値動きが不安定になることから支払手段としての通貨には適していない。

また、株式や債券のように配当や利子が付くことはなく、金や銀のように工業・工芸面での実需もないことから、資産としての魅力には乏しい。

このようなことから、暗号資産は通貨なのか資産なのか判然としない面がある。

法律の上では「暗号資産」という呼称とされたものの、資金決済等の手段としての通貨的側面からの有用性が失われたというわけではなく、むしろ通貨的機能からの需要は増加しており、「仮想通貨」という呼称も局面に応じて併用されていくものと考える。

2021年6月、中米エルサルバドルの国会でビットコインを法定通貨とする法案が可決された。これにより同国は、ビットコインを法定通貨と定めた最初の国となった。

報道によると、国民の7割が銀行口座を持たないために親族間の送金に際して安価な手数料で送金が行われるビットコインへの期待は大きいということである（読売新聞、2021年7月9日）。

2　暗号資産取引をめぐる問題

(1)　暗号資産とFinTech（フィンテック）

日本銀行は、2016年4月1日にFinTechセンターを設立した。

FinTechとは、金融（Finance）と技術（Technology）を組み合わせた造語で、金融サービスと情報技術を結び付けたさまざまな動きのことである。

スマートフォンを使った送金などもその一例である。

FinTechの動きが、金融サービスの向上や経済の持続的成長に資するようにとの観点から日本銀行としても取組を一段と強化していくとされている。

このような金融のデジタル化の動きは、ビットコインが初めてブロックチェーン技術を利用し、その後より広範囲に活用されることになった分散型台帳との融合を急速に進展させることになる。

従来の金融は、銀行や取引所等に代表される金融仲介者を通じて行うことが必然であった。このことから、これまでの金融は、金融機関さらには監督官庁等の中央集権的管理者のコントロール下にあった。

ブロックチェーン技術を利用した金融は、中央集権的な金融仲介者を通じることなく利用者間で資金の貸借やさまざまな資産への投資などが行えるようになるために、DeFi（Decentralized Finance：分散型金融）と呼称されている。

既に、暗号資産という概念は、インターネット上でやり取りできる財産的価値であり、代表的なものにビットコインやイーサリアムなどがあるというような狭義のものではなくなっている。

暗号資産という呼称の対象は、ブロックチェーン技術を活用した広義のデジタル資産という大きな概念に包摂されている。

暗号資産取引をめぐる問題は、広義のデジタル資産として派生・出来するさまざまな事象への対応と検討が求められることになる。

⑵　暗号資産とWeb3.0

2022年６月７日、「経済財政運営と改革の基本方針2022 新しい資本主義へ」（いわゆる「骨太の方針」）が閣議決定された。

方針では、副題にある「新しい資本主義」に向けた改革として「成長と分配」をともに高める「人への投資」をはじめ、科学技術・イノベーションへの投資、スタートアップへの投資、グリーントランスフォーメーション（GX）、デジタルトランスフォーメーション（DX）への投資を柱とする「新しい資本主義」の実現に向けた重点投資分野についての官民連携投資の基本方針が示された。

スタートアップ（新規創業）への投資については、「スタートアップは経済成長の原動力であるイノベーションを生み出すとともに、環境問題や子育て問題などの社会課題の解決にも貢献しうる、新しい資本主義の担い手である。こうしたスタートアップが新たに生まれ、飛躍を遂げることができる環境を整備することにより、戦後の日本の創業期に次ぐ第二創業期の実現を目指す。実行のための司令塔機能を明確化し、スタートアップ政策を大胆に展開する。

具体的には、スタートアップが直面する資金調達の困難さの解消を図るため、新規上場の際に十分な資金調達を行うことを可能にすべくIPO※1プロセスの見直しを進めるとともに、事業化までに時間を要するスタートアップの成長を図るためのストックオプション等の環境整備を行う。」となっている。

さらに基本方針のなかでは、「社会課題の解決に向けた取組」として「多極化・地域活性化の推進」が掲げられている。

そこでは「多極化された仮想空間」として「ブロックチェーン上でのデジタル資産の普及・拡大など、ユーザーが自らデータの管理や活用を行うことで新しい価値を創出する動きが広がっており、こうした分散型のデジタル社会の実現に向けて、必要な環境整備を図る。

そのため、トラステッド・ウェブ（Trusted Web）※2の実現に向けた機能の詳細化や国際標準化への取組を進める。

また、ブロックチェーン技術を基盤とするNFT※3やDAO※4の利用等のWeb3.0※5の推進に向けた環境整備の検討を進める。FinTechの推進のため、セキュリティトークン（デジタル証券）での資金調達に関する制度整備、暗号資産について利用者保護に配意した審査基準の緩和、決済手段としての経済機能に関する解釈指針の作成を行う。」となっている。

※1　Initial Public Offeringの略称。新規株式公開。
※2　特定のサービスに依存せずに、個人・法人によるデータのコントロールを

強化する仕組み。やり取りするデータや相手方を検証できる仕組み等の新たな信頼の枠組みをインターネット上に付加するもの。
※3　Non-Fungible Token（非代替性トークン）の略称。偽造・改ざん不能のデジタルデータであり、ブロックチェーン上で、デジタルデータに唯一の性質を付与して真贋性を担保する機能や取引履歴を追跡できる機能を持つもの。
※4　Decentralized Autonomous Organization（分散型自立組織）の略称。中央集権的な存在に支配されることなく、だれでも参加可能な組織であり、取引が自動的にブロックチェーン上に記録されるため透明性と公平性に富んでいるとされる。
※5　次世代インターネットとして注目される概念。巨大なプラットフォーマーの支配を脱し、分散化されて個と個がつながった世界。電子メールとウェブサイトを中心としたWeb1.0、スマートフォンとSNSに特徴付けられるWeb2.0に続くもの。

この閣議決定を受けて金融庁は、「2022事務年度の金融行政方針」の本事務年度の作業計画として、NFT等のブロックチェーン上で発行されるデジタルアイテム等について資金決済法上の暗号資産該当性に係る判断基準の明確化を行うことを盛り込んだ。

インターネットの進化と変遷を示すものとして「Web1.0」は、1990年代のホームページや電子メールなどの利用者が情報を「読む」時代を指している。

2000年から2010年頃になると、SNSやeコマースなどユーザー自ら情報を発信できるようになったことから、「Web2.0」として「書ける」時代とする。

そして2020年頃からは、NFT、メタバース、DeFiなどユーザーがデジタル情報を所有できるようになったことから、「Web3.0」は「持てる」時代とされている。

Web3.0という新たなステージでは、ブロックチェーン上でのデジタル資産の普及・拡大が進んでおり、暗号資産やNFTに留まることなくさまざまな新しい概念の資産が生まれている。

Web2.0時代は、結果的にGAFA（グーグル、アップル、フェイスブック〈現メタ〉、アマゾン）に代表されるプラットフォーマーが情報を管理し、巨大な利益を独占したことから、中央集権型の時代でもあった。

それに対して、Web3.0ではGAFAを通さなくても個人情報が安全に管理できるブロックチェーン技術を使ってサービス、情報そして資産を自由にやり取りできる環境づくりが期待されている。

このような動きに対し、初期段階で法規制の網をかけて規制することについては、新しい技術や概念に基づくデジタル資産の有用性と将来性の芽を摘んでしまうことが危惧されている。

Web2.0の下で勃興し、ワールドワイドに巨大化したGAFA等の存在に対して、日本は大きく取り残されてしまい、「失われた20年」とか「ガラパゴス化した」といわれている。

暗号資産取引をめぐる問題を考える場合には、情報技術社会の日々の進歩・発展について時機を失することなく、かつ、俯瞰的に捉えることが重要になってくる。

(3) 暗号資産とステーブルコイン

2021年９月、金融庁に設置された金融審議会「資金決済ワーキング・グループ」において、ステーブルコインに関する規律のあり方等についての議論が行われ2022年１月に「報告書」が公表された。

その報告書において、「分散台帳を利用した金融サービスに関しては、送金・決済の分野において、近年、法定通貨と価値の連動等を目指すステーブルコインを用いた取引が、米国等で急速に拡大している。

こうしたステーブルコインのユースケースを見ると、暗号資産取引の一環として使われているケースが多いと考えられる。」との認識の下、「ステーブルコインに関する規律の明確化および導入」の必要性が記載された。

当初の報告書においては、「ステーブルコインについて明確な定義は存在しないが、一般的には、特定の資産と関連して価値の安定を目的とするデジタルアセットで分散型台帳技術（又はこれと類似の技術）を用いているものをいうと考えられる。」としていた。

続けて「ステーブルコインについて、現行制度の考え方に基づけば、価値を安定させる仕組みによって、①法定通貨の価値と連動した価格で発行され、発行価格と同額で償還を約するものと、②それ以外のアルゴリズムで価値の安定を試みるものとして分類できる。現行制度上は、①を「デジタルマネー類似型」とし、資金決済法上の「通貨建資産」（資金決済法第２条第６項）に、②を「暗号資産型」として「暗号資産」（同条第５項）にそれぞれ該当し得ると考えられる。」との認識を示していた。

この報告書を受けて「安定的かつ効率的な資金決済制度の構築を図るための資金決済に関する法律等の一部を改正する法律」（法律第61号）が2022年６月３日に成立し、６月10日に公布された。本改正法の施行日は公布から１年以内とされている。

この改正法では、第２条第５項に「デジタルマネー類似型ステーブルコイン」を意味するものとして「電子決済手段」の定義が新たに設けられた。

同項第１号で「電子決済手段は、通貨建資産に限る」とし、第２条第７項で「通貨建資産とは法定通貨をもって表示され、又は本邦通貨若しくは外国通貨をもって債務の履行、払戻しその他これらに順ずるものがおこなわれることとされている資産をいう。」と規定されたことから、「暗号資産型ステーブルコイン」は「暗号資産」に該当するものと整理され、既存の暗号資産に関する法制によって規制されることになった。

さらに今回の改正法においては、資金決済法上に「電子決済手段等取引業」(改正後資金決済法第2条第10項)の定義が、銀行法上に「電子決済等取扱業」(改正後銀行法第2条第17項)の定義が設けられた。

ここで既存の著名な海外業者発行のパーミッションレス型ステーブルコインの取扱いについての疑念が生じる。

分散台帳には、ネットワークへの参加に制約のないパーミッションレス型台帳と、ネットワークへの参加に管理者の許可を必要とするパーミッション型台帳とに大別される。

代表的なパーミッションレス型ステーブルコインであるUSDT(テザー)やUSDC(USDコイン)などの取扱いが、日本国内で現実的に可能であるかどうかについて今回の改正法では具体的な規定が設けられていないことから、海外で流通するステーブルコインの国内への参入障壁となって「資金が日本を素通りすることになり、世界の金融の潮流から取り残されるガラパゴス法」になってしまうのではないかと懸念する声もあった。

2022年12月26日、金融庁は「令和4年資金決済法等改正に係る政令・内閣府令案等」を取りまとめて公表した。

その中で、政令案、内閣府令等案とともに「事務ガイドライン」も示された。

ガイドラインでは、国内発行のステーブルコインについて、銀行や資金移動業者などの発行者に発行総額を資産保全するよう義務付ける。

海外発行のステーブルコインは、発行者が日本国内の業者とは限らないことから、国内で取引を行う国内の流通業者に資産保全を義務付けることで破綻などに備えるとしている。

(4)　暗号資産とデジタル通貨

2019年6月、フェイスブック（FB、現メタ）がデジタル通貨「リブラ」を2020年に発行するとの計画を公表した。

計画では、スイスに本拠を置くリブラ協会を設立。リブラ協会への加盟には1,000万ドル以上の資金の拠出を要し、加盟社のブロックチェーンで決済を保証し、米ドルや英ポンド、ユーロ、円などの法定通貨を裏付け資産とするものである。利用者は、取引を仲介する業者を通してリブラをドルや円などで購入し、FBの子会社が提供するスマホのアプリで送金したり、ネット上の買い物やサービス利用時の決済を行ったりすることができるというものである。

リブラとビットコインに代表される暗号資産との違いは、リブラが法定通貨の裏付けがあるということと、リブラ協会という組織がリブラを管理するということである。

リブラは、決済手段に特化したデジタル通貨としての色彩が強いものである。

世界で27億人の利用者がいるとされるFBが、このようなデジタル通貨を発行するとなると多くの国の通貨制度、金融政策、金融機関経営に多大な影響を及ぼすことになり、各国の政府と中央銀行が強い警戒心を抱くことになった。

さらに、2018年3月に発覚したFBから最大8,700万人分の個人情報が流出した問題で、直後から調査を進めていた米連邦取引委員会が、同社に5,400億円規模の制裁金を科す方針を決めたことが2019年７月に明らかになった。

その直後、米議会に呼ばれたFB幹部が議員の追及に対し、「リブラについては、各国の規制に従う。」と言明したことから、事実上リブラの発行はできなくなった。

乱降下を繰り返す暗号資産が、通貨としての価値の信頼性を失いつつあり、リブラのような民間主導のデジタル通貨に対する各国政府の規制の網が強化される中で、各国政府・中央銀行によるブロックチェーン技術の一部を利用した中央銀行デジタル通貨（CBDC:Central Bank Digital Currency）の実験は熱を帯びている。

中央銀行デジタル通貨とは、一般的に①デジタル化されている、②法定通貨建てである、③中央銀行の債務として発行されるという要件を満たすものをいう。

デジタル通貨の発行により決済の効率性向上やキャッシュレス決済の普及が期待されている。

銀行口座がなくてもスマホがあれば利用できることから、銀行間ネットワークが未整備で金融サービスが行き届いていない新興国が導入に積極的である。

日本銀行は、中央銀行デジタル通貨の実現可能性を探るために実証実験を進めている。

実証実験は３段階に分かれており、2021年４月から2022年４月にかけて基本機能（発行や流通など）に関する概念実証（フェーズ１）を完了し、同年４月から周辺機能（一括送金や外部システムとの連携など）に関する概念実証のフェーズ２に移行している。

これは、政府が公表した「経済財政運営と改革の基本方針2021」において、「2022年度中までに行う概念実証の結果を踏まえ、制度設計の大枠を整理し、パイロット実験や発行の実現可能性・法制面の検討を進める。」という閣議決定に基づくものである。

諸外国の動きをみてみると、例えば中国政府は、CBDCが民間のデジタル資産に置き換わることを検討し、2020年10月以降、「デジタル人民元」の実用化を目指して大規模な実証実験を実施している。また、欧州中央銀行も2021年7月に2年間にわたるCBDC検討のため、調査局面の開始を発表している。

CBDCが誕生すれば、決済スピードなど既存の暗号資産（仮想通貨）の持つメリットの一部はその価値を失うことになる。

2021年5月、欧州中央銀行が発表した金融安定性報告書の中で「ビットコインに代表される仮想通貨はリスクが大きく投機的」であり、「ビットコインのマイニングによる膨大なエネルギー消費の事実により二酸化炭素（CO_2）排出の観点からも問題視する。」と暗号資産（仮想通貨）に対する警鐘が鳴らされた。

⑸　暗号資産とICO

新興企業などが新たに事業を始める際、トークンと呼ばれるデジタルコインを発行することで、投資家から既存の法定通貨や仮想通貨を集めて資金調達を行うICO（Initial Coin Offering）という仕組みの活用が海外では活発に行われている。

従来は、株式を発行して資金調達（新規株式公開：IPO：Initial Public Offering）する際は、法規制を受け、株主には議決権などが与えられるが、ICOへの規制は不明確であり、トークンに議決権などをつける必要もない。

また、IPOの場合には売り出し価格を決定するためには、複雑な条件を総合勘案することが必要なため、専門的知識が必要となる。そのために、相応の手数料を支払って投資銀行や証券会社の力を借りることになる。

ICOはインターネットを通して行うクラウドファンディングに近い仕組みといえる。

ブロックチェーン技術（分散型台帳）によって生まれた最大の成果物がビットコインやイーサリアムなどの仮想通貨である。この技術を積極的に活用しているのが、スタートアップ経営者や投資家、エンジニアであり、これらの者は、国家や中央銀行による管理を受けることなく裏付け資産もない仮想通貨の価値への信頼度が非常に高い。

ブロックチェーン技術を基に、新たに最先端の関連技術を開発する会社は、資金調達から世界に散らばるエンジニアへの報酬に至るまで仮想通貨でのやり取りを前提としているため、独自にトークン（電子証票）を発行して投資家から仮想通貨を払い込んでもらう。

このようなICOは、スタートアップの時間もコストもかからず、世界中から資金を集めることができるために業界内での標準ともいわれており、行う企業等は、分散型台帳の開発と運営方針を決める議決権のために発行したトークンの一部を投資家に売り出さずに自社で保有することになる。このような発行会社が売り出さずに自社保有するトークンを「ガバナンストークン」という。

日本の現行税制では、新規事業のためにトークンを発行して投資家から資金を集め、その一部を手元に残しておくと時価評価され、資金調達していないトークンの含み益にも課税されてしまう。

2021年には、ブロックチェーン開発を行う新興企業でユニコーンとしての期待がなされていた10社近くの企業が、日本で発行したトークンへの含み益課税を避けるために日本での事業継続や起業を諦めて、移転先や起業の地としてドバイやシンガポールを選んだとの報道もある（2021年11月8日、日本経済新聞）。

こうした流れを受けて日本の投資家も海外に脱出していることが危惧された。

2022年12月23日に閣議決定された「令和5年度税制改正の大綱」において「暗号資産の評価方法等について見直しを行う」ことが示された。

具体的には、「法人が事業年度末において有する時価評価により評価損益を計上するものの範囲から、①自己が発行した暗号資産でその発行の時から継続して保有しているもの、②その暗号資産の発行の時から継続して他の者に移転することができないようにする技術的措置がとられているもの等の要件に該当する暗号資産を除外する。」としている。

さらに「自己が発行した暗号資産について、その取得価額を発行に要した費用の額とする。」とされることから、暗号資産（仮想通貨）やトークン発行企業の自社保有分については課税の対象外となる。

しかし、投資家やサービス利用者などが保有する暗号資産やトークンへの時価評価課税は現行のままであるため、簿価評価が前提の海外投資家と比べて国内の投資家は不利な競争環境に取り残されている。

第2章

暗号資産と税務の取扱い

第1節　国税庁の取扱いの変遷

Ⅰ　暗号資産の税務の取扱いの歴史

1　暗号資産の税務の取扱いのはじまり

(1)　暗号資産とは

暗号資産は、国家やその中央銀行によって発行された法定通貨ではなく、また、裏付け資産を持っていないことなどから、利用者の需給関係などの様々な要因によって、暗号資産の価格が大きく変動する傾向にある。

代表的な暗号資産には、ビットコインやイーサリアムなどがある。

暗号資産は、銀行等の第三者を介することなく、財産的価値をやり取りすることが可能な仕組みとして、高い注目を集めている。

「暗号資産」とは、インターネット上でやり取りできる財産的価値であり、「資金決済に関する法律」において定義されている。

一般に、暗号資産は、「交換所」や「取引所」と呼ばれる事業者（暗号資産交換業者）から入手・換金することができ、平成29年４月１日から国内で暗号資産と法定通貨との交換サービスを行うには、暗号資産交換業の登録が必要となっている。

暗号資産交換業は、金融庁・財務局の登録を受けた事業者のみが行うことができる。

(2) 暗号資産の認知度

世界で流通している暗号資産の種類は、数万種類に達している。このうち、直近の取引高上位をみてみると、圧倒的にビットコインの取引金額が多いことがわかる。

現物取引高上位暗号資産（2024年11月）

順位	暗号資産名	記号	合計	
			数量	金額
1	ビットコイン	BTC/XBT	129,794	1,733,248
2	エックスアールピー	XRP	1,964,000,051	327,903
3	イーサリアム	ETH	522,363	254,871
4	ドージコイン	DOGE	2,374,570,426	123,248
5	ステラルーメン	XLM	765,732,262	41,720
6	ソラナ	SOL	864,519	29,746
7	カルダノ	ADA	240,009,151	27,839
8	ビットコインキャッシュ	BCC/BCH	155,664	10,945
9	シバイヌ	SHIB	2,519,422,389,031	9,460
10	アバランチ	AVAX	1,661,447	9,152
―	その他	その他	419,618,177,843	102,430

注1　数量＝各暗号資産における1通貨単位、金額＝百万円
　2　2024年12月27日更新による統計
（出典）一般社団法人日本暗号資産取引業協会HPより

また、主な暗号資産の2023年度末時点での時価総額の合計額は約408兆円と、前年度末（約157兆円）と比較すると大幅に増加、BTC価格上昇に伴いBTCが占める割合が51.93%に増加した。

主な暗号資産の時価総額割合と時価総額（2023年度末）

（前年度　BTC：46.37%　ETH：18.49%）

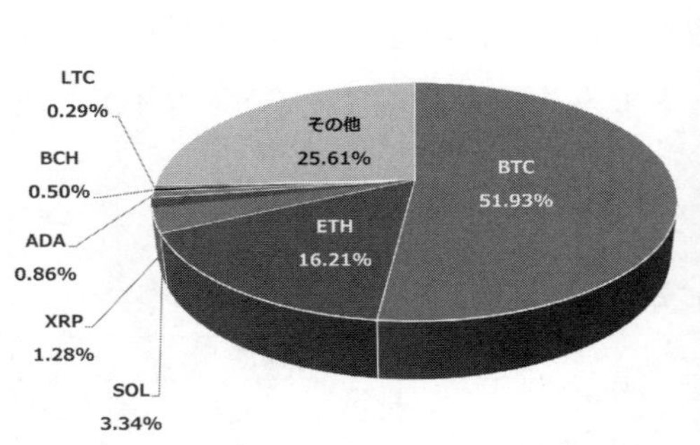

暗号資産名	時価総額
BTC	213兆3,043億円
ETH	66兆2,731億円
SOL	13兆6,470億円
XRP	5兆2,310億円
ADA	3兆5,024億円
BCH	2兆0,266億円
LTC	1兆1,836億円
その他	104兆6,882億円
合計	408兆8,563億円

（出典）一般社団法人日本暗号資産取引業協会HPより

BTCの時価総額は2022年以来の100兆円超えとなり、年度末には212兆円に達し過去最高を更新した。

BTCとETHの時価総額の3年推移（2023年度末）

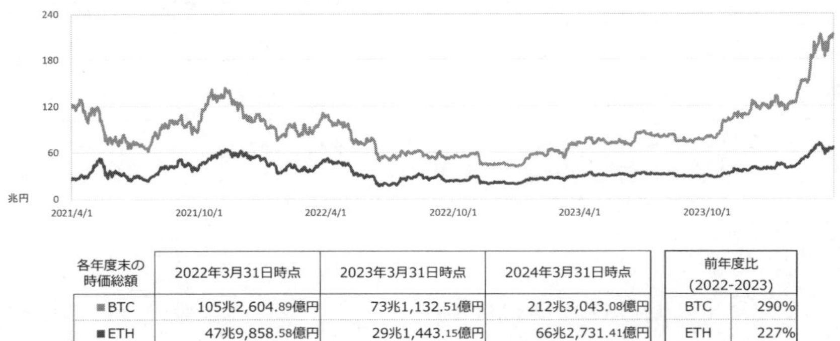

各年度末の時価総額	2022年3月31日時点	2023年3月31日時点	2024年3月31日時点
■BTC	105兆2,604.89億円	73兆1,132.51億円	212兆3,043.08億円
■ETH	47兆9,858.58億円	29兆1,443.15億円	66兆2,731.41億円

前年度比 (2022-2023)	
BTC	290%
ETH	227%

（出典）一般社団法人日本暗号資産取引業協会HPより

【マウントゴックス事件】

ビットコインに関する課税関係が話題になったのは、前章でも触れたマウントゴックスの破綻以降であった。

「マウントゴックス事件」とは、平成26年に突如として世界最大級の交換業者であったマウントゴックス（Mt.GOX）社のサーバーが何者かによってハッキングされて、マウントゴックス社のビットコインと預かり金の大半が流出してしまったものである。

ビットコイン（BTC）といっても当時は一般的にはあまり認知度も高くなかったものが、当時の市場価格にして470億円相当の被害額になり、ビットコインを預けていた12万7,000人の顧客が被害を受け、暗号資産業界を震え上がらせた大事件であった。

この事件により、マウントゴックス社はまもなく破綻に追い込まれ、ハッキング後にマウントゴックス社の元CEOが逮捕されるなど、事件の真相解明と被害者救済が求められ、暗号資産の安全性、信頼性を考えるきっかけとなったといえる。

【FTXトレーディング経営破綻】

また、令和４年11月11日には、暗号資産の大手の交換業者であるFTXトレーディングは、自社と日本法人を含むおよそ130のグループ会社について、連邦破産法第11条の適用をアメリカの裁判所に申請し、経営破綻した。

負債総額が最大で500億ドル（７兆円）近くになり、暗号資産業界では過去最大の破綻となりそうだ。破綻後に数億ドル規模の暗号資産が不正に引き出された可能性もあると報じられている。

FTXは、国際的に事業を展開し、これまでに裁判所に提出された資料によると、債権者は100万人を超える可能性があるということで、顧客の資産を保全し、返還できるかどうかが焦点となっている。

これを受け、関東財務局は、資金決済に関する法律に基づく業務停止命令、業務改善命令等を行うとともに、金融商品取引法に基づく業務停止命令、資産の国内保有命令及び業務改善命令を令和４年11月10日に発出した。

これらの処分の理由によると、利用者に明確な理由を説明することなく親会社の方針として再開の日程を示さないまま、利用者に対する預かり資産（法定通貨及び暗号資産）の出金を停止する一方、利用者からの財産の受入れや利用者との暗号資産取引を継続していたところ、FTXトレーディングが信用不安となっている旨の報道がなされており、速やかに利用者の新たな取引を停止させるとともに、資産が国外の関連会社等へ流出し利用者の利益が害されるといった事態を招かぬよう万全を期する必要がある、とされている。

2　質問主意書等による税務の取扱いに関する政府見解

(1)　平成26年の質問主意書に対する答弁

マウントゴックスの破綻の直後の平成26年２月に提出された大久保勉参議院議員の質問主意書に対する答弁書において、ビットコインに対する課税の扱いについて、初めて政府が見解を明らかにしている。

「ビットコインによる取引には課税されるのか。」という質問に対して政府の答弁書では、「個別具体的な課税関係については、個々の事実関係に基づき判断すべき事柄であり、また、お尋ねの「ビットコインによる取引」の内容が明らかでないことから、一概にお答えすることは困難であるが、一般論としては、所得税法、法人税法、消費税法等に定める課税要件を満たす場合には、課税の対象となる。」と答弁を行い、この時点では、未だ暗号資産に対する具体的な取扱いが定まっておらず、一般的な答弁に終始したものと思われる。

大久保議員はこの質問に対する再質問という形で平成26年３月に以下の質問を行っている。

① ビットコインの交換で経済的利益を得た者が確定申告を行う際、一般論として所得の区分は何に該当するのか（特に、譲渡所得に該当するか）、政府の見解を示されたい。また、法人税の申告の場合における取扱いについても、併せて示されたい。

② 非居住者及び外国法人であっても、ビットコインの国内交換所で経済的利益が発生した場合、一般論として課税対象となり得るという理解でよいか、政府の見解を示されたい。

③ ビットコインの交換で経済的利益を得た場合、財産及び債務の明細書に記載すべき対象となるか。また、国外財産調書制度の対象となるか、政府の見解を示されたい。これらの対象となる場合、財産及び債務の明細書については該当する財産の種類、国外財産調書については該当する国外財産の区分及び種類についても、併せて示されたい。

④ 答弁書では、一般論として消費税の課税対象となる旨が示されている。仮に、ビットコインの国内交換所において1BTCを5万円で交換した場合、本年3月10日現在であれば、2,500円の消費税が課税されるという理解でよいか、政府の見解を示されたい。その場合、交換手数料又は「送金」手数料についても、消費税が課税されるという理解でよいかも示されたい。また、消費税が課税される場合、納税義務者は誰となるのか、併せて示されたい。

これらの質問に対して、政府は以下のような答弁を行っている。

① 個別具体的な課税関係については、個々の事実関係に基づき判断すべき事柄であり、また、お尋ねの「ビットコインの交換で経済的利益を得た」の内容が明らかでないことから、一概にお答えすることは困難であるが、一般論としては、個人が得た経済的利益

が所得税法第33条第1項に規定する所得に該当する場合には、譲渡所得となり、また、法人が得た経済的利益の額は、当該法人の各事業年度の所得の金額の計算上当該事業年度の益金の額に算入される。

② 個別具体的な課税関係については、個々の事実関係に基づき判断すべき事柄であり、また、お尋ねの「ビットコインの国内交換所で経済的利益が発生した場合」の内容が明らかでないことから、一概にお答えすることは困難であるが、一般論としては、所得税法第2条第1項第5号に規定する非居住者又は法人税法第2条第4号に規定する外国法人については、所得税法第7条第1項第3号若しくは第5号（非居住者又は外国法人の所得税の課税所得の範囲）又は法人税法第9条（現行第8条）第1項（外国法人の法人税の課税所得の範囲）に規定する国内源泉所得を課税の対象としており、その対象に該当しない場合には、課税の対象とならない。

③ お尋ねの「ビットコインの交換で経済的利益を得た場合」の内容が明らかでないことから、一概にお答えすることは困難であるが、一般論としては、所得税法第232条第1項に規定する明細書は、所得税法施行規則別表第10に定めるところにより（平成28年1月から「財産債務明細書」制度を見直し、国外送金等調書法第6条の2に「財産債務調書制度」が創設されている。）、また、国外送金等調書法第5条第1項に規定する国外財産調書は、国外送金等調書法規則別表第一に定めるところにより記載しなければならないこととされている。

④ 個別具体的な課税関係については、個々の事実関係に基づき判断すべき事柄であり、また、お尋ねの「ビットコインの国内交換所

において1BTCを５万円で交換した場合」及び「交換手数料又は「送金」手数料」の内容が明らかでないことから、一概にお答えすることは困難であるが、一般論としては、消費税法第４条第１項に規定する資産の譲渡等に該当する場合であって、消費税法第６条第１項の規定により消費税を課さないこととされるもの以外のものであれば、課税資産の譲渡等として消費税の課税の対象となる。

また、お尋ねの「消費税が課税される場合」の「納税義務者」については、消費税法第９条第１項の規定により消費税を納める義務が免除される事業者を除き、国内において課税資産の譲渡等を行った事業者となる。

このように、一般論として答弁に終始し、暗号資産の具体的な税務上の扱いについては特に何も触れていないことから、この段階ではその取扱いについて検討中であることが窺える。

(2)　平成27年の国会質問に対する答弁（暗号資産は法定通貨か）

平成27年５月19日の参議院財政金融委員会における大久保勉議員からの「ビットコインは通貨として考えているのか、もし通貨でなかった場合は税務上どうなるのか。」という質問に対し、麻生財務大臣は、「法定通貨というのは、もう御存じのように、通貨の単位及び貨幣の発行等に関する法律がございまして、これによって貨幣及び日本銀行券のみとされておりますので、したがって、お尋ねのようなビットコインは法定通貨ではありません。これははっきりいたしております。

これを前提に、課税上の取扱いについて一般論として申し上げさせていただければ、ビットコインの譲渡というものは、これは消費税法上の資産の譲渡等に該当するということになろうと思いますので、消費税の課税の対象となります。また、ビットコインの譲渡により、キャピタルゲイン、いわゆる譲渡利益が出た場合は、当然のこととして所得税又は法人税課税の対象となります。

いずれにいたしましても、国税当局におきましては、これは個々の具体的な事実関係に基づいて判断することとなっておりまして、これは意見の大勢がまだまだ確定するところまで至っているとは申し上げられませんけれども、いろんな意味で、今まだ情報収集等々にこれはかなり追われている、潰れたりしているところもありますし、極めて難しいところかなと思っております。」との答弁を行っている。

この大臣答弁は、一般論の域は出ないものの、政府見解としてビットコインの譲渡に関して、所得税、法人税及び消費税の課税対象となることを初めて明らかにしたものと位置づけることができる。

(3) 平成29年度税制改正（消費税法の改正）

平成29年度税制改正では、税の取扱いに関して大きな動きがあった。金融庁の税制改正要望項目として「仮想通貨に係る消費税に関する整理」があげられ、「支払・決済手段としての機能を事実として有する仮想通貨について、外為法上の支払手段等との比較や国際的な課税上の取扱いの現状等を踏まえ、消費税の取扱いを整理する」ことが要望された。

平成29年度税制改正において仮想通貨の取引に係る消費税が非課税とされた。以下、それぞれの内容を詳述する。

消費税法上、支払手段とは、外国為替及び外国貿易法（昭和24年法律第228号。以下「外為法」という。）第6条第1項第7号に規定する支払手段をいい、具体的には、銀行券、政府紙幣、小額紙幣、硬貨、小切手、為替手形等をいう。

また、支払手段等の譲渡については、その性格に鑑み、課税売上割合の計算に含めないこととされている（消法30⑥、消令48②一）。

この支払手段には暗号資産は含まれていなかったため、改正前の暗号資産の譲渡は消費税の課税対象とされていた。

①　仮想通貨と「資金決済に関する法律」の改正

ICTの進展等を背景に、近年、インターネットを通じて電子的に取引される仮想通貨（暗号資産）が登場している。仮想通貨（暗号資産）には様々な種類があるが、代表的な例である「ビットコイン」を見てみると、法定通貨とは異なり、特定の発行主体の債務として発行されるものではなく、いわゆる「ブロックチェーン」技術を用いて中央管理者による管理を介さずに流通するといった特徴を有しているといわれており、外為法上の支払手段には該当しないものの、財貨・サービスの販売、提供などの対価として、現金等に代えて仮想通貨（暗号資産）による支払いを受け入れる事業者も増加しているといわれている。

こうした中、利用者保護やマネー・ロンダリング対策の観点から、仮想通貨（暗号資産）交換業者の登録制度の導入やマネー・ロンダリング対策規制、利用者保護のためのルール整備等を内容とする「情報通信技術の進展等の環境変化に対応するための銀行法等の一部を改正する法律」（平成28年法律第62号）が成立し、平成29年4月1日から施行された。

同法による改正後の「資金決済に関する法律」（平成21年法律第59号。以下「改正資金決済法」という。）第2条第5項において、暗号資産は、

・　不特定の者に対して、代金の支払い等に使用でき、かつ、法定通貨（日本円や米国ドル等）と相互に交換ができること、
・　電子的に記録され、移転できること、
・　法定通貨又は法定通貨建ての資産（プリペイドカード等）ではないこと

等の性質を持つ財産的価値と定義されている。

②　消費税の改正の内容

前述のとおり改正資金決済法において仮想通貨（暗号資産）が支払いの手段として位置付けられたことや、EU等では仮想通貨（暗号資産）の譲渡は非課税とされていること等を踏まえ、仮想通貨（暗号資産）の譲渡については消費税を非課税とする消費税法施行令の改正が行われた。

具体的には、消費税が非課税とされる支払手段に類するものを定める消費税法別表第一第二号に規定する支払手段に類するものとして、改正資金決済法第２条第５項に規定する仮想通貨（暗号資産）が追加された（消令９④）。

また、仮想通貨（暗号資産）の譲渡については、その性格に鑑み、法定通貨等の支払手段と同様に、課税売上割合の計算に含めないこととされた（消令48②一）。

③　非課税となる消費税の適用関係

上記改正は、平成29年７月１日（以下「施行日」という。）以後に国内において事業者が行う資産の譲渡等及び課税仕入れについて適用され、施行日前に国内において事業者が行った資産の譲渡等及び課税仕入れについては、なお従前の例によることとされた（改正消令附則２）。

したがって、平成29年６月以前に国内において行った暗号資産の

譲渡は、消費税の課税対象となる。

なお、消費税の課税事業者に該当する者が、平成29年６月以前に国内において行った暗号資産の購入に係る課税仕入れについて仕入税額控除の適用を受けるためには、取引の相手方の氏名等一定の事項が記載された帳簿及び請求書等の保存が要件となるが、暗号資産交換業者などの媒介者を介して行われる暗号資産の購入に関し、取引の相手方又は媒介者から請求書等の交付を受けられないなど、やむを得ない理由がある場合には、帳簿にその旨と媒介者の氏名等を記載して保存することとされた。

ただし、施行日前に仮想通貨（暗号資産）を駆け込みで仕入れることが行われ、仮想通貨（暗号資産）の市場に大きな影響を及ぼすことを回避する観点から、

・　施行日の前日に100万円以上（税抜き）の仮想通貨（暗号資産）を有しており、かつ、
・　施行日前１月間の平均保有数量に比べ、施行日前日の保有数量が増加している場合には、当該増加分の課税仕入れに係る消費税額については、仕入税額控除を認めないとする経過措置が設けられた（改正消令附則８）。

このほか、小規模事業者の納税義務の免除の特例に関する経過措置等、所要の経過措置が設けられた（改正消令附則３～７、９～14）。

⑷　平成29年の所得税の扱い

平成29年、国税庁のタックスアンサーにおいて、ビットコインに関する所得税の取扱いが明らかにされた。ビットコインを使用することで生じた利益は所得税の課税の対象となること、また、ビットコイ

ンを使用することにより生じる損益（邦貨又は外貨との相対的な関係により認識される損益）は、事業所得等の各種所得の基因となる行為に付随して生じる場合を除き、原則として雑所得に区分されることなどが示されている。対象となるのは、ビットコインを含む仮想通貨（暗号資産）を手放したときの、その仮想通貨（暗号資産）を取得したときの価額との差額である。これは、異なる時点での円による評価の差があることから生じるものであり他の所得区分のいずれにも該当しないこと、仮想通貨（暗号資産）が決済手段として使われており他の決済手段（例えば外貨など）の課税関係とのバランスなどを踏まえたものと考えられる。

その後国税庁は、平成29年12月1日に個人課税課情報第4号「仮想通貨に関する所得の計算方法等について（情報）」を公表し、ビットコインをはじめとする仮想通貨（暗号資産）を売却又は使用することにより生ずる利益については、事業所得等の各種所得の基因となる行為に付随して生じる場合を除き、原則として、雑所得に区分され、所得税の確定申告が必要となる旨を明らかにし、この情報（FAQ）は、確定申告の対象となる仮想通貨（暗号資産）の損益やその具体的な計算方法等をまとめたものとして公表された。

この情報では、所得税に関する仮想通貨の売却、商品購入、交換、取得価額、分裂（分岐）、所得区分、損失、証拠金取引及びマイニング等についても、税務上の扱いを明らかにしている。

(5) 平成30年3月22日参議院財政金融委員会における質疑

平成29年12月に個人課税課情報が公表された後の国会質疑では、暗号資産により得た所得の把握について、次のような質疑応答が行われている。

民間の調査情報によると仮想通貨の時価総額は、平成29年1月1日時点で約1兆9,000億円、12月末時点で約60兆5,000億円と約30倍増加したという政府参考人からの答弁を受けて、藤巻健史議員は、「かなりの部分が仮想通貨、日本が今最先端走っていると思うんで多いと思うんですけれども、そうすると、1兆9千億円から60兆円、これ物すごい評価が上がった、時価総額が上がったということは、実現益と、そして未実現益を含めた部分というのは物すごく大きいと思うんですね。

特に日本の場合、今度は仮想通貨同士の交換によって、これでもう課税ということになっていますから、本来きっと、ちょっと割合を聞くのを忘れましたけれども、例えば、もうかなり行っているといいますよね、物すごい利益が上がっている。そうすると、当然のことながら、今年度の3月15日に締切りになった確定申告ですけれども、物すごい金額の税収、雑収入が計上できると思うんですけれども、それはどのくらいを予想されているのか。そして、国税庁そして財務省ですけれども、それをきちんと捕捉できるのかどうか、その辺についてお聞きしたいと思います。」と質問した。

これに対し、藤井健志国税庁次長は次のように答弁している。

「仮想通貨により得た所得の捕捉はどの程度なのかということについてなかなか確たることは申し上げられませんけれども、私どもの基本的なスタンスといたしまして、適正に納税を行っている方々が不公平感を抱くことのないよう、税務調査を含めまして様々な取組を行い、しっかりと対応していくことが重要と考えております。

ちなみに、他の金融商品等に係る取引情報として法定調書となっているものといたしまして、金融商品の特定口座年間取引報告書ですとか先物取引に関する支払調書など、こういうものがございますが、仮想通貨取引については支払調書制度など直接的、悉皆的に所得を捕捉する仕組み、制度は今のところ整備されていない状況にございます。

そうした状況の中で、国税当局においては様々な機会を捉えて課税上有効な資料情報の収集に努めております。これによりまして、申告のなかった方も含め必要性の高いものについては重点的に税務調査を実施するとともに、仮想通貨に係る取引実態の研究を行っているところでございます。

今後とも、適正、公平な課税の実現に向けまして、仮想通貨に係る取引情報をどのように収集していくかについて、仮想通貨の取引実態や課税上の必要性を検討しながら、制度当局、主税局ともよく相談しながら検討していきたいと考えております。」

これについては、法定調書ではないが、「暗号資産交換業者」と呼ばれる「bitFlyer」、「コインチェック」などの業者から年間取引報告書が発行されている。これは、平成30年1月1日以後の暗号資産取引について、国税庁から暗号資産交換業者に、一定の事項を記載した「年間取引報告書」の交付を依頼しているものである。したがって、平成29年以前は「年間取引報告書」が交付されない場合もある。国内の暗号資産交換業者を通じた暗号資産取引を行っている場合には、この報告書により暗号資産の所得金額を計算することができる。

（参考）年間取引報告書を活用した仮想通貨取引に係る申告手続の簡便化（イメージ）

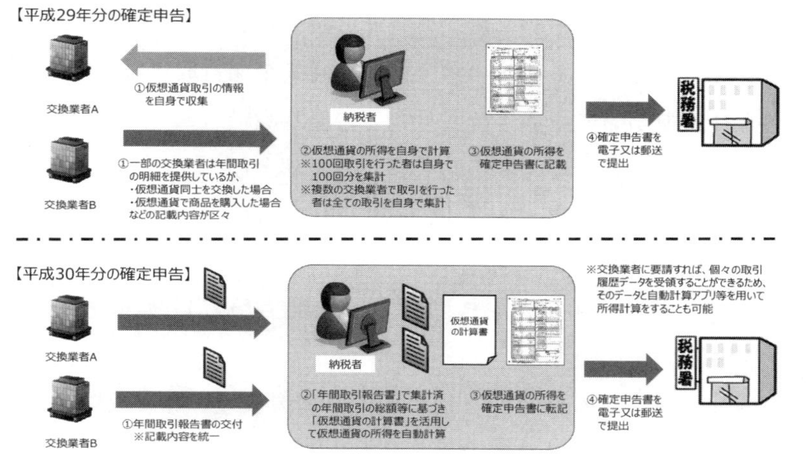

（出典）国税庁HP「シェアリングエコノミー等新分野の経済活動への的確な対応（令和元年6月）」

この年間取引報告書は、１か所の暗号資産交換業者から１年につき１枚発行され、売買等を行った様々な暗号資産についての取引内容が記載されている。したがって、複数の取引所のアカウントを開設していれば、年間取引報告書は取引所の数だけ発行されることになる。

これに対し、国外の暗号資産交換業者や個人間取引では、「年間取引報告書」は交付されないので、暗号資産を購入した際に利用した銀行口座の出金状況や、暗号資産を売却した際に利用した銀行口座の入金状況から、暗号資産の取得価額や売却価額を確認することとなる。あるいは、暗号資産取引の履歴及び暗号資産交換業者が公表する取引相場を利用して、暗号資産の取得価額や売却価額を確認することとなる。

年間取引報告書には、次の事項が記載されている。

① 年始数量：その年の１月１日現在の暗号資産の保有数量

② 年中購入数量：その年の暗号資産の購入数量

③ 年中購入金額：その年の暗号資産の購入金額（取得価額）

④ 年中売却数量：その年の暗号資産の売却数量

⑤ 年中売却金額：その年の暗号資産の売却金額

⑥ 移入数量：その年に購入以外で口座に受け入れた暗号資産の数量

⑦ 移出数量：その年に売却以外で口座から払い出した暗号資産の数量

⑧ 年末数量：その年の12月31日現在の暗号資産の保有数量

⑨ 損益合計：その年の暗号資産の証拠金取引の損益の合計額

⑩ 支払手数料：その年に暗号資産交換業者に支払った支払手数料の額

※ 暗号資産の売却・購入などを外貨で行った場合には、取引時の電信売買相場の仲値（TTM）で円に換算した金額に基づき、各事項が記載されている。

○年間取引報告書の様式例

年間取引報告書

《現物取引》

通貨名	①年始数量	②年中購入数量	③年中購入金額	④年中売却数量	⑤年中売却金額	⑥移入数量	⑦移出数量	⑧年末数量

《証拠金取引》

通貨名	⑨損益合計
合　計	

《支払手数料》

通貨名	⑩支払手数料
合　計	

（出典）国税庁HP「暗号資産に関する税務上の取扱いについて（情報）」による。

この年間取引報告書から、国税庁ホームページに掲載されている「暗号資産の計算書（総平均法用）（移動平均法用）」に入力すれば、簡便に所得金額を計算することができる。

https://www.nta.go.jp/publication/pamph/shotoku/kakuteishinkokukankei/kasoutuka/

この年間取引報告書については、国税庁が一般社団法人日本暗号資産取引業協会を通じて、暗号資産取引業者が利用者に対して年間取引報告書を交付することを依頼して実現していることが明らかにされている。また、ビットコイン等の暗号資産の売却による所得がある場合に確定申告が必要な旨を国税庁ホームページにも掲載し、注意喚起している。

納税者サービスとしての情報提供例

納税者が自発的に正しく申告等が行えるよう、国税庁ホームページ、各種説明会、電話・チャットボットによる税務相談等を通じて、納税者の申告等に役立つ様々な情報を提供している。

（取組例）

- よくある税のご質問について、一般的な回答を調べることができる「タックスアンサー」をウェブ等を通じて提供
- 年末調整・インボイス制度・所得税の確定申告に関する質問について、24時間利用可能なチャットボットを提供
- 新設法人を対象とした説明会を開催しているほか、新規に個人事業を開始した希望者に対して記帳指導を実施

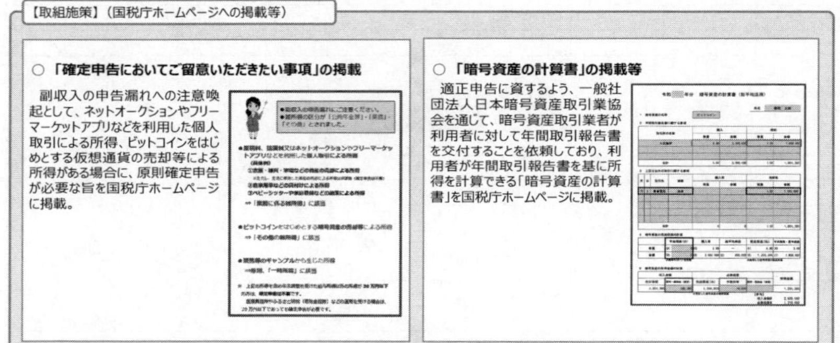

（出典）令和４年10月28日「税制調査会、納税環境整備に関する専門家会合」資料

国内における暗号資産交換業及び暗号資産関連デリバティブ取引業の会員数（2024年10月１日現在計33社）

株式会社マネーパートナーズ
株式会社bitFlyer
株式会社Custodiem
ビットバンク株式会社
GMOコイン株式会社
ビットトレード株式会社
BTCボックス株式会社
株式会社ビットポイントジャパン
株式会社DMM Bitcoin
SBI VCトレード株式会社
Coin Estate株式会社
COINHUB株式会社

株式会社Zaif
Binance Japan株式会社
コインチェック株式会社
楽天ウォレット株式会社
S.BLOX株式会社
LINE Xenesis株式会社
Coin Master株式会社
オーケーコイン・ジャパン株式会社
マネックス証券株式会社
SBI FXトレード株式会社
CoinBest株式会社
株式会社デジタルアセットマーケッツ
株式会社マーキュリー
株式会社coinbook
東京ハッシュ株式会社
株式会社ガイア
株式会社Crypto Garage
トレイダーズ証券株式会社
岡三証券株式会社
株式会社メルコイン
ゴールデンウェイ・ジャパン株式会社

（出典）一般社団法人日本暗号資産取引業協会HPより

(6)　暗号資産による所得は譲渡所得とはならないのか

平成30年3月22日参議院財政金融委員会における藤巻健史議員からの「仮想通貨を物と考えれば、これ譲渡所得という考えも考えられたわけですけれども、結局、原則雑所得となったのは、改正資金決済法でこれは仮想通貨を支払手段と位置付けたせいだというふうに理解しておりますが、それでよろしいんでしょうか。」との質問に対して、藤井健志国税庁次長は次のように答弁している。

①　暗号資産は支払手段であり、資産の値上がり益とは性質を異にする

「結論は委員御指摘のとおりでございます。所得税法上、譲渡所得につきましては、最高裁判決などにおきまして、資産の値上がりによりその資産の所有者に帰属する増加益を所得として、その資産が所有者の支配を離れて他に移転するのを機会にこれを清算して課税する趣旨と解されておりまして、法令上は資産の譲渡による所得と、こういうことでございます。

ビットコインなどの仮想通貨につきましては、御指摘の資金決済法上、代価の弁済のために不特定の者に対して使用することができる財産的価値と規定されており、消費税法上も支払手段に類するものとして位置付けられておりますので、外国通貨と同様に、その売却又は使用により生ずる利益は、資産の値上がりによる譲渡所得とは性質を異にするものであるというふうに考えられるところでございます。

そういうふうに考えられるところでございますので、資金決済法の改正によって位置付けがなされたことも考慮の上、仮想通貨の売却又は使用により生じた利益は譲渡所得には該当せず、どの所得にも属さないということで雑所得に該当するというふうに解しているところでございます。」

②　為替差益とのバランス

さらに星野次彦主税局長は次のように述べている。

「仮想通貨を売却又は使用することによる損益、原則として雑所得に区分され総合課税の対象となるわけでございますけれども、この取扱いは日本円と外貨を交換した場合の為替差益が雑所得として総合課税の対象となることとのバランスを考えれば適当なものと考えております。」

これらの見解は、暗号資産が支払手段であることを前提に、外貨と日本円の交換の際に生ずる為替差損益とのバランスや暗号資産の性質からして、売却や使用により生じた利益は譲渡所得には当たらないとしている。

③　譲渡所得の概念

さらに、平成31年3月14日参議院財政金融委員会において、星野次彦主税局長は次のように答弁している。

「本日の議論は、所得税法上の所得分類の関連で、やはり概念整理をやるということで議論が始まりました。

国税庁も含めまして、私どもは、所得税法上の例えば譲渡所得の概念については、るる申し上げましたけれども、資産の値上がりによってその資産の所有者に帰属する増加益を所得として認識をしてこれに課税をするという趣旨でございます。これまでの国税庁からの答弁でも、ビットコインなどの暗号資産については、これは、資金決済法上も、また消費税法上も見ても、その資産の値上がりによる増加益というふうには性質上考えられないということで、これが譲渡所得に当たらないということでございます。

また、外国為替についてもほぼ同じような理屈でこういうことを申し上げておりまして、ここの分類につきましては、そこは政策的な要請という先生の御主張も分かりますけれども、政策的要請で概念が変わるものではないということで、私どもの概念整理を御説明をしているということでございます。」

④　雑所得の経費のあり方

また、平成31年3月20日参議院財政金融委員会において、星野次彦主税局長は次のように答弁している。

「雑所得の中には様々な態様のものがその所得区分の性質上含まれ

ておりますので、その損失についても様々な経費によるものがあると考えております。

したがいまして、総合所得の課税ベースの計算に当たってこうした様々な経費を広く勘案することは税負担の公平性等の観点から慎重な対応が必要であるということから、雑所得の損失の金額を他の各種所得の金額から控除することや、雑所得の損失を繰越控除とすることは認めていないということでございます。その上で、これまでの議論どおり、雑所得に所得分類として入るということを申し上げているわけでございます。」

⑤　暗号資産は資産ではあるが譲渡所得の基因となる資産ではない

「お尋ねになられましたように、暗号資産の売却益等が資産の譲渡による所得として定義される譲渡所得に該当しないとされていることに関しまして、財務省、国税庁は暗号資産が税法上の資産になること自体を否定しているのか、資産として認めているのかという御趣旨であると受け止めましたけれども、この点については暗号資産は資産ではあるということでございまして、これは今回の改正でも明確でございます。

繰り返しになりますけれども、譲渡所得の起因となる資産には該当せず、その譲渡による所得は一般的には譲渡所得に該当しないということを説明させていただいております。」

(7)　暗号資産による所得は申告分離課税とならないのか

平成30年3月22日参議院財政金融委員会における藤巻健史議員からの「国内FX取引というのはこれ同じく雑所得ですけれども、雑所得でありながら特措法によって、租税特別措置法によって申告分離

20%が採用されているわけですけれども、同じ雑所得であっても今のところは雑所得である総合課税なんですけれども、FXと同じように将来的に申告分離になる可能性もあるのか」との質問に対して、星野次彦主税局長は次のように答弁している。

「一定のFXを含む先物取引による所得につきましては、御指摘のとおり、先物取引が価格変動リスクの回避、公正かつ透明な価格指標の提供等、重要な役割を担っていることを踏まえて、幅広い投資家の市場参加を促すことが重要であるとの観点から分離課税が適用されているところでございます。仮想通貨は、これと同列に論ずることはなかなか難しいのではないかと考えているところでございます。」

「一定のFXを含む先物取引による所得につきましては20%の分離課税が適用されているところでございますけれども、近年、金融商品取引業の登録をすることなく投資家を勧誘するケースが多発し、投資家とのトラブルが生じていたことを踏まえまして、平成28年度改正において、投資家保護規制が講じられていない無登録業者を相手方として行う取引については分離課税の特例から除外したところでございます。

このように、分離課税の特例を設けるに当たって、投資家保護規制が十分に講じられていることが重要であるということはそのとおりであると考えておりますけれども、必ずしもそれだけで十分というわけでもなく、そもそもその取引をやはり国として強く支援、保護する政策的要請が存在することが前提であると考えております。

先ほど申し上げましたとおり、一定のＦＸを含む先物取引による所得につきましては分離課税が設けられておりまして、こういった国による保護の必要性のその判断に鑑みますと、仮想通貨をこれと同列に現時点で論ずることはなかなか難しいのではないかと考えているところでございます。」

暗号資産による所得は、申告分離課税の対象となぜならないのかという質問に対して、投資家保護規制が十分に講じられていることに加え、国として強く支援、保護する政策的必要性が存在するとはいえないことが理由とされている。

(8) 暗号資産による所得が雑所得となる理由

平成31年3月14日参議院財政金融委員会における藤巻健史議員からの「雑所得の中で、外貨預金の譲渡損とかそれから暗号資産の譲渡損、これは大きい損失が計上できる、要するに、暗号資産の例がそうなんですけれども、おととし大もうけしたけれども、翌年、去年は大損したというような非常にボラタイルな、収益が、利益がボラタイルな科目、その二つ以外に、外貨預金とそれから譲渡資産のほかにそういうように利益がボラタイルするようなものがあるのかどうかお教えいただきたい」との質問に対して、星野次彦主税局長は次のように答弁している。

「例えば外貨、外為の関係、それからこの暗号資産の関係といったような大きな損益の変動が起こる取引、これが雑所得に含まれているものもございますけれども、こういった暗号資産取引ですとか為替差損につきまして他の所得との例えば損益通算を可能とするかというようなことにつきましては、こうした取引は一定程度取引のタイミングを調整して損益の発生時期を選ぶことが可能でございますので、広く損益通算を認めた場合には他の所得の状況を踏まえた税負担の調整が可能となるという懸念があることから損益通算を認めていないということでございまして、そこは外国為替、それから暗号資産につきまして共通するところがあるかなというふうに考えております。」

(9)「仮想通貨」から「暗号資産」へと改称された理由

令和元年６月18日に源馬謙太郎衆議院議員から提出された「仮想通貨の改称に関する質問主意書」に対する政府答弁では、次のように述べられている。

「令和元年６月７日に公布された情報通信技術の進展に伴う金融取引の多様化に対応するための資金決済に関する法律等の一部を改正する法律（令和元年法律第28号。以下「改正法」という。）では、資金決済に関する法律（平成21年法律第59号）に規定する「仮想通貨」は「暗号資産」に改称することとされている。

改正法の施行日は、改正法附則第１条において、改正法の公布の日から起算して１年を超えない範囲内において政令で定める日と規定されている（筆者注：令和２年５月１日施行)。

「仮想通貨」については、近時の国際的な議論の場において「crypto asset」との呼称が用いられていることや、「仮想通貨」との呼称は通貨との誤認を生みやすいとの指摘があることを踏まえ、改正法において「暗号資産」に改称することとしているが、当該改称は、「仮想通貨」の性質を変更するものではなく、また、利用者の取引目的に影響を与えることを意図したものでもないことから、お尋ねについてお答えすることは困難である。」

これに関連する麻生財務大臣の平成31年３月20日参議院財政金融委員会における答弁では、次のように述べている。

「委員御指摘がありましたように、これは資金決済法の一部改正法というんですけれども、これは暗号資産の交換という業務につきましては引き続き資金決済法の対象ということにしておりまして、法令上の呼称は確かに仮想通貨から暗号資産に変更することとしておりますけれども、その定義を変更するということではありません。

すなわち、いわゆる暗号資産というものが、いわゆる資金決済法上、引き続きこれまでの仮想通貨と同様に、代価の弁済のために不特定の者に対して使用することができる財産的価値として規定されることになります。したがって、消費税法上も支払手段に類するものとして位置付けられているということから、外国通貨と同様に、その売却益等は資産の値上がりによる譲渡所得とは性質を異にするものと考えておりまして、一般的に雑所得に該当するという現行の取扱いを変更する必要はないと考えております。」

⑽ 令和元年度税制改正の内容

① 法人税法の改正

企業会計基準委員会は、仮想通貨（暗号資産）に関して、平成30年３月14日、実務対応報告第38号「資金決済法における仮想通貨の会計処理等に関する当面の取扱い」を公表し、会計上の取扱いが定まったことを機に法人税法上の扱いが定められた。

（ｉ） 内国法人が仮想通貨（暗号資産）の譲渡をした場合には、その譲渡に係る譲渡利益額又は譲渡損失額は、原則として、その譲渡に係る契約をした日の属する事業年度の益金の額又は損金の額に算入することとされた。なお、譲渡原価を計算する場合における１単位当たりの帳簿価額は、移動平均法又は総平均法により算出することとされた。

（ii） 内国法人が事業年度終了の時において有する市場仮想通貨（暗号資産）の評価額は時価法により評価した金額とし、その評価益又は評価損は当該事業年度の益金の額又は損金の額に算入することとされた。

（iii）　内国法人が仮想通貨（暗号資産）信用取引を行った場合において、事業年度終了の時において決済されていないものがあるときは、その時において決済したものとみなして算出した利益の額又は損失の額に相当する金額を当該事業年度の益金の額又は損金の額に算入することとされた。

仮想通貨に関する法人税の課税関係の整備

【会計上の取扱い】

企業会計基準委員会（ASBJ）により実務対応報告第38号「資金決済法における仮想通貨の会計処理等に関する当面の取扱い」が公表され、期末に保有する仮想通貨について、以下の区分に応じて期末評価を行い、帳簿価額との差額を当期の損益として処理することとされた。

・　活発な市場が存在する仮想通貨・・・時価法
・　活発な市場が存在しない仮想通貨・・・切放し低価法

会計上の取扱いが定まったことを機に、
法人税法上の取扱いについて次のように定める。

【法人税法上の取扱い】

○　法人が期末に保有する仮想通貨について、以下の区分に応じたそれぞれの方法により評価した金額を期末における評価額とし、①については評価損益を計上することとする。
　①　活発な市場が存在する仮想通貨・・・時価法
　②　活発な市場が存在しない仮想通貨・・・原価法
　　※　低価法は、保守的にすぎることから適用しないこととする（有価証券の評価についても、同様の理由から平成12年度税制改正において廃止されている。）。
○　仮想通貨の譲渡損益について、その譲渡に係る契約をした日に計上することとする（約定日基準）。
○　仮想通貨の一単位当たり譲渡原価の算出方法について、移動平均法又は総平均法とする。
○　仮想通貨の信用取引について、期末に決済されていないものがある場合は、みなし決済損益額を計上することとする。
○　その他所要の措置を講ずる。

（出典）財務省HP令和元年度税制改正の解説

② 所得税法の改正

法人税における仮想通貨（暗号資産）の評価の方法等の取扱いについて改正が行われることを踏まえ、所得税においても、仮想通貨（暗号資産）の評価の方法等を法令上明確化する改正が行われた。

具体的には、仮想通貨（暗号資産）の売買におけるその取得価額の計算方法の明確化に伴う改正では、居住者の仮想通貨（暗号資産）につき事業所得の金額又は雑所得の金額の計算上必要経費に算入する金額を算定する場合におけるその算定の基礎となるその年12月31日において有する仮想通貨（暗号資産）の価額は、その者が仮想通貨（暗号資産）について選定した評価の方法（総平均法又は移動平均法）により評価した金額（評価の方法を選定しなかった場合又は選定した評価の方法により評価しなかった場合には、総平均法により評価した金額）とするほか、棚卸資産に固有の期末評価方法を適用することができないこととするため棚卸資産の範囲から暗号資産を除くほか、国際会計基準審議会において暗号資産の無形資産への該当性の議論がされたことを踏まえ、暗号資産が固定資産に該当しないことを明確化するため固定資産の範囲から暗号資産を除くなど、所要の整備が行われている。

⑾ 所得税基本通達改正（令和４年10月７日課個2-21ほか）

国税庁では、シェアリングエコノミー等の「新分野の経済活動に係る所得」や「副業に係る所得」について、適正申告を促すための環境づくりを行っていたところ、これらの所得については、所得区分の判定が難しいといった課題があったことから、所得税基本通達を改正し、雑所得の範囲の明確化が行われ、令和４年分以後の所得税から適用されている。

これにより、雑所得の分類は、

①　公的年金等に係る雑所得

②　業務に係る雑所得（事業所得又は山林所得と認められるものを除く。）

③　その他雑所得（①と②以外の雑所得）

の３つに分類されることが明らかにされた。

この中で、暗号資産に関する取引により生ずる損益等については、一般的には③の「その他雑所得」に該当することが考えられる。

この考え方について、税務大学校論叢※では、次のように述べている。

「暗号資産に関する取引により生ずる損益や外貨建預金の解約等により生ずる為替差損益のように、利子的要素を持つ、あるいはキャピタルゲイン的要素を持たない金融資産所得については、譲渡所得には該当せず、「雑所得を生ずべき業務以外」の雑所得に該当するものと考えられることから、所得税基本通達35－1に営利を目的として継続的に行われる譲渡及び交換並びに解約等から生ずるものを除き、業務以外の雑所得に当たる旨、例示することが相当であると考えた。」

※令和３年６月税務大学校論叢102号・柿原勝一「所得税法における「業務」の範囲について」P.83

上記の論叢の考え方を参考にして、次の改正が行われたと考えられる。

所得税基本通達新旧対照表

（注）アンダーラインを付した部分は、改正部分である

改　　正　　後	改　　正　　前
（その他雑所得の例示） 35－1　次に掲げるようなものに係る所得は、その他雑所得（公的年金等に係る雑所得及び業務に係る雑所得以外の雑所得をいう。）に該当する。 (1)～(11)　省　略 (12)　譲渡所得の基因とならない資産の譲渡から生ずる所得（営利を目的として継続的に行う当該資産の譲渡から生ずる所得及び山林の譲渡による所得を除く。）	（雑所得の例示） 35－1　次に掲げるようなものに係る所得は、雑所得に該当する。 (1)～(11)　同　左 （新設）
（業務に係る雑所得の例示） 35－2　次に掲げるような所得は、事業所得又は山林所得と認められるものを除き、業務に係る雑所得に該当する。 (1)～(6)　省　略 (7)　営利を目的として継続的に行う資産の譲渡から生ずる所得 (8)　省　略 （注）事業所得と認められるかどうかは、その所得を得るための活動が、社会通念上事業と称するに至る程度で行っているかどうかで判定する。 　なお、その所得に係る取引を記録した帳簿書類の保存がない場合（その所得に係る収入金額が300万円を超え、かつ、事業所得と認められる事実がある場合を除く。）には、業務に係る雑所得（資産（山林を除く。）の譲渡から生ずる所得については、譲渡所得又はその他雑所得）に該当することに留意する。	（事業から生じたと認められない所得で雑所得に該当するもの） 35－2　次に掲げるような所得は、事業から生じたと認められるものを除き、雑所得に該当する。 (1)～(6)　同　左 (7)　不動産の継続的売買による所得 (8)　同　左

「業務に係る雑所得」に該当する場合には、令和２年度税制改正において次の３つの改正が行われ、令和４年分から施行されている。「そ

の他雑所得」に該当する場合には、同じ雑所得ではあっても、これらの規定の適用を受けないこととなる。

今回の通達改正は、これらの所得税法改正の施行を見据え、所得税法における「事業」「業務」及び「業務以外」の概念を整理するとともに、どのような性質のものが「雑所得を生ずべき業務」に該当するのか、具体的な基準を示したものと考えられる。

① 雑所得を生ずべき業務を行う居住者で、その年の前々年分の雑所得を生ずべき業務に係る収入金額が300万円以下である場合には、簡便に所得金額の計算ができるように、いわゆる現金主義を採用することができる（所法67②、所令196の２）。

② 雑所得を生ずべき業務を行う居住者で、その年の前々年分のその業務に係る収入金額が1,000万円を超える場合には、納税者での適正な所得計算、課税当局での効率的な申告内容の確認ができるように、その者が確定申告書を提出する場合には、収支内訳書を確定申告書に添付しなければならない（所法120⑥）。

③ 雑所得を生ずべき業務を行う居住者等で、その年の前々年分のその業務に係る収入金額が300万円を超える場合には、５年間、その業務に係る「現金預金取引等関係書類」を保存しなければならない（所法232②）。

なお、暗号資産取引の所得区分については、同論叢73頁において次のように述べている。

「暗号資産取引により生じた損益（邦貨又は外貨との相対的な関係により認識される損益）は、①その暗号資産取引自体が事業と認められる場合（例えば、暗号資産取引の収入によって生計を立てているということが客観的に明らかな場合）、又は、②その暗号資産取引が事業所得等の基因となる行為に付随したものである場合（例えば、事業所得者が、事業用資産として暗号資産を保有し、棚卸資産等の購入の際の決済手段として暗号資産を使用した場合）を除き、原則として雑所得に区分するとされている。

これは、暗号資産は、資金決済法上、対価の弁済のための不特定の者に対して使用することができる財産的価値と規定されており、消費税法上も支払手段に類するものとして位置付けられていることから、外国通貨と同様に、その売却又は使用により生ずる利益は、資産の値上がりによる譲渡益とは性質を異にするものと考えられているため、雑所得に該当するものとして取り扱われているものと考えられる。

そして、暗号資産については、外国通貨と同様に本邦通貨との相対的な関係の中で換算上のレートが変動することはあっても、それ自体が価値の尺度とされており、資産の価値の増加益を観念することは困難であるとされている。これは、為替差損益は、外国通貨を本邦通貨などの他の通貨と交換する際の交換レートの変動により生ずるものであって、外国通貨自体の価値が変動したものとは考えられず、資産の値上がりによる増加益とは性質を異にするものと同様に考えられているからといえる。」

これらの考え方は、従来の国会答弁等を踏襲したものであるが、直近における所得区分の考え方を示したものとして参考になるであろう。

Ⅱ　暗号資産に関する税務上の扱いについて

1　国税庁「暗号資産に関する税務上の取扱いについて（情報）」の変遷

暗号資産の税務上の扱いについては、国税庁から「情報」が公開されているが、平成29年以来、これまで6回その内容が更新され、改定版が出されている。以下その改定内容等について見ていきたい。

①　仮想通貨に関する所得の計算方法等について（情報）（平成29年12月1日）

国税庁個人課税課単独の「個人課税課情報」として、確定申告の対象となる仮想通貨の損益やその具体的な計算方法等について取りまとめて初めて公表されたものであり、所得区分や計算方法等について、基本的な事柄をFAQ形式で9問載せている。

②　仮想通貨に関する税務上の取扱いについて（情報）（平成30年11月21日）

国税庁課税総括課、個人課税課、法人課税課、資産税課、資産評価企画官及び消費税室の6課室連名による情報として、所得税、法人税、相続税・贈与税、源泉所得税及び消費税関係の仮想通貨に関する税務上の扱いについて、FAQ形式で21問を載せている。この版で各税にわたり網羅的な扱いが明らかになった。

③　仮想通貨に関する税務上の取扱いについて（情報）（令和元年12月20日）

前回と同じ6課室連名による情報であるが、前回は法人税の関係は「所得税・法人税共通関係」として問いを掲げていたものが、法人税独立の問いを6問追加し、所得税関係では、収入すべき時期や譲渡原価評価方法の届出等の問いを５問追加し、FAQ形式で32問を載せている。この版が現在の版のベースとなっている。

④　暗号資産に関する税務上の取扱いについて（情報）（令和2年12月18日）

この版は、「情報通信技術の進展に伴う金融取引の多様化に対応するための資金決済に関する法律等の一部を改正する法律（令和元年法律第28号）」により資金決済に関する法律が改正され、「仮想通貨」については「暗号資産」に呼称変更することとされた（令和２年５月１日施行）ことから、全般にわたる呼称変更が大きな変更点である。この他、問10、11、12、16、18、31において所要の修正を行っている。

⑤　暗号資産に関する税務上の取扱いについて（情報）（令和３年６月30日）

この版は、問10、16、26において所要の修正を行った他、問30として「暗号資産の貸付けにおける利用料」を追加し、FAQ形式で33問を載せている。

⑥　暗号資産に関する税務上の取扱いについて（情報）（令和３年12月22日）

この版では、問６について、「マイニングにより取得した場合」から「マイニング、ステーキング、レンディングなどにより暗号資産を取得した場合」に変更し、取得の例示を増やしている。この他、問22、25において所要の修正を行っている。

⑦　暗号資産に関する税務上の取扱いについて（情報）（令和４年12月22日）

この版では、問番号全体の付番の仕方が変更され、例えば「問１」が「問１－１」というように枝番方式となった。

また、問１－７として「非居住者又は外国法人が行う暗号資産取引」が追加された。

また、(11) で述べた所得税基本通達の改正を受けて、暗号資産の売却による所得は、原則として雑所得（その他雑所得）に区分される旨の改訂が、問２－１、問２－２、及び問２－３において行われている。

⑧　暗号資産等に関する税務上の取扱いについて（情報）（令和５年12月25日）

この版では、期末時価評価の対象となる暗号資産の範囲から一定のものが除外された令和５年度税制改正を踏まえ、法人税関係の暗号資産の期末時価評価関係等について、問の追加や内容の更新が行われた。

また、令和５年１月20日に公表された「法人が保有する暗号資産に係る期末時価評価の取扱いについて（情報）（令和５年１月20日法人課税課情報）」は、暗号資産に関する法人税法上の取扱いのうち、期末の時価評価に係る質疑応答事例を取りまとめたものであるが、令和５年12月25日付課税総括課情報第14号ほか５課共同「暗号資産等に関する税務上の取扱いについて（情報）」に統合された。

⑨　暗号資産等に関する税務上の取扱いについて（情報）（令和６年12月20日）

この版では、所得税・法人税共通関係で「暗号資産による寄附を行った場合」が、法人税関係で「特定譲渡制限付暗号資産に該当する暗号資産」が追加され、９問が更新されている。

2 NFTやFTを用いた取引についてのタックスアンサー

さらにタックスアンサーNo.1525-2では、「NFTやFTを用いた取引を行った場合の課税関係」(令和4年4月1日)が掲載されている。

ここでは、暗号資産そのものではない、いわゆるNFT(非代替性トークン)やFT(代替性トークン)が、暗号資産などの財産的価値を有する資産と交換できるものである場合には、そのNFTやFTを用いた取引については、所得税の課税対象となることを明らかにしている。もちろん、財産的価値を有する資産と交換できないNFTやFTを用いた取引については、所得税の課税対象とならない。また、課税対象となる場合の所得区分についても取得・譲渡した場合ごとに明らかにしている。

3 国税庁「NFTに関する税務上の取扱いについて(情報)」の公開

国税庁から、NFTに関する税制上の取扱いに係る一般的な質問等について、「NFTに関する税務上の取扱いについて(情報)」(令和5年1月13日課税総括課情報第1号ほか5課合同)がとりまとめられ、公開された(巻末「参考資料」参照)。

このFAQは、NFTに関する税務上の一般的な取扱いについて、質疑応答形式で取りまとめたものであり、具体的な取引等については、この回答と異なる取扱いとなる場合があることについて注意喚起を促している。

このFAQではNFT(Non-Fungible Token)とは、ブロックチェーン上で、デジタルデータに唯一の性質を付与して真贋性を担保する機能や、取引履歴を追跡できる機能をもつトークンをいうと定義している。

主な質疑応答を示せば以下のとおり。

(1) 所得税・法人税関係

・デジタルアートを作成し、これと紐づけたNFTを譲渡した場合の利益は所得税の課税対象となる。そしてこの取引は「デジタルアートの閲覧に関する権利」の設定に係る取引に該当し、そこから生じた所得は雑所得（又は事業所得）に区分される。

　NFTの譲渡収入をマーケットプレイス内で通貨として流通するトークンで受け取った場合には、そのトークンの時価が譲渡収入となる。ただし、そのトークンが暗号資産などの財産的価値を有する資産と交換できないなどの理由により、時価の算定が困難な場合には、譲渡したNFTの市場価額をそのトークンの時価と取り扱って差し支えない。

・役務提供の対価として取引先の法人が発行するトークンを取得した場合には所得税の課税対象となる。この所得区分は、事業所得又は雑所得あるいは給与所得に区分される。

・ブロックチェーンゲーム（BCG）をプレイし、その報酬として、ゲーム内通貨（トークン）を取得した場合、ブロックチェーンゲームで得た報酬は、原則として、所得税の課税対象となる。この所得区分は、雑所得に区分される。ただし、そのゲーム内通貨（トークン）が、ゲーム内でしか使用できない場合（ゲーム内の資産以外の資産と交換できない場合）には、所得税の課税対象とならない。

　収入金額は、ブロックチェーンゲームで得たゲーム内通貨（トークン）の総額となるが、暗号資産に直接交換できないなどの理由により、ゲーム内通貨（トークン）の時価の算定が困難な場合には、時価を０円として差し支えない。

(2) 相続税・贈与税関係

・個人から経済的価値のあるNFTを贈与又は相続若しくは遺贈により取得した場合には、その内容や性質、取引実態等を勘案し、その価額を個別に評価した上で、贈与税又は相続税が課される。

NFTの評価方法については、評価通達に定めがないことから、財産評価基本通達５（評価方法の定めのない財産の評価）の定めに基づき、評価通達に定める評価方法に準じて評価することとなる。例えば、財産評価基本通達135（書画骨とう品の評価）に準じ、その内容や性質、取引実態等を勘案し、売買実例価額、精通者意見価格等を参酌して評価することとなる。

(3) 消費税関係

・個人事業者が制作したデジタルアートを紐づけたNFTをマーケットプレイスを通じて日本の消費者に有償で譲渡した場合、事業として、対価を得て日本の消費者に対して行う著作物の利用の許諾に係る取引であり、電気通信利用役務の提供として、デジタルアートの制作者に消費税が課される。

(4)　財産債務調書関係

・保有しているNFTが、12月31日において暗号資産などの財産的価値を有する資産と交換できるものである場合、財産債務調書への記載が必要となる。

4　現在の税務処理について

各税の暗号資産の税務処理について、「暗号資産等に関する税務上の取扱いについて（情報）（令和6年12月20日）」の基本的なところを概観してみたい。

(1)　所得税

①　所得区分

原則として雑所得（その他雑所得）に区分される。

ただし、その年の暗号資産取引に係る収入金額が300万円を超える場合には、次の所得に区分される。

・暗号資産取引に係る帳簿書類の保存がある場合…原則として、事業所得

・暗号資産取引に係る帳簿書類の保存がない場合…原則として、雑所得（業務に係る雑所得）

なお、「暗号資産取引が事業所得等の基因となる行為に付随したものである場合」、例えば、事業所得者が、事業用資産として暗号資産を保有し、棚卸資産等の購入の際の決済手段として暗号資産を使用した場合は、事業所得に区分される。

②　必要経費

暗号資産の売却による所得の計算上、必要経費となるものには、例えば次の費用がある。

・その暗号資産の譲渡原価

・売却の際に支払った手数料

このほか、インターネットやスマートフォン等の回線利用料、パソコン等の購入費用などについても、暗号資産の売却のために直接必要な支出であると認められる部分の金額に限り、必要経費に算入することができる。

③　評価方法の選定

初めて暗号資産を取得した年分の確定申告期限（原則：翌年３月15日）までに、納税地の所轄税務署長に対し、「所得税の暗号資産の評価方法の届出書」を提出する必要がある。

暗号資産の売却等に係る譲渡原価の計算の基礎となる年末（12月31日）時点で保有する暗号資産の評価額については、「総平均法」又は「移動平均法」のいずれかの評価方法により算出する。これらの評価方法は､暗号資産の種類（名称）ごとに選定することとされており、① 初めて暗号資産を取得した場合、② 異なる種類の暗号資産を取得した場合には、その取得した年分の確定申告期限（原則：翌年３月15日）までに、納税地の所轄税務署長に対し、その選定した評価方法など所定の事項を記載した届出書（所得税の暗号資産の評価方法の届出書）を提出する必要がある。

評価方法の届出書の提出がない場合には、評価方法は「総平均法」になる。

④　損失が生じた場合

暗号資産取引により生じた損益は原則雑所得となり、雑所得の場合その金額の計算上生じた損失については、給与所得など他の所得から差し引く（通算する）ことはできない。

所得税法上、他の所得と通算できる損失は、不動産所得・事業所得・山林所得・譲渡所得の金額の計算上生じた損失に限られる。雑所得については、これらの所得に該当しないので、雑所得の金額の計算上生じた損失がある場合であっても、他の所得から差し引く（通算する）ことはできない。ただし、事業所得に該当する場合には、他の所得から差し引く（通算する）ことができる。

⑤　申告分離課税の対象となるのか

暗号資産の証拠金取引による所得については、租税特別措置法に規定する申告分離課税（先物取引に係る雑所得等の課税の特例）の適用はないので、総合課税により申告する必要がある。

外国為替証拠金取引（いわゆるFX）は、金融商品取引法上の金融商品先物取引等に該当することから申告分離課税の対象となるが、暗号資産の証拠金取引は、金融商品先物取引等には該当するものの、租税特別措置法により申告分離課税の対象から除かれていることから、その取引により得た所得については、総合課税の対象になる。

⑵　法人税

①　譲渡損益の計上時期

暗号資産の売却、暗号資産での商品の購入又は暗号資産同士の交換といった暗号資産取引を行ったことにより生じた譲渡損益は、暗号資産の売却等に係る契約をした日（約定日）の属する事業年度の益金の額又は損金の額に算入する。

② 暗号資産の期末時評価

法人が事業年度終了の時において有する暗号資産（活発な市場が存在する暗号資産(注1)（以下「市場暗号資産」という。）に限るものとし、特定自己発行暗号資産(注2)を除く。）については、時価法により評価した金額をもってその時における評価額とする必要がある。なお、その市場暗号資産（特定自己発行暗号資産を除く。）を自己の計算において有する場合には、その評価額と帳簿価額との差額（以下「評価損益」という。）は、その事業年度の益金の額又は損金の額に算入する必要がある。

また、この評価損益は、翌事業年度で洗替処理をすることになる。

なお、時価評価金額は、その市場暗号資産の種類等ごとに次のいずれかの価格にその市場暗号資産の数量を乗じて計算した金額とされている。

（ｉ） 価格等公表者によって公表されたその事業年度終了の日における市場暗号資産の最終の売買の価格※1

※1 公表された同日における最終の売買の価格がない場合には、同日前の最終の売買の価格が公表された日でその事業年度終了の日に最も近い日におけるその最終の売買の価格となる。

（ⅱ） 価格等公表者によって公表されたその事業年度終了の日における市場暗号資産の最終の交換比率※2×その交換比率により交換される他の市場暗号資産に係る上記（ｉ）の価格

※2 公表された同日における最終の交換比率がない場合には、同日前の最終の交換比率が公表された日でその事業年度終了の日に最も近い日におけるその最終の交換比率となる。

（注1） 活発な市場が存在する暗号資産とは、法人が有する暗号資産のうち次の要件のすべてに該当するものをいう。

イ 継続的に売買価格等※3が公表され、かつ、その公表される売買価格等がその暗号資産の売買の価格又は交換の比率の決定に重要な影響を与えているものであること。

※3　売買価格等とは、売買の価格又は他の暗号資産との交換の比率をいう。

ロ　継続的に上記イの売買価格等の公表がされるために十分な数量及び頻度で取引が行われていること。

ハ　次の要件のいずれかに該当すること。

(イ)　上記イの売買価格等の公表がその法人以外の者によりされていること。

(ロ)　上記ロの取引が主としてその法人により自己の計算において行われた取引でないこと。

（注2）　特定自己発行暗号資産とは、法人が発行し、かつ、その発行の時から継続して有する暗号資産であって、その時から継続して譲渡についての制限その他の条件が付されている一定のものをいう。

一定のものとは、その発行の時から継続して次のイ又はロの要件のいずれかに該当する暗号資産をいう。

イ　その暗号資産につき、他の者に移転することができないようにする技術的措置であって、次の要件のすべてに該当するものがとられていること。

(イ)　その移転することができない期間が定められていること。

(ロ)　その技術的措置が、その暗号資産を発行した法人（その法人との間に完全支配関係がある他の者を含む。）の役員及び使用人その他一定の者のみによって解除をすることができないものであること。

ロ　その暗号資産が信託で次の要件のすべてに該当するもの

（受益者等課税信託に限る。）の信託財産とされていること。

(イ)　その信託の受託者が信託会社のみであり、かつ、その信託の受益者等がその暗号資産を発行した法人のみであること。

(ロ)　その信託に係る信託契約において、その信託の受託者がその信託財産に属する資産及び負債を受託者等（その信託の受託者及び受益者等をいう。）以外の者に譲渡しない旨が定められていること。

(ハ)　その信託に係る信託契約において、その暗号資産を発行した法人によって、その信託の受益権の譲渡及びその信託の受益者等の変更をすることができない旨が定められていること。

【令和６年度税制改正】

第三者保有の暗号資産の期末時価評価課税の見直し

自己が発行した暗号資産で一定のものについては、期末時価評価課税の対象外とされているが、発行者以外の第三者が継続保有する暗号資産についても、一定の要件の下で、期末時価評価課税が不要とされた。

すなわち、法人が有する市場暗号資産に該当する暗号資産で譲渡についての制限その他の条件が付されている暗号資産（「特定譲渡制限付暗号資産」）の期末における評価額は、次のいずれかの評価方法のうちその法人が選定した評価方法（自己の発行する暗号資産でその発行の時から継続して保有するものにあっては、次の①の評価方法）により計算した金額とされる。

①　原価法

② 時価法

（注１） 上記の「譲渡についての制限その他の条件が付されている暗号資産」とは、次の要件に該当する暗号資産をいう。

① 他の者に移転できないようにする技術的措置がとられていること等その暗号資産の譲渡についての一定の制限が付されていること。

② 上記①の制限が付されていることを認定資金決済事業者協会において公表させるため、その暗号資産を有する者等が上記①の制限が付されている旨の暗号資産交換業者に対する通知等をしていること。

（注２） 上記の評価方法は、譲渡についての制限その他の条件が付されている暗号資産の種類ごとに選定し、その暗号資産を取得した日の属する事業年度に係る確定申告書の提出期限までに納税地の所轄税務署長に届け出なければならないこととされる。なお、評価方法を選定しなかった場合には、原価法（上記①の評価方法）により計算した金額をその暗号資産の期末における評価額とされる。

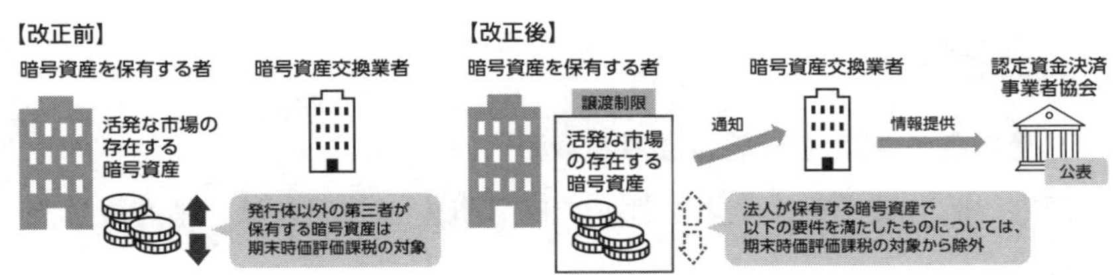

（出典）財務省パンフレット「令和６年度税制改正」

⑶　相続税・贈与税

①　暗号資産を相続や贈与により取得した場合

暗号資産については、決済法上、「代価の弁済のために不特定の者に対して使用することができる財産的価値」と規定されていることから、被相続人等から暗号資産を相続若しくは遺贈又は贈与により取得した場合には、相続税又は贈与税が課税されることになる。

②　暗号資産の評価

暗号資産の評価方法については、評価通達に定めがないことから、評価通達５（評価方法の定めのない財産の評価）の定めに基づき、評価通達に定める評価方法に準じて評価することとなる。

その暗号資産の評価については、活発な市場が存在する暗号資産は、相続人等の納税義務者が取引を行っている暗号資産交換業者が公表する課税時期における取引価格によって評価する。活発な市場が存在しない暗号資産の場合には、客観的な交換価値を示す一定の相場が成立していないため、その暗号資産の内容や性質、売買実例や精通者意見価格等の取引実態等を勘案し個別に評価することとなる。

⑷　消費税

①　暗号資産を譲渡した場合の消費税

国内の暗号資産交換業者を通じた暗号資産の譲渡には、消費税は課されない。

消費税法上、支払手段及びこれに類するものの譲渡は非課税とされている。国内の暗号資産交換業者を通じた暗号資産の譲渡は、この支払手段等の譲渡に該当し、消費税は非課税となる。

②　暗号資産に係る手数料

暗号資産交換業者に対して暗号資産の売買に係る仲介料として支払う手数料は、仲介に係る役務の提供の対価として支払うものであるので、課税対象になる。

なお、暗号資産の売買を目的とした購入に係る手数料は、消費税の申告において個別対応方式を採用する場合、課税資産の譲渡等以外の資産の譲渡等にのみ要する課税仕入れ（いわゆる非課税売上げに対応する課税仕入れ）に該当することとなる。

⑸　財産債務調書への記載

暗号資産を12月31日において保有している場合、財産債務調書への記載が必要になる。

暗号資産を預けている暗号資産取引所の所在が国内か国外かについては、財産債務調書への記載の要否に影響はない。

財産債務調書には、暗号資産の種類別（ビットコイン等の銘柄別）及び用途別（一般用及び事業用の別）に記載する必要がある。

（注）　暗号資産の所在については、国外送金等調書規則第12条第3項第6号及び第15条第2項の規定により、その財産を有する方の住所（住所を有しない方にあっては、居所）の所在となるので、所在別の記載は要しない。

⑹　暗号資産に関する情報照会手続の整備（令和元年度改正）

令和元年度税制改正では、実務上行われている事業者等に対する任意の照会について税法上明確化し（事業者等への協力要請）、高額・

悪質な無申告者等を特定するため特に必要な場合に限り、事業者等に対する情報照会を行うことができることとされた（事業者等への報告の求め）。

これは、近年、暗号資産取引やインターネットを利用した在宅事業といった新たな所得稼得形態が普及するなど、経済取引の多様化・国際化が進展し、デジタルエコノミーにおける取引を通じて稼得する者の所得の適切な把握については、我が国においては未だ黎明期にあるデジタルエコノミーの普及拡大の重要性に留意しつつ、関係者の事務負担、税制以外の制度の整備状況を踏まえ、諸外国の制度も参考に具体的な方策に関する検討を進める必要がある等の指摘が政府税制調査会からなされ、整備されたものである。

次頁の図の「1.利便性の高い納税環境の整備」は暗号資産交換業者による顧客への「年間取引報告書」の提供や「暗号資産に関する税務上の取扱いについて（情報）」の国税庁HPでの公表が該当する。

また、「2.税務当局による情報照会の仕組み」においても暗号資産交換業者に対する情報照会を可能とする仕組みを前提として情報照会手続が整備されている。

経済取引の多様化等に伴う納税環境の整備

○ 近年、仮想通貨取引やインターネットを通じた業務請負の普及など、経済取引の多様化・国際化が進展。
○ こうした経済取引の健全な発展を図る観点からも、適正な課税を確保することが重要。
⇒ 1. 納税者が自主的に簡便・正確な申告等を行うことができる利便性の高い納税環境を整備するとともに、
　2. 高額・悪質な無申告者等の情報を税務当局が照会するための仕組みを整備することが必要。

1. 利便性の高い納税環境の整備

（例）仮想通貨交換業者が取引データを顧客（納税者）に提供。⇒納税者は専用アプリや国税庁が提供する様式等を活用して簡便に電子申告。

（※）上記のほか、仮想通貨に関する所得税の取得価額の計算方法の明確化等を実施

2. 税務当局による情報照会の仕組み（改正の概要）

(1) 現在実務上行われている事業者等に対する任意の照会について、他の法律（金商法等）の例を踏まえ、規定を整備する。
(2) 高額・悪質な無申告者等を特定するため特に必要な場合に限り、担保措置を伴ったより実効的な形による情報照会を行うことができることとする。ただし、適正かつ慎重な運用を求める観点から、以下のとおり、照会できる場合及び照会情報を限定するとともに、事業者等による不服申立て等も可能とする。

○ 照会できる場合を以下のような場合に限定
　① 多額の所得（年間1,000万円超）を生じうる特定の取引の税務調査の結果、半数以上で当該所得等について申告漏れが認められた場合
　② 特定の取引が違法な申告のために用いられるものと認められる場合
　③ 不合理な取引形態により違法行為を推認させる場合
（※）　いずれも他の方法による照会情報の収集が困難である場合に限る。
○ 照会する情報を「氏名等（※）」に限定
（※）「氏名等」とは、氏名並びに（保有している場合には）住所及び番号（個人／法人）をいう。

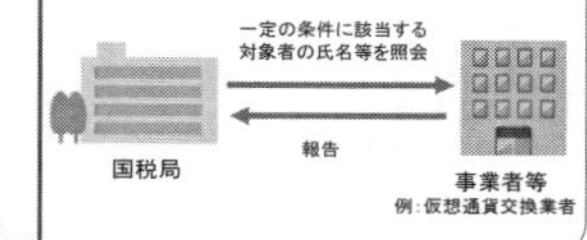

（出典）財務省、令和元年度改正関係参考資料

(7) 新分野の経済活動に対する税務執行体制

令和4年3月16日参議院財政金融委員会において、浅田均参議院議員の質問に対し、重藤哲郎国税庁次長は税務執行体制について次のように答えている。

「シェアリングエコノミーなどといった新しい分野の経済活動、これは年々市場規模も増加しており、今後もそうした動きは続くものと思っております。また、そうした中で、それらの経済活動を通じて所得を稼得した方に自発的かつ適正に申告していただくことが重要であるというのは言うまでもないところだと思っております。そのためにも、まず申告の必要性や申告の方法などについて幅広く周知、広報に努めるとともに、利便性の高い申告納税手段を提供していくこと、こ

れがまず必要だと考えております。

また、先ほど申し上げましたとおり、情報提供の、情報照会手続がございますので、こういった規定も使って事業者から有効な資料情報を収集するなど、様々な形で資料情報の収集に努めていきたいと思っております。

その上で、収集した情報を分析して、課税上問題があると見込まれる納税者に対しては行政指導や税務調査を実施するとともに、税務調査の状況も対外的に公表するなどして牽制効果も働かせながら、適正課税に努めてまいりたいと考えております。」

デジタルエコノミーが今後ますます発展、拡大していくとともに、それが目に見えないサイバー空間で行われるという状況の中、課税対象となる取引の捕捉はますます困難を極めることが予測される。デジタル化時代に沿った執行体制の変革が急務であろう。

(8) 非居住者に係る暗号資産等取引情報の自動的交換のための報告制度の整備等

2022年にOECDにおいて策定された暗号資産等報告枠組み(CARF: Crypto-Asset Reporting Framework) に基づき、租税条約等により各国税務当局と自動的に交換するため、国内の暗号資産取引業者等に対し非居住者の暗号資産に係る取引情報等を税務当局に報告することを義務付ける制度が整備された。

【報告制度の概要】

1．暗号資産等取引実施者は、その者の居住地国等の情報を記載した届出書を暗号資産交換業者等に提出

2．暗号資産交換業者等は、一定の条約相手国を居住地国とする暗号資産等取引実施者の取引情報等を国税庁に報告

３．報告制度の実効性を確保するため、以下の措置が講じられている。

⑴　暗号資産等取引実施者の居住地国の特定に関する記録の作成・保存義務

⑵　暗号資産交換業者等の報告に関する調査のための質問検査権

⑶　報告事項の提供回避を主たる目的とする行為等に対する特例

⑷　罰則（届出書の不提出、暗号資産交換業者等の不報告、調査に係る検査忌避等）

４．令和８年（2026年）１月１日から適用

（注）　暗号資産交換業者等から報告を受けた情報は、租税条約等の情報交換に係る規定及び租税条約等実施特例法の規定に基づき、条約相手国に提供する。

日本から外国への情報提供のイメージ

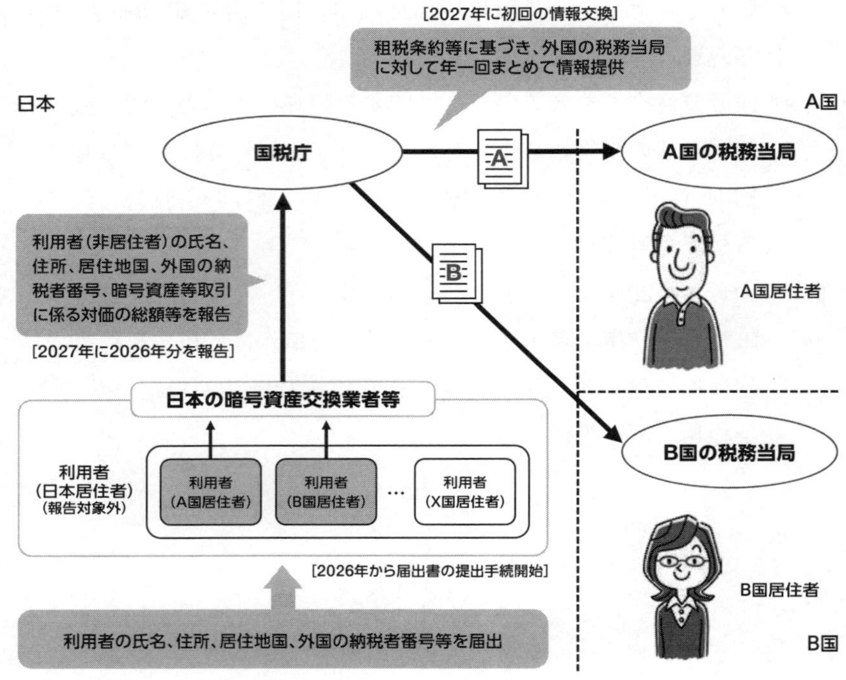

(出典) 財務省パンフレット「令和6年度税制改正」

(9) 暗号資産による国税の納付は可能か

令和元年11月15日参議院議員熊谷裕人氏提出の暗号資産による納税に関する質問に対し、政府は概ね次のように答弁している。

国税の納付は、金銭による納付が原則とされているが、このほかにも、証券による納付、印紙による納付、物納による納付が認められている。

物納については、相続税額を金銭で納付することを困難な場合に税務署長の許可を得て、相続財産のうち不動産や有価証券など管理又は処分に適した財産として法令に列挙されているものにより納付することができる。

暗号資産については、物納に充てることができる財産に該当しないため、物納することはできない。

また、暗号資産は差押禁止財産に該当せず、また、他の個別の法律の差押禁止規定の対象に該当しないため、現行法上差押えを禁じられていない。

この答弁の内容によるならば、暗号資産により納付することはできないが、滞納整理に当たって差し押さえることは可能ということになり、実際、暗号資産交換業者に債権差押通知書を送付して徴収している事例もある。

ただし、債権として差し押さえることができたとしても、滞納者のウォレットで暗号資産を保有している場合には第三債務者は存在せず、暗号資産の保有者に対してのみ差押え命令が出され、その暗号資産の保有者が秘密鍵を差押債権者に教える等の協力が得られない場合には租税債権の徴収は困難であろう。

一方、滞納者が自身のウォレットではなく、暗号資産交換業者に暗号資産を預託している場合には、滞納者は、交換業者に対する暗号資産の返還請求権に準ずる債権を有していると考えられ、滞納整理を行うことも可能と考えられる。

いずれにせよ、その手続は困難を極め、他の法令との調整も必要な場面も考えられることから、今後とも幅広い観点からの検討が必要となろう。

第2節　所得税

1　暗号資産取引による所得の総収入金額の収入すべき時期

所得税は、暦年ごとの所得を単位として累進税率を適用して課税するから、いつの年の収入となるかによってその負担額に大きな差が生じる。所得税法上、収入金額とは、実際に支払いを受けた金額ではなくて、収入すべき金額である。この収入すべき金額の収入すべき時期は、所得の種類により、また同一の所得であってもその収入の態様により、それぞれ異なるものと解されている。

暗号資産取引により生じた損益については、原則として雑所得に区分され（「3　暗号資産取引の所得区分」を参照）、雑所得に区分される所得の総収入金額の収入すべき時期は、原則として売却等をした暗号資産の引渡しがあった日の属する年分となる。ただし、選択により、その暗号資産の売却に関する契約をした日の属する年分とすることもできるとされている。

暗号資産の売却による所得の総収入金額の収入すべき時期

Q　令和３年に取引所を通じて購入した暗号資産を令和４年12月に取引所を通じて売却し、日本円にして取引所に開設している口座に入金しました。売却により利益が出ましたが、いつの年分として所得税等の確定申告をするのですか。

A　暗号資産の売却等により生じた利益（所得）は、雑所得に区分され、原則として暗号資産の引渡しがあった日の属する年分となるので、令和４年分として所得税等の確定申告を行うことになる。

なお、仮に約定日が令和４年12月で受渡日が令和５年１月となった場合には、どちらかを選択することになるので、税負担を考慮し有利となる方を選択する。

【関係法令等】

所法35、36　所基通36-12、36-14

解説

所得税法では、各種所得の金額の計算上、前提となる収入金額とすべき金額又は総収入金額に算入すべき金額の範囲や、当該金額をどのような段階で課税対象として捉えるかという課税上の帰属年度及び金銭以外の物で収入する場合のその金額の評価について、その通則を所得税法第36条（収入金額）で規定している。

その構造は、①第１項において、収入は、金銭に限らず金銭以外の物又は権利その他経済的な利益をも含むことを明らかにし、その課税上の年度帰属について、いわゆる「権利確定主義」を原則とすること、②第２項において、金銭以外の物又は権利その他経済的な利益の価額は、それらの取得又は享受する時における価額（時価）により計算すること、③第３項において、無記名の公社債の利子、無記名の株式の利益の配当等については、第１項の原則と異なり、いわゆる「現金主義」によることを規定している。

さらに、国税庁から所得の種類ごとに、収入の時期に係る基本通達等が通達されている。

暗号資産取引については、所得税基本通達36-14（雑所得の収入金額又は総収入金額の収入すべき時期）において「その収入の態様に応じ、他の所得の収入金額又は総収入金額の収入すべき時期の取扱いに準じて判定した日」となり、売却や交換は、譲渡所得の総収入金額の収入すべき時期の取扱いに準じて判定することになる。

ちなみに、譲渡所得の総収入金額の収入すべき時期は、同通達36-12（山林所得又は譲渡所得の総収入金額の収入すべき時期）では、「山林所得又は譲渡所得の基因となる資産の引渡しがあった日によるものとする。ただし、納税者の選択により、当該資産の譲渡に関する契約の効力発生の日により総収入金額に算入して申告があったときは、これを認める。」（下線筆者）とされている。

会計上はどうかというと、平成30年３月14日付で企業会計基準委員会が発表した実務対応報告第38号「資金決済法における仮想通貨の会計処理等に関する当面の取扱い」に次のとおり記されている。

基準52　我が国の会計基準においては、売却損益の認識時点に関する具体的な判断基準として、売買の合意が行われた時に売却損益の認識を行う約定日基準と、引渡時に売却損益の認識を行う受渡日基準の２つの方法が見られる。

基準53　ここで、仮想通貨の売買取引については、売買の合意が行われた後において、取引情報がネットワーク上の有高として記録されるプロセス等は仮想通貨の種類や仮想通貨交換業者により様々であるものの、通常、売手は売買の合意が成立した時点で売却した仮想通貨の価格変動リスク等に実質的に晒されておらず、売却損益は確定していると考えられる。

そのため、売却損益の認識時点として売買の合意が成立した時点とする判断基準を示すことにより、確定した売却損益を財務諸表に反映させることができ、かつ、仮想通貨の売却損益の認識時点に関する判断の実務上の多様性も抑えられると考えられることから、仮想通貨の売却損益の認識時点を売買の合意が成立した時点とする方法を採用することとした。

つまり、税務上の取扱いは会計上の認識基準から見ても妥当と考えられる。

暗号資産の交換、暗号資産による商品の購入

Q　保有していた暗号資産Ａを令和４年12月に取引所を通じて暗号資産Ｂと交換しました。

また、令和４年12月に商品を購入し、令和５年１月にその購入代金を暗号資産Ａで支払ったが、課税関係はどうなるのですか、また、いつの年分として所得税等の確定申告をするのですか。

A　保有する暗号資産を他の暗号資産と交換した場合には、保有する暗号資産を売却し、他の暗号資産を取得したこととなるので、所得金額を計算することになる。

したがって、暗号資産Ａと暗号資産Ｂの交換は、令和４年分の所得税等の確定申告の対象として、引渡しがあった日となる交換時※における暗号資産Ａに係る利益（所得）を計算することになる。

なお、交換した暗号資産Ｂの価格が、その後下落して含み損が生じ、暗号資産Ａの交換による利益がなくなったとしても、申告しなければならないことに注意が必要である。

また、暗号資産による商品の購入は、保有する暗号資産を譲渡したことになるので、交換と同様、暗号資産Ａに係る利益（所得）を計算することになる。

ここで注意しなければならないのは、暗号資産Ａの引渡しがあった日の判定であるが、商品を受け取った日となるのか、代金決済した日となるのか判断しづらい点にある。税務上、暗号資産は支払手段と位置付けられていることから、商品の引渡しがあった日ではなく、代金決済時に暗号資産の引渡しがあった日と考え、令和５年分の所得税等の確定申告の対象として、暗号資産Ａに係る利益（所得）を計算することになる。

※　国税庁から令和３年６月30日付「暗号資産に関する税務上の取扱いについて（情報）」が発出されており、その中の所得税関係として、暗号資産取引による所得の総収入金額の収入すべき時期は、「原則として売却等をした暗号資産の引渡しがあった日の属する年分となります。ただし、選択により、その暗号資産の売却に関する契約をした日の属する年分とすることもできます。」（下線筆者）と示されており、売却のみ、いわゆる約定日基準が選択で認められるように読めるが、交換は売却して購入したと同視できることから、「約定日基準」を選択しても認められるものと考える。

【関係法令等】

所法36

２　個人で保有する暗号資産の含み益・含み損（評価損益）

前述したように、暗号資産取引による所得は、原則として雑所得に区分され、総入金額の収入すべき時期は、譲渡所得の規定に準じた取扱いになっており（所基通達36-12)、暗合資産の引渡しがあった日の属する年分となることから、暗合資産の売却や交換等の引渡しの事実がなく、単に保有しているだけでは、含み益又は含み損があったとしても所得税の課税関係は生じないということになる。

保有する暗号資産の含み損益

Q　年度末である12月31日時点で、個人で保有している暗号資産の相場が購入した時より高騰して多額の含み益が見込まれる場合にその含み益を収入すべき金額としなければならないのですか。逆に相場が下落している場合の含み損は課税関係に影響しますか。

A　暗号資産を保有しているだけであり、引渡しがないことから、法人とは異なり含み益や含み損が生じたとしても課税関係は生じない。

【関係法令等】

所法35、36　所基通36-12

3　暗号資産取引の所得区分

暗号資産取引により生じた利益（所得）は、事業所得と認められる場合を除き、雑所得となり、雑所得の場合には分離課税は適用されず、総合課税となるため、累進税率による課税を受けることになる。

また、雑所得となると、個人が暗号資産を売却した場合に損失が生じて、その年分の雑所得の所得金額が赤字になったとしても、この赤字（損失）は他に給与所得等があったとしても相殺することはできない。

つまり、暗号資産取引による所得が事業所得となれば、その他に不動産所得や給与所得があれば損益通算ができるが、雑所得に該当する場合には、損益通算は認められないこととなる。

暗号資産取引の所得区分

Q 会社員である個人が、１年間保有していた暗号資産を令和４年12月に取引所を通じて売却し、年間で利益が100万円になりました。所得区分はどうなるのですか。

A 会社員として給与所得があり、副業的に暗号資産取引を行っていると考えられるため、事業所得とは認められないので、雑所得の所得金額と給与所得の所得金額を合計して令和４年分の所得税等の確定申告を行うことになる。

【関係法令等】

所法27、35、36　所基通35-1、35-2、36-12

解説

国税庁から「暗号資産取引により生じた利益は、所得税の課税対象になり、原則として雑所得に区分されます。」(令和３年６月30日付「暗号資産に関する税務上の取扱いについて（情報）」の８）と見解が公表されており、その解説に、暗号資産取引により生じた損益（邦貨又は外貨との相対的な関係により認識される損益）は、①その暗号資産取引自体が事業と認められる場合、②その暗号資産取引が事業所得等の基因となる行為に付随したものである場合を除き、雑所得に区分されるとし、「暗号資産取引自体が事業と認められる場合」とは、例えば、「暗号資産取引の収入によって生計を立てていることが客観的に明らかである場合などが該当し、この場合は事業所得に区分される」（下線筆者）とされている。

なお、「暗号資産取引が事業所得等の基因となる行為に付随したものである場合」とは、例えば、事業所得者が、事業用資産として暗号資産を保有し、棚卸資産等の購入の際の決済手段として暗号資産を使用した場合が該当するとされている。

そもそも事業所得とは、農業、漁業、製造業、卸売業、小売業、サービス業その他の事業で所得税法施行令第63条で定めるものから生ずる所得（山林所得又は譲渡所得に該当するものは除かれる。）をいうと規定されている（所法27①）。

事業の範囲については、所得税法施行令第63条で、①農業、②林業及び狩猟業、③漁業及び水産養殖業、④鉱業（土石採取業を含む。）、⑤建設業、⑥製造業、⑦卸売業及び小売業（飲食店業及び料理店業を含む。）、⑧金融業及び保険業、⑨不動産業、⑩運輸通信業（倉庫業を含む。）、⑪医療保険業、著述業その他のサービス業、⑫上記のもののほか、対価を得て継続的に行う事業と規定されており、事業の範囲から不動産、船舶、航空機の貸付業は除かれている。

事業所得の該当性の考え方として、「『対価を得て継続的に行う事業』とは、自己の危険と計算において独立的に営まれる業務で、営利性、有償性を有し、かつ反復継続して遂行する意思と社会的地位とが客観的に認められるものをいうものと解される。」（東京高裁昭和47.9.14）といった裁判例がある。

事業所得に該当するかどうかは、前述の裁判例などを参考に社会通念上事業と認められるかにより判断することになる。

つまり、事業所得に該当するかどうかは、その規模、収益の状況その他の事情を総合勘案して判定することになる。そのためには、少なくとも事前に開業届や青色申告承認申請書などを税務署に提出して承認を受けておく必要がある。

一方、雑所得については、所得税法で「雑所得とは、利子所得、配当所得、不動産所得、事業所得、給与所得、退職所得、山林所得、譲渡所得及び一時所得のいずれにも該当しない所得をいう。」（所法35①）と規定され、所得税基本通達において、公的年金等に係る所得のほか、その他雑所得として、「次に掲げるようなものに係る所得は、その他雑所得（公的年金等に係る雑所得及び業務に係る雑所得以外の雑所得をいう。）に該当する。」とされている（所基通35-1）。

その通達には12の例示があり、12番目には「譲渡所得の基因とならない資産の譲渡から生ずる所得（営利を目的として継続的に行う当該資産の譲渡から生ずる所得及び山林の譲渡による所得を除く。）」と示されている。

また、業務に係る雑所得として、「次に掲げるような所得は、事業所得又は山林所得と認められるものを除き、業務に係る雑所得に該当する。」とされている（所基通35-2）。

その通達には8の例示があり、8番目には「営利を目的として継続的に行う資産の譲渡から生ずる所得」と示されている。

したがって、営利を目的として継続的に行う資産の譲渡から生ずる所得は、「業務に係る雑所得」に該当し、譲渡所得の基因とならない資産の譲渡から生ずる所得は、「その他雑所得」に該当することになる。

つまり、暗号資産は、税法上の資産ではあるが、譲渡所得の起因とならない資産とされている。

暗号資産を低額譲渡等した場合の取扱い

Q 私は、暗号資産を取得価額と同じ金額で売却したので、売却による利益はありませんが、売却額は、売却時の暗号資産の相場（時価）と比べ低額なものとなっています。私にはこの売却による所得以外の所得はありませんが、確定申告が必要ですか。

なお、暗号資産の売却の経緯等は、次のとおりです。

・　4月10日に1BTCを400,000円で購入

・　5月20日に1BTCを400,000円で売却

・　売却時の交換レートは1BTC＝1,000,000円

※　上記取引における暗号資産の売買手数料については勘案しない。

A　上記の暗号資産の売却は、「低額譲渡」に該当するので、確定申告が必要になる。

（令和元年分以後の所得税について適用される。）

個人が、時価よりも著しく低い価額の対価による譲渡により暗号資産を他の個人又は法人に移転させた場合には、その対価の額とその譲渡時における暗号資産の価額との差額のうち実質的に贈与したと認められる金額を総収入金額に算入する必要がある。

なお、「時価よりも著しく低い価額の対価による譲渡」とは、時価の70％相当額未満で売却する場合をいう。

また、「実質的に贈与したと認められる金額」は、時価の70％相当額からその対価の額を指しい引いた金額として差し支えないとされている。

上記の取引の場合には、次のとおり、総収入金額に算入される金額は、700,000円となる。

○　**低額譲渡に該当するかどうかの判定**

①　売却価額：400,000円

②　時価の70％相当額：1,000,000円×70％＝700,000円

③　判定：売却額が時価の70％相当額未満であることから、低額

譲渡に該当する。

○　**総収入金額に算入する金額**

低額譲渡に該当する場合の総収入金額は、実際の売却額に加えて、時価の70%相当額との差額を総収入金額に算入することとなる。

（実際の売却価額）　　（時価の70%相当額との差額）

400,000円　＋　（700,000円　－　400,000円）

（総収入金額算入額）

＝　700,000円

○　**所得金額の計算**

（総収入金額）　　（譲渡原価）　　（所得金額）

700,000円　－　400,000円　＝　300,000円

※　この取引により暗号資産を取得した個人が、当該暗号資産を譲渡した場合における当該暗号資産の取得価額は、その対価の額とその取得の時におけるその暗号資産の価額との差額のうち実質的に贈与したと認められる金額との合計額になる。

なお、贈与（相続人に対する死因贈与を除く。）又は遺贈（包括遺贈及び相続人に対する特定遺贈を除く。）により暗号資産を他の個人又は法人に移転させた場合には、その贈与又は遺贈の時における暗号資産の価額（時価）を総収入金額に算入する必要がある。

※1　上記により暗号資産の取得をした個人が、その暗号資産を譲渡した場合における当該暗号資産の取得価額は、その贈与又は遺贈の時における暗号資産の価額となる。

2　令和元年分以後の所得税について適用される。

3　個人が暗号資産を相続若しくは遺贈又は贈与により取得した場合には、相続税又は贈与税の課税対象となる。

【関係法令等】

所法40、所令87　所基通達40-2、40-3

暗号資産の取得価額

Q　国内の暗号資産交換業者から、次のとおり、暗号資産を購入しました。この場合の購入した暗号資産の取得価額はどうなりますか。

購入日時　9月10日

購入数量　3BTC

購入価格　3,000,000円

支払手数料　550円（消費税込み）

A　上記の場合の暗号資産の取得価額は、暗号資産の購入価格の3,000,000円に手数料550円を加算した3,000,550円になる。
暗号資産の取得価額は、その取得の方法により、それぞれ次のとおりとされている。

なお、購入手数料など暗号資産の購入のために要した費用がある場合には、その費用を含んだ金額がその暗号資産の取得価額になる。

①　対価を支払って取得（購入）した場合

購入時に支払った対価の額

②　贈与又は遺贈により取得した場合（次の③の場合を除く）

贈与又は遺贈の時の価額（時価）

③　相続人に対する死因贈与、相続、包括遺贈又は相続人に対する特定遺贈により取得した場合

被相続人の死亡の時に、その被相続人が暗号資産について選択して

いた方法により評価した金額（被相続人が死亡時に保有する暗号資産の評価額）

④　自己が発行した暗号資産

発行のために要した費用の額

⑤　上記以外の場合

その取得時点の価額（時価）

（注）　上記以外の場合とは、暗号資産同士の交換、マイニング（採掘）、分裂（分岐）などにより暗号資産を取得した場合をいう。

【関係法令等】

所法36、37、40、所令119-6

暗号資産取引による損失（損益通算）

Q　個人で３年ほど保有していた暗号資産を、令和４年12月に取引所を通じてすべて譲渡しましたが、損失100万円（所得△100万円）となりました。他に、年金の所得80万円と不動産所得200万円があります。合計の所得金額はいくらになるのですか。

A　暗号資産取引による所得△100万円は雑所得と認められ、また、年金の所得も雑所得なので相殺され雑所得の金額は△20万円となるが、雑所得は他の所得と損益通算できないので、合計所得金額は不動産所得の200万円となる（雑所得の所得金額が赤字でも、雑所得の所得金額は０円となる。）。

【関係法令等】

所法69①、所令198

解説

所得税法では、不動産所得、事業所得、山林所得及び譲渡所得の金額の計算上、損失が生じた場合は、一定の順序により、損失の額を他の黒字の各種所得から控除すると規定されている（所法69①、所令198）。

この損失を他の所得から控除する手続を「損益通算」という。

そのため、配当所得、給与所得、一時所得、雑所得の金額の計算上生じた損失は損益通算の対象とされない損失になる。

重要なのは、例えば不動産所得があって損失が生じていた場合、暗号資産取引による売買（譲渡）により利益があり雑所得がある場合には、損益通算ができることに留意する必要がある。

つまり、上記の質問の金額を、暗号資産の譲渡による所得100万円、年金の所得80万円、不動産所得△200万円にした場合、不動産所得の△200万円は雑所得の180万円と損益通算ができるので、合計の所得金額は△20万円になる。

4　暗号資産に係るその他の課税関係

これまで、暗号資産取引による所得は、「原則、暗号資産の引渡しによって所得を認識し、その所得区分は、原則、雑所得となる。」ことを確認したが、前述したとおり、所得税法上、収入金額とは、実際に支払いを受けた金額ではなくて、収入すべき金額である。この収入すべき金額の収入すべき時期は、所得の種類により、また同一の所得であってもその収入の態様により、それぞれ異なるので、例えば、暗号資産を給与の対価として取得すれば、給与所得として課税関係が生じるし、また、個人が、法人から臨時・偶発的に暗号資産を取得したような場合（例えば、懸賞等）には、一時所得に該当することになるなど、取得の態様によっても所得区分は異なるので注意が必要である。

暗号資産の分裂（分岐）により暗号資産の取得

> **Q** 個人で保有していた暗号資産の分裂（分岐）により、新たに誕生した暗号資産を取得しましたが、この取得は所得税法上の所得区分はどのようになりますか。

A 暗号資産の分裂（分岐）により取得した新たな暗号資産については、所得税法上の課税関係は生じない。

所得税法上、経済的価値のあるものを取得した場合には、その取得時点における時価を基にして所得金額を計算することになるが、国税庁の取扱情報によると、「分裂（分岐）に伴い取得した新たな暗号資産については、分裂（分岐）時点において取引相場が存しておらず、同時点においては価値を有していなかったと考えられます。」と考え方が示されている。

したがって、その取得時点では課税関係は生じず、その新たな暗号資産を売却又は使用した時点において雑所得又は事業所得が生ずることになる。

【関係法令等】

所法36

マイニングによる暗号資産の取得

> **Q** 個人でマイニングにより暗号資産を取得しましたが、この取得について所得税法上の所得区分はどのようになりますか。

A　雑所得又は事業所得となる。

前述したとおり、所得税法上、経済的価値のあるものを取得した場合には、その取得時点における時価を基にして所得金額を計算することになるので、いわゆるマイニングにより暗号資産を取得した場合、その取得時点の価額（時価）は、雑所得又は事業所得の金額の計算上、収入すべき金額に算入し、マイニングに要した費用はその所得金額の計算上、必要経費に算入されることになる。

【関係法令等】

所法27、35、36、37

暗号資産交換業者から暗号資産に代えて金銭の補償を受けた場合

Q　暗号資産交換業者がハッキングされ、預かった暗号資産を返還することができなくなったとして、補償金（日本円）の支払いを受けた場合、所得税法上の課税関係はどのようになりますか。

A　損害賠償金として支払われる金銭であっても、本来所得となるべきもの又は得べかりし利益を喪失した場合にこれが賠償されるときは、非課税にならないとされている。

顧客から預かった暗号資産を返還できない場合に支払われる補償金は、返還できなくなった暗号資産に代えて支払われる金銭であり、その補償金と同額で暗号資産を売却したことにより金銭を得たのと同一の結果となることから、本来所得となるべきもの又は得られたであろう利益を喪失した部分が含まれていると考えられ、この場合の補償金は、非課税となる損害賠償金には該当せず、雑所得又は事業所得として課税の対象となる。

【関係法令等】

所法35、36

解 説

これまで、暗号資産の大手取引所がハッキングされ暗号資産が不正に流出した事件が発生したり、また、令和４年11月11日に暗号資産の米国の大手交換業者FTXが経営破綻したとニュースで大きく取り上げられた。

そうした暗号資産交換業者等が不正送信被害に遭い、預かった暗号資産を返還することができなくなったとして、日本円による補償金の支払いを受けた場合、非課税となる損害賠償金に該当するように思えるが、この場合は非課税となる損害賠償金には該当しないので注意が必要である。

国税庁ホームページのタックスアンサーによると、「一般的に、損害賠償金として支払われる金銭であっても、本来所得となるべきもの又は得べかりし利益を喪失した場合にこれが賠償されるときは、非課税にならないものとされています。」と示されている（タックスアンサー：№1525）。

それによると、顧客と暗号資産交換業者の契約内容やその補償金の性質などを総合勘案して判断することになり、一般的に、顧客から預かった暗号資産を返還できない場合に支払われる補償金は、返還できなくなった暗号資産に代えて支払われる金銭であり、その補償金と同額で暗号資産を売却したことにより金銭を得たのと同一の結果となることから、本来所得となるべきもの又は得られたであろう利益を喪失した部分が含まれているものと考えられるとし、この場合の補償金は、非課税となる損害賠償金には該当せず、課税の対象となるということである。

なお、補償金の計算の基礎となった1単位当たりの暗号資産の価額が元々の取得単価よりも低額である場合には、雑所得の金額の計算上、損失が生じることになるので、その場合には、その損失を他の雑所得の金額と通算することができるという点にも留意する必要がある。

非居住者が行う暗号資産取引

Q　私は、アメリカに居住していますが、保有する暗号資産を日本の暗号資産交換業者に売却しました。この場合、日本での申告は必要ですか。

A　日本での申告は、必要ない。

日本の所得税法では、日本に居住する方は、全世界で稼得した所得が課税対象となり、外国に居住する方（以下「非居住者」という。）は、日本で発生した所得（国内源泉所得）が課税対象となるとされている。

国内源泉所得の対象となる資産の譲渡に係る所得（恒久施設に帰属する所得を除く。）は、次に掲げる者などに限定されていることから、非居住者が日本の暗号資産交換業者に保有する暗号資産を譲渡することにより生ずる所得は、所得税の課税対象とならない。

①　国内にある不動産の譲渡による所得
②　国内にある不動産の上に存する権利等の譲渡による所得
③　国内にある山林の伐採又は譲渡による所得
④　内国法人の発行する株式等の譲渡による所得で一定のもの
⑤　不動産関連法人の株式の譲渡による所得

⑥　非居住者が国内に滞在する間に行う国内にある資産の譲渡による所得

なお、非居住者が日本の暗号資産交換業者に保有する暗号資産を譲渡することにより生ずる所得については、源泉徴収の対象ともされていない。

【関係法令等】

所法161、121、所令281

第3節　法人税

企業会計基準委員会により平成30年3月14日、実務対応報告第38号「資金決済法における仮想通貨の会計処理等に関する当面の取扱い」を公表した。これを受けて、平成31年度税制改正において仮想通貨に関する法人税の課税関係が整備され、平成31年4月1日以降に終了する事業年度から適用されている（平成31年改正法法附則12）。

なお、「情報通信技術の進展に伴う金融取引の多様化に対応するための資金決済に関する法律等の一部を改正する法律（令和元年法律第28号）」の施行日である令和2年5月1日以降は、「仮想通貨」から「暗号資産」に変更されている。

また、法人税法上は、暗号資産は短期売買商品等に該当し、該当する暗号資産は次のとおりである。

1　短期売買商品等の範囲

短期売買商品等とは、法人が取得した金・銀・白金その他の資産（有価証券を除く。）のうち、市場における短期的な価格の変動を利用して利益を得る目的で、その取引に専ら従事する者がその取得の取引を行ったもの（専担者売買商品）及び資金決済に関する法律第2条第14項に規定する暗号資産などをいう（法法61、法令118の4、法規26の7）。

2　短期売買商品等に該当する暗号資産

①　物品を購入し、もしくは借り受け、又は役務の提供を受ける場合に、これらの代価の弁済のために不特定の者に対して使用することができ、かつ、不特定の者を相手方として購入及び売却を行うことができる財産的価値※であって、電子情報処理組織を用いて移転することができるもの

※　電子機器その他の物に電子的方法により記録されているものに限り、本邦通貨及び外国通貨、通貨建資産並びに外貨建資産に該当しない電子決済手段を除く。

②　不特定の者を相手方として上記①に掲げるものと相互に交換を行うことができる財産的価値であって、電子情報処理組織を用いて移転することができるもの

3　暗号資産の譲渡損益の計上時期

法人が暗号資産を譲渡した場合には、その譲渡に係る契約をした日※の属する事業年度において、譲渡対価の額から譲渡原価の額を減算した金額を益金の額又は損金の額に算入することになる（法法61①、法令118の６）。

※　譲渡が剰余金の配当その他の一定の事由によるものである場合には、その剰余金の配当の効力が生ずる日等一定の日とされている（法規26の９）。

暗号資産の売却等による譲渡損益の計上時期

Q 当社では、本年の事業から暗号資産を購入し、暗号資産の売却や暗号資産での商品の購入又は暗号資産同士の交換といった暗号資産取引を行うことを考えていますが、売却などを行ったことにより生じた譲渡損益は、いつの事業年度の益金の額又は損金の額に算入すればよいですか。

A 暗号資産の売却等により生じた譲渡損益は、暗号資産の売却等に係る契約をした日（約定日）の属する事業年度の益金の額又は損金の額に算入することになる。

暗号資産を売却した場合や暗号資産での商品購入をした場合又は暗号資産同士の交換を行った場合の取引は、いずれも暗号資産の譲渡に該当するので、これらの取引に係る譲渡損益は、その譲渡に係る約定をした日（いわゆる約定日基準）の属する事業年度において益金の額又は損金の額に算入することになる。

【関係法令等】

法法61

4　暗号資産の譲渡原価

暗号資産の譲渡原価については、次により計算した金額となる（法法61①二、法令118の６）。

① 法人が選定した一単位当たりの帳簿価額の算出方法により算出した金額に譲渡した暗号資産の数量を乗じて計算した金額

② 法人が算出方法を（移動平均法（注1）又は総平均法（注2））選定し

なかった場合又は選定した方法により算出しなかった場合には、移動平均法により算出した金額に譲渡した暗号資産の数量を乗じて計算した金額

（注１）「移動平均法」とは、暗号資産をその種類※1の異なるごとに区別し、その種類等の同じくする暗号資産を取得※2する都度その暗号資産のその取得直前の帳簿価額とその取得した暗号資産の取得価額との合計額をこれらの暗号資産の総数量で除して平均単価を算出し、その算出した平均単価をもってその一単位当たりの帳簿価額とする方法をいう（法令118の６①一）。

（注２）「総平均法」とは、暗号資産をその種類※1の異なるごとに区別し、その種類の同じくするものについて、その事業年度開始の時において有していたその暗号資産の帳簿価額とその事業年度において取得※2したその暗号資産の取得価額の総額との合計額をこれらの暗号資産の総数量で除して平均単価を算出し、その算出した平均単価をもってその一単価当たりの帳簿価額とする方法をいう（法令118の６①二）。

※１　令和６年４月１日以後に終了する事業年度から、次の区分となっている（令６年度改正法附則９①）。

①　特定譲渡制限付暗号資産※(1)であって自己発行暗号資産※(2)に該当しないもの

②　特定譲渡制限付暗号資産であって自己発行暗号資産に該当するもの

③　特定自己発行暗号資産※(3)

④　上記以外の暗号資産

※(1)　「特定譲渡制限付暗号資産」とは、譲渡についての制限その他の条件が付いている暗号資産であって、その条件が付されていることにつき適切に公表されるための手続が行われているものとして次の要件のすべてに該当するものをいう（法法61②一イ、法令118の7②、法規26の10）。

イ　暗号資産交換業者に関する内閣府令第23条第1項第九号（その他利用者保護を図るための措置等）に規定する移転制限が付されていること

ロ　暗号資産交換業者が認定資金決済事業者協会を通じて移転制限が付されていることの公表等措置（内閣府令第23条第1項第九号に掲げる措置）を講ずるためのその暗号資産交換業者に対する要請もしくは通知（暗号資産交換業者が内容を確認できるものに限る。）又は他の者に対するその他の者が通知をすることの要請の手続を行っていること

※(2)　「自己発行暗号資産」とは、内国法人が発行し、かつ、その発行の時から継続して有する暗号資産をいう（法法61②一ロかっこ書）。

※(3)　『特定自己発行暗号資産』とは、自己発行暗号資産であってその時から継続して譲渡制限の技術的措置がとられていること又は暗号資産が一定の要件を満たす信託財産とされているものをいう（法法61②一ロ、法令118の7③）。

※2　次の(1)及び(2)を除く。

(1)　暗号資産を購入し、もしくは売却し、又は種類の異なる暗号資産に交換しようとする際に、一時的に必要な暗号資産(暗号資産がいずれの暗号資産交換業者においても、本邦通貨及び外国通貨と直接交換することができないことから、本邦通貨及び外国通貨と直接交換することが可能な他の暗号資産を介在して取引を行うため、一時的にその他の

暗号資産を有することが必要となる暗号資産をいう。）を取得する場合におけるその取得

なお、一時的に必要な暗号資産の譲渡原価の計算における一単位当たりの帳簿価額は、個別法（その暗号資産について、その個々の取得価額をその取得価額とする方法をいう。）により算出することになる（法令118の6⑥一、法基通2－3－65）。

⑵ その取得する暗号資産を自己以外の者の計算において有することとなる場合におけるその取得（法令118の6⑥二）

暗号資産の譲渡原価の計算

Q 当社は、本事業年度に暗号資産を譲渡しましたが、暗号資産の譲渡原価をどう算出するのかがよく分かりません。

暗号資産の譲渡原価を、どのように計算するのか教えてください。

A 暗号資産の譲渡原価は、次のとおり計算する。

暗号資産の一単位当たりの帳簿価額×その譲渡をした暗号資産の数量＝譲渡原価

暗号資産の譲渡利益又は損失額は、その暗号資産の譲渡の時における有償によるその暗号資産の譲渡により通常得るべき対価の額とその暗号資産の譲渡原価との差額とされている。

この譲渡原価とは、暗号資産の一単位当たりの帳簿価額（一単位当たりの帳簿価額の計算は、移動平均法又は総平均法により算出することとされている（法定評価方法は移動平均法で、総平均法を採用する

場合には所轄税務署長に届出等を出す必要がある。））にその譲渡した暗号資産の数量を乗じた金額となる。

なお、この算出方法は、暗号資産の種類等ごとに、かつ、次の選定をすることとされている。

① 特定譲渡制限付暗号資産に該当する暗号資産であって自己発行暗号資産に該当しないもの
② 特定譲渡制限付暗号資産に該当する暗号資産であって自己発行暗号資産に該当するもの
③ 特定譲渡制限付暗号資産に該当する暗号資産
④ 上記①～③までの暗号資産以外の暗号資産

【関係法令等】

法法61、法令118の6、118の7、法規26の20

特定譲渡制限付暗号資産

Q 当社（A社）は、当社が保有する暗号資産（他社が発行した暗号資産で、活発な市場があります。）について、移転制限が付された暗号資産の情報提供及び公表に関する規則（一般社団法人日本暗号資産取引業協会（以下「協会」といいます。）並びにこれに関するガイドラインに従って当事業年度中に移転制限を付すとともに、その旨を暗号資産交換業者に通知しましたが、暗号資産の種類、数量等の情報が協会のウェブサイト上で公表されるのは翌事業年度となる見込みです。この暗号資産は、当事業年度末において時価評価をする必要はありますか（当社は、特定譲渡制限付暗号資産について、評価の方法の選定を行っていません。）。

A 質問の場合、Ａ社が有する暗号資産は、Ａ社の当事業年度終了の時においては時価評価をする必要はない。

活発な市場が存在する暗号資産であっても、次の①及び②の要件のいずれにも該当する暗号資産は特定譲渡制限付暗号資産とされ、特定譲渡制限付暗号資産のうち自己発行暗号資産に該当しないものは、時価法と原価法のうちその法人が選定した方法（評価の方法を選定しなかった場合には､原価法により評価する。）により評価した金額をもって事業年度終了の時における評価額とすることになる。

① その暗号資産につき、特定条件(注1)が付されていること。

② その法人が、その暗号資産につき、暗号資産交換業者が認定資金決済事業者協会を通じて特定条件が付されていることを公表するための一定の手続(注2)を行っていること。

（注１） 特定条件とは、暗号資産交換業者に関する内閣府令（平成29年内閣府令第７号。以下「交換業府令」という。）第23条第１項第９号に規定する移転制限をいい、移転についての制限その他の条件として認定資金決済事業者協会の規則で金融庁長官の指定するものに定めるものとされている。具体的な内容は、移転制限が付された暗号資産の情報提供及び公表に関する規則（協会）に定められている。

（注２） 一定の手続とは、暗号資産交換業者が公表等措置（交換業府令第23条第１項第９号に掲げる措置 をいう。）を講ずるためのその暗号資産交換業者に対する交換業府令第23条第１項第９号イの要請もしくは同号ロの通知又は他の者に対する当該他の者が同号ロの通知をすることの要請をいい、(i)その暗号資産交換業者に対する、その暗号資産につき、上記注１の移転制限を付すことの要請、(ii)その暗号資

産交換業者に対する、その暗号資産につき、上記注１の移転制限が付され、又は付されることが予定されている旨の通知（その暗号資産交換業者がその通知の内容を確認することができるものに限る。）、(iii)他の者に対する、当該他の者がその暗号資産につき、上記注１の移転制限が付され、又は付されることが予定されている旨のその暗号資産交換業者に対する通知（その暗号資産交換業者がその通知の内容を確認することができるものに限る。）をすることの要請のいずれかの手続とされている。具体的な手続方法は、移転制限が付された暗号資産の情報提供及び公表に関する規則（協会）に定められている。

したがって、Ａ社は、当事業年度中に暗号資産に移転制限を付しており、上記①の要件に該当する。また、Ａ社は、当事業年度中に暗号資産に移転制限を付した旨を暗号資産交換業者に通知したとのことであるから、この暗号資産は上記②の要件にも該当し、特定譲渡制限付暗号資産に該当する。さらに、Ａ社が発行したものではないことから自己発行暗号資産に該当しない。

したがって、この暗号資産は、特定譲渡制限付暗号資産に該当し、自己発行暗号資産に該当しないことから、期末時価評価の対象とならない。

【関係法令等】

法法61、法令118の７、法規26の10、交換業府令23、暗号資産交換業者に関する内閣府令第二十三条第一項第九号の規定に基づき認定資金決済事業者協会の規則を指定する件（令和６年金融庁告示第36号）

特定自己発行暗号資産

Q 当社（Ａ社）は、当社が発行し、かつ、発行の時から継続保有している暗号資産（この暗号資産には活発な市場があります。）について、秘密鍵を５個作成し、そのうち４個の秘密鍵がなければその暗号資産を移転することができない措置を発行時から継続してとっています。また、そのうちの３個の秘密鍵が記載された書類（その書類にのみ記載）を顧問弁護士（当社及び関係会社の役員及び使用人（以下「役員等」といいます。）ではなく、これらの者との間に親族関係その他の私的な関係はありません。）と２年の保管委託契約を締結して預けており、保管期間が満了するまで預けた秘密鍵の返却を求めることはできません。

この暗号資産は、期末において時価評価をする必要はありますか。

A 質問の暗号資産の場合、Ａ社は、暗号資産に係る秘密鍵（３個）を、Ａ社の関係者ではない顧問弁護士に保管委託しており、契約上定められた保管期間が満了するまではその預けた秘密鍵の返却を求めることができないこととなっている。顧問弁護士との保管委託契約の期間中は、暗号資産はＡ社の関係者のみでは移転することができない状態にある。また、契約上の保管期間は２年と定められていることから、Ａ社が暗号資産に対して行ったこれら一連の措置は下記①及び②の要件のいずれにも該当し、これらの措置を発行の時から継続してとっているので、この暗号資産は特定自己発行暗号資産に該当し、期末における時価評価の対象とならないことになる。

活発な市場が存在する暗号資産であっても、法人が発行し、かつ、その発行の時から継続して有する暗号資産に対し、その発行の時から継続して他の者に移転することができないようにする技術的措置であって次の①及び②の要件のいずれにも該当する措置をとっている場合の暗号資産は特定自己発行暗号資産とされ、期末時価評価の対象とならない。

① その移転することができない期間が定められていること。

② その技術的措置が、その暗号資産を発行した法人（その法人との間に完全支配関係がある他の者を含む。以下「発行法人等」という。）の役員等とその他一定の者（※）（以下、これらの者をまとめて「関係者」という。）のみによって解除をすることができないものであること。

（※） 一定の者とは、(i)発行法人等の役員等の親族、(ii)発行法人等の役員等と婚姻の届出をしていないが事実上婚姻関係と同様の事情にある者、(iii)(i)又は(ii)以外の者で発行法人等の役員等から受ける金銭その他の資産によって生計を維持しているもの、(iv)(ii)又は(iii)の者と生計を一にするこれらの者の親族 をいいます。

なお、秘密鍵の保管期間が満了した場合は、その時点で上記①の要件を充足しなくなることから、暗号資産は特定自己発行暗号資産に該当しないこととなる。

【関係法令等】

法法61、法令118の7、法規26の10、法基通2－3－67の2

5　暗号資産の取得価額

暗号資産の取得価額は、その取得の方法（適格分社型分割により分割法人から取得等した場合等の別段の定めがあるものを除く。）他に応じ、それぞれ次による（法令118の5）。

① 購入した場合（デリバティブ取引による資産の取得の規定の適用があるものを除く。）には、その購入の代価・購入手数料等その他購入のために要した費用を加算した金額となる。

② 自己が発行することにより取得した場合には、その発行のために要した費用の額となる。

③ 上記①②以外の場合には、その取得の時における暗号資産の取得のために通常要する価額となる。

なお、暗号資産をいわゆるマイニング（採掘）により取得した場合、その取得した暗合資産の取得時点の価額（時価）については益金の額に計上され、マイニングに要した費用については損金の額に算入されることとなる。

暗号資産の取得価額（手数料）

Q 当社は、国内の暗号資産交換業者から○年９月１日に４BTCを8,000,000円で購入し、購入時に消費税等込みで手数料2,200円を支払いました。

この場合の購入した暗号資産の取得価額は、手数料を含む価額ですか。

A 質問の場合、暗号資産の取得価額は購入の代価8,000,000円に、購入時の手数料2,200円を加算した8,002,200円になる。

暗号資産の取得価額は、①対価を支払って取得（購入）した場合には購入時に支払った対価の額となり、②自己が発行した場合にはその発行のために要した費用の額となり、③暗号資産同士の交換、マイニング（採掘）、分裂（分岐）などにより暗号資産を取得した場合の取得価額は取得時点の価額（時価）になる。なお、分裂（分岐）により暗号資産を取得した場合の取得価額は0円（注）となる。

（注）　暗号資産の分裂（分岐）に伴い取得した新たな暗号資産については、分裂（分岐）時点において取引相場が存しておらず、同時点において価値を有していないと考えられることから取得価額は「0円」となる。

【参考】　消費税の課税事業者（税抜経理方式を適用）である法人が、質問の取引を行う場合の購入した暗号資産の取得価額は、8,002,000円になる。

消費税法では、暗号資産などの支払手段等の譲渡は非課税とされているが、暗号資産交換業者に対して取引の仲介料として支払う手数料は、仲介に係る役務の提供の対価に該当し、消費税の課税対象になる。また、質問の法人が消費税法上の課税事業者に該当し、かつ、税抜経理方式を適用している場合には、手数料に含まれる消費税等の額（200円＝2,200円×10/110）と課税取引の対価の額（2,000円＝2,200円－200円）を区分し、課税取引の対価の額を暗号資産の支払対価の額に加算した金額（8,002,000円＝8,000,000円＋2,000円）が購入した暗号資産の取得金額となる。

【関係法令等】

法法61、法令118の5、「消費税法等の施行に伴う法人税の取扱いについて」2

マイニング等により暗号資産を取得した場合の課税関係

Q　いわゆるマイニング、ステーキング、レンディングなど（以下「マイニング等」という。）により暗号資産を取得した場合の法人税の課税関係は、どのようになりますか。

A　質問のマイニング等により暗号資産を取得した場合、その取得に伴い生ずる利益は法人税の課税対象となる。

マイニング等により暗号資産を取得した場合、その取得した暗号資産の取得時点の価額（時価）については所得の金額の計算上益金の額に算入され、マイニング等に要した費用については所得の金額の計算上損金の額に算入されることになる。

【関係法令等】

法法22、22の2

6　暗号資産の区分変更によるみなし譲渡

法人が暗号資産を自己の計算において有する場合において、その暗号資産について次の①の一定の事実が生じたときは、次の②（譲渡価額（取得価額））により、その事実が生じた時又は事業年度終了の時において、帳簿価額又は一定の方法で計算した金額により、その暗号資産を譲渡し、かつ、その暗号資産をその金額により取得したものとして所得の金額を計算することになる（法法61⑥、法令118の11）。

①　一定の事実

イ　特定自己発行暗号資産（法法61②一ロ）に該当しないこととなった暗号資産

ロ　次の事実（事業年度開始の時から事実の生じる直前の時（(ハ)は事業年度終了の時）までの期間内のいずれかの時において市場暗号資産に該当する暗号資産（ハにおいて「２号暗号資産」という。）に限るものとし、直前の時に特定自己発行暗号資産に該当するものを除く。）

(イ)　特定譲渡制限付暗号資産に該当

(ロ)　特定譲渡制限付暗号資産に非該当※

※　時価法選定特定譲渡制限付暗号資産（特定譲渡制限付暗号資産であって、時価評価金額をもってその事業年度終了の時における評価額とするもの）に限る。

(ハ)　評価方法の変更により時価法選定特定譲渡制限付暗号資産に非該当

(ニ)　特定譲渡制限付暗号資産に非該当（(ロ)の事実を除く。）

ハ　２号暗号資産に該当しないものについて生じた次に掲げる事実（特定自己発行暗号資産を除く。）

(イ)　特定譲渡制限付暗号資産に該当

(ロ)　特定譲渡制限付暗号資産に非該当

ニ　事業年度の期間内のいずれかの時において市場暗号資産に非該当（次のものを除く。）

(イ)　事業年度終了の時において市場暗号資産、特定譲渡制限付暗号資産（その期間内のいずれかの時において時価法選定特定譲渡制限付暗号資産に該当したものを除く。）若しくは特定自己発行暗号資産に該当

(ロ)　その期間内のいずれかの時において上記ロ（(ハ)に係る部分を

除く。）に掲げる事実が生じ、その生じた時（その期間内にこれらの事実が２以上生じた場合には、その生じた時のうち最も遅い時）において市場暗号資産に非該当

(ハ)　事業年度のいずれかの時において上記ロ（(ハ)に係る部分に限る。）に掲げる事実が生じた場合

②　みなし譲渡の譲渡価額（取得価額）

イ　上記①イ(イ)、ロ(ニ)又はハの事実が生じた暗号資産

その事実が生じた時において、その暗号資産をその時の直前の帳簿価額により譲渡し、かつ、その暗号資産をその帳簿価額により取得したものとみなされる。

ロ　上記①ロ（(イ)から(ハ)に限る。）又はニの事実が生じた暗号資産に該当する暗号資産

その事実が生じた時（上記①ロ(ハ)又はニの事実が生じた場合には、その事実が生じた時の属する事業年度終了の時）において、その有する暗号資産を価格等公表者により公表されて期末直前の売買価格等に期末保有暗号資産の数量を乗じて計算した金額により譲渡し、かつ、期末保有暗号資産をその金額により取得したものとされる。

7　暗号資産の期末時価評価損益等

法人が事業年度終了の時に有する暗号資産（市場暗号資産※1（特定譲渡制限付暗号資産※2及び特定自己発行暗号資産※3で自己暗号資産に該当しないもので原価法を選択したものは除く。）で自己の計算において有する場合に限る。）については、時価法により評価した金額をもってその評価額とし、その評価額と帳簿価額との差額である評

価益又は評価損は、その事業年度の所得の金額の計算上、益金の額又は損金の額に算入することとされている(法法61②③、法令118の7①)。

※1　「市場暗号資産」とは、法人が有する暗号資産のうち、活発な市場が存在するとして、次の①から③に掲げる要件のすべてに該当するものをいう（法法61②、法令118の7①)。
　①　継続的に売買価格等（交換比率を含む。）が公表され、かつ、その公表される売買価格等がその暗号資産の売買の価格又は交換の比率の決定に重要な影響を与えているものであること。
　②　継続的に売買価格等の公表がされるために十分な数量及び頻度で取引が行われていること。
　③　次に掲げる要件のいずれかに該当すること。
　　（ⅰ）　売買価格等の公表がその内国法人以外の者によりされていること。
　　（ⅱ）　上記②の取引が主としてその内国法人により自己の計算において行われた取引でないこと。

※2　101頁の（※1）参照

※3　101頁の（※3）参照

(1)　時価法

時価法とは、事業年度終了の時において有する暗号資産を種類等の異なるごとに区分し、その種類等を同じくする暗号資産について、次に掲げる①又は②のいずれかの価格にその暗号資産の数量を乗じて計算した金額をその事業年度終了の時の評価額とする方法をいう（法法61②、法令118の8①)。

①　価格等公表者（暗号資産の売買価格等を継続的に公表し、かつ、その公表する売買価格等がその暗号資産の売買の価格又は交換の比率の決定に重要な影響を与えている場合における公表をする者をいう。）によって公表されたその事業年度終了の日におけるその暗号資産の最終の売買の価格[※1]

②　価格等公表者によって公表されたその事業年度終了の日における

その暗号資産の最終の交換比率※2に、その交換比率により交換される他の暗号資産に係る上記①の価格を乗じて計算した価格

※1　公表されたその事業年度終了の日における最終の売買の価格がない場合には、同日前の最終の売買の価格が公表された日でその事業年度終了の日に最も近い日におけるその最終の売買の価格になる。

※2　公表されたその事業年度終了の日における最終の交換比率がない場合には、同日前の最終の交換比率が公表された日でその事業年度終了の日に最も近い日におけるその最終の交換比率になる。

(2)　評価益又は評価損

事業年度終了の時において暗号資産を有する場合（自己の計算において有する場合に限る。）には、その暗号資産のその時における評価益又は評価損の金額を、その事業年度の所得金額の計算上、益金の額又は損金の額に算入することになる（法法61③）。

(3)　翌事業年度における処理等

その事業年度の益金の額又は損金の額に算入した評価益又は評価損に相当する金額は、翌事業年度の所得金額の計算上、損金の額または益金の額に算入するとともに、翌事業年度開始の時におけるその暗合資産の帳簿価額は、その評価益に相当する金額を減算し、または評価損に相当する金額を加算した金額とし、洗替計算を行うことになる（法令118の10①④）。

暗号資産の期末時価評価金額

Q　当社は、当期の事業年度終了時に暗号資産を保有していますが、当期末においてどのような評価処理をすることになりますか。

A　法人が事業年度終了の時において保有する暗号資産（次の①から③のすべての要件に該当する暗号資産（以下「市場暗号資産」という。）に限るものとし、④の特定自己発行暗号資産を除く。）については、時価法により評価した金額をもってその時における評価額とする必要がある。

①　継続的に売買価格等（売買の価格または他の暗号資産との交換の比率をいう。）が公表され、かつ、その公表される売買価格等がその暗号資産の売買の価格又は交換の比率の決定に重要な影響を与えているものであること。

②　継続的に上記①の売買価格等の公表がされるために十分な数量及び頻度で取引が行われていること。

③　次の要件のいずれかに該当すること。

(i)　上記①の売買価格等の公表がその法人以外の者によりされていること。

(ii)　上記②の取引が主としてその法人により自己の計算において行われた取引でないこと。

④「特定自己発行暗号資産」とは、内国法人が発行し、かつ、発行時から継続保有する暗号資産であって、発行時から継続して他への移転ができないよう技術的措置又は一定の要件を満たす信託財産であるなど譲渡制限があるものをいう（法令118の7③）。

なお、その市場暗号資産（特定自己発行暗号資産を除く。）を自己の計算において保有する場合には、その評価額と帳簿価額との差額（以下「評価損益」という。）は、その事業年度の益金の額又は損金の額に算入する必要がある。また、この評価損益は翌事業年度で洗替処理をすることになる。

(i) 価格等公表者によって公表されたその事業年度終了の日における市場暗号資産の最終の売買の価格（公表された同日における最終の売買の価格がない場合には、同日前の最終の価格が公表された日でその事業年度終了の日の最も近い日におけるその最終の売買の価格となる。）

(ii) 価格等公表者によって公表されたその事業年度終了の日における市場暗号資産の最終の交換比率×その交換比率により交換される他の市場暗号資産に係る上記(i)の価格（公表された同日における最終の交換比率がない場合には、同日前の最終の交換比率が公表された日でその事業年度終了の日に最も近い日におけるその最終の交換比率に、その交換比率により交換される他の市場暗号資産に係る上記(i)の価格を乗じて計算した価格となる。）

【関係法令等】

法法61、法令118の7、118の8、118の9、118の10

8 暗号資産信用取引のみなし決済損益額の益金又は損金算入等

(1) みなし決済損益額の益金又は損金算入

事業年度の所得の金額の計算上、暗号資産信用取引（他の者から信用の供与を受けて行う暗号資産の売買をいう。）を行った場合において、その暗号資産信用取引のうち事業年度終了の時において決済されていないものがあるときは、その時においてその暗号資産信用取引を決済したものとみなして算出した利益の額または損失の額に相当する金額（「みなし決済損益額※」）をその事業年度の所得の金額の計算上、益金の額または損金の額に算入することになる（法法61⑦⑧、法規26の10）。

※　「みなし決済損益額」とは、次の金額をいう。
　1　暗号資産信用取引の方法により暗号資産の売付けをしている場合には、その売付けに係る暗号資産のうち事業年度終了の時において決済されていないもののその売付けに係る対価の額からその暗号資産の時価評価額（上記7(1)①又は②の価格に相当する金額）にその暗号資産の数量を乗じて計算した金額を減算した金額をいう。
　2　暗号資産信用取引の方法により暗号資産の買付けをしている場合には、その買付けに係る暗号資産のうち事業年度終了の時において決済されていないものの時価評価額にその暗号資産の数量を乗じて計算した金額からその暗号資産の買付けに係る対価の額を減算した金額をいう。

(2)　暗号資産信用取引に係る契約に基づく暗号資産の取得

法人が暗号資産信用取引に係る契約に基づき暗号資産を取得した場合（法人税法第61条の6第1項の繰延ヘッジ処理の適用を受ける暗号資産信用取引に係る契約に基づきその暗号資産を取得した場合を除く。）には、その取得時における暗号資産の価額とその取得の基因となった暗号資産信用取引に係る契約に基づきその暗号資産の取得の対価として支払った金額との差額は、その取得の日の属する事業年度の所得の金額の計算上、益金の額又は損金の額に算入することになる（法法61⑨）。

(3) 暗号資産信用取引の譲渡原価の額

暗号資産信用取引の方法により暗号資産の売付け又は買付けをし、その後にその暗号資産と種類を同じくする暗号資産の買付け又は売付けをして決済をした場合における譲渡損益の計上についての譲渡原価の額は、その買付けに係る暗号資産のその買付けに係る対価の額とされる（法令118の6⑩）。

(4) 翌事業年度における処理等

事業年度終了の時において決済されていない暗号資産信用取引については、上記(1)に基づきその事業年度の益金の額又は損金の額に算入した金額に相当する金額は、翌事業年度の所得の金額の計算上、損金の額又は益金の額に算入（洗替処理）する（法令118の12①）。

暗号資産信用取引を行った場合の計算方法

Q 当社では、次の暗号資産信用取引を行うことを考えていますが、その場合の所得金額の計算方法はどうなりますか。

・10月1日に1BTCを2,000,000円で売り付けた。

・10月25日に1BTCを1,600,000円で買い付けた。

※ 暗号資産信用取引において、暗号資産の売買手数料等については勘案していません。

A 質問の場合の所得金額は、次の計算式のとおりである。

【計算式】

2,000,000円－1,600,000円※1＝400,000円

［売付け価額］　［買付け価額］　［所得の金額］

暗号資産信用取引とは、他の者から信用の供与を受けて行う暗号資産の売買をいう（以下同じである。）。

この暗号資産信用取引の方法により、暗号資産の売付けをし、その後にその暗号資産と種類を同じくする暗号資産の買付けをして決済をした場合における暗号資産の譲渡損益額は、暗号資産の譲渡により通常得るべき対価の額（売付け価額※2, 4）とその買付けに係る暗号資産の買付けに係る対価の額（買付け価額※3, 4）との差額になる。

また、これとは反対の暗号資産信用取引の方法により、暗号資産の買付けをし、その後にその暗号資産と種類を同じくする暗号資産の売付けをして決済をした場合における暗号資産の譲渡損益額も、暗号資産の譲渡により通常得るべき対価の額（売付け価額※5, 7）とその買付けに係る暗号資産の買付けに係る対価の額（買付け価額※6, 7）との差額になる。

なお、いわゆる暗号資産FX取引や暗号資産先物取引は、暗号資産信用取引ではなくデリバティブ取引に該当する。

※1　譲渡原価は、個別法により計算した金額となる。
※2　他の者から支払いを受ける金利に相当する額は、売付け価額に含める。
※3　他の者に支払う買委託手数料及びいわゆる品貸料は、買付け価額に含める。
※4　上記※２及び※３については、継続適用を条件として、その発生に応じて収益又は費用として益金の額又は損金の額に算入している場合は、それが認められる（ただし、売買委託手数料を除く。）。
※5　他の者から支払いを受けるいわゆる品貸料は、売付け価額に含める。
※6　他の者に支払う買委託手数料及び金利に相当する額は、買付け価額に含める。
※7　上記※５及び※６については、継続適用を条件として、その発生に応じて収益又は費用として益金の額または損金の額に算入している場合は、それが認められる（ただし、売買委託手数料を除く。）。

【関係法令等】

法法61、61の5、法令118の6、法規27の7、法基通2－3－62

暗号資産信用取引の譲渡損益の計上時期

Q 当社は、暗号資産信用取引を行っていますが、暗号信用取引を行ったことにより生じた譲渡損益は、いつの事業年度に計上すればよいですか。

A 質問の場合、次の日の属する事業年度にそれぞれ計上することになる。

① 暗号資産の売付けをし、その後にその暗号資産と種類を同じくする暗号資産の買付けをして決済するものは、その決済に係る買付けの契約をした日となる。

② 暗号資産の買付けをし、その後にその暗号資産と種類を同じくする暗号資産の売付けをして決済するものは、その決済に係る売付けの契約をした日となる。

暗号資産信用取引に係る譲渡損益の計上時期は、暗号資産の売付けをし、その後にその暗号資産と種類を同じくする暗号資産の買付けをして決済するもの（上記①）は、暗号資産取引の約定日基準の例外として、売付けの契約をした日ではなく、その決済に係る買付けの契約をした日の属する事業年度になる。

また、暗号資産の買付けをし、その後にその暗号資産と種類を同じくする暗号資産の売付けをして決済をするもの（上記②）は、約定基準日どおりその決済に係る売付けの契約をした日の属する事業年度になる。

【関係法令等】

法法61、法規26の9、法基通2－1－21の14

暗号資産信用取引に係るみなし決済損益額の処理

Q　当社は、暗号資産信用取引を行っており、本年の事業年度終了時において決済されていないものがありますが、事業年度期末において何らかの処理をする必要はあるでしょうか。

A　ご質問の場合、法人が暗号資産信用取引を行った場合で、事業年度終了時において決済されていないものがあるときは、その事業年度終了時に決済したものとみなして算出した利益の額又は損失の額に相当する金額（以下「みなし決済損益額」という。）をその事業年度の益金の額又は損金の額に算入することになる。

みなし決済損益額は、次の区分に応じてそれぞれ次の金額とされている（事業年度終了時に決済されていない暗号資産信用取引に係る暗号資産に限る。）。

①　暗号資産信用取引の方法により暗号資産の売付けをしている場合

その売付けに係る対価の額　―（その暗号資産の期末時の時価評価額 × その暗号資産の数量）

②　暗号資産信用取引の方法により暗号資産の買付けをしている場合

（その暗号資産の期末時の時価評価額 × その暗号資産の数量）―　その買付けに係る対価の額

なお、みなし決済損益額を計上した場合は、翌事業年度で洗替処理をすることになる。

【関係法令等】

法法61、法令118の12、法規26の12

第4節　消費税

1　消費税の概要

消費税は、事業者が国内において行う課税資産の譲渡等（特定資産の譲渡等に該当するものを除く。）及び特定仕入れ並びに保税地域から引き取られる外国貨物を課税の対象としている。

つまり、ここでいう課税資産の譲渡等とは、事業として対価を得ている資産の譲渡、資産の貸付け及び役務の提供で、消費税法第６条第１項《非課税》の規定により非課税とされるもの以外のものをいうこととされている（消法２①八、九、２②、４①）。

したがって、国内における取引の場合には、次のいずれをも満たす取引が課税の対象となる。

① 国内において行うものであること。

② 事業者が事業として行うものであること。

③ 対価を得て行うものであること。

④ 資産の譲渡、資産の貸付け及び役務の提供であること。

また、国内取引であったとしても、これらの要件を満たさないものは消費税の課税対象外（不課税取引）となる。

なお、輸出取引及び輸出類似取引については、国内取引に該当するが、輸出免税として消費税の課税が免除されている（消法７、８外）。

(1)「事業者」

「事業者」とは、個人事業者及び法人をいい（消法２①三、四）、居住者か非居住者であるかを問わないとされている。また、この場合の

「事業」とは、同種の行為を反復、継続、独立して行うことをいい、その事業規模は問わないこととされている。

⑵ 「事業として」

「事業として」との意義は、個人事業者が消費者の立場で資産の譲渡等を行う場合は除かれるということであり、例えば、家庭で使用していた冷蔵庫（生活用財産）を譲渡した場合は、課税の対象外となる。

なお、事業に付随して対価を得て行われる資産の譲渡、資産の貸付け及び役務の提供は、資産の譲渡等に含まれることとなる（消令２③）。

⑶ 「対価を得て行われる」

「対価を得て行われる」とは、反対給付として対価を得ることをいい、資産の贈与や資産の無償貸付け等は、課税の対象外となる。

なお、対価を得ないものであっても、個人事業者が棚卸資産又は棚卸資産以外の事業用資産を家事のために消費し、又は使用した場合及び法人が資産をその役員に対して贈与した場合には、課税の対象となる（消法４⑤）。

⑷ 「資産の譲渡、資産の貸付け及び役務の提供」

(ⅰ) 資産の譲渡

資産の譲渡とは資産につきその同一性を保持しつつ、他人に移転させることをいうが、経済的にみた場合には、資産の譲渡の対価を収受したのと同様の実態にあるときであっても、その同一性を保持しつつ、他人に移転するという事実がないときは譲渡があったことにはならないので、消費税の課税の対象外となる（消基通５－２－11）。

(ⅱ) 資産の貸付け

資産の貸付けには、資産に係る権利の設定及び他の者に資産を使用させる一切の行為が含まれることとされており、資産に係る権利の設定とは、例えば、①土地に係る地上権又は地役権の設定、②特許権、実用新案権、意匠権、商標権等の工業所有権等に係る実施権又は使用権の設定、③著作物に係る出版権の設定などが該当する（消基通５－４－１）。

また、他の者に資産を使用させる一切の行為とは、電気通信利用役務の提供に該当しないものであって、例えば、①工業所有権等（特許権等の工業所有権並びにこれらの権利に係る出願権及び実施権をいう。)、②著作物の複製、上演、放送、展示、上映、翻訳、編曲、脚色、映画化その他著作物を利用させる行為、③工業所有権の目的になっていないが、生産その他業務に繰り返し使用し得るまでに形成された創作（特別の原料、処方、機械、器具、工程によるなど独自の考案又は方法についての方式、これに準ずる秘けつ、秘伝その他特別に技術的価値を有する知識及び意匠等をいう。）の使用、提供又は伝授などが該当する（消基通５－４－２）。

（iii）役務の提供

役務の提供とは、例えば、請負契約に代表される土木工事、修繕、運送、保管、印刷、広告、仲介等その他のサービスを提供することをいい、弁護士、公認会計士、税理士、作家、スポーツ選手等による専門的知識、技能等に基づく役務の提供が含まれる（消基通５－５－１）。

2　消費税と暗号資産

消費税は、国内における消費一般に対して広く公平に負担を求める税であり、原則として国内における資産の譲渡や役務の提供等を課税の対象としているが、消費税法第６条第１項において、別表第二に掲げるものについて消費税を課さないこととしており、外国為替及び外国貿易法第６条第１項第７号（定義）に規定する支払手段（収集品及び販売用の支払手段を除く。）である、銀行券、政府紙幣、小額紙幣、硬貨、小切手、為替手形等が規定されている（消法別表第二第２号）。

暗号資産については、「資金決済に関する法律第２条第５項において①不特定の者に対して、代金の支払い等に使用でき、かつ、法定通貨（日本円や米国ドル等）と相互に交換できること、②電子的に記録され、移転できること、③法定通貨又は法定通貨建ての資産（プリペイドカード等）ではないこと等の性質を持つ財産的価値と定義されたことや、EU等では暗号資産の譲渡が非課税とされていること等を踏まえ、平成29年度の税制改正において、暗号資産の譲渡について消費税を非課税とする消費税法施行令の改正が行われた。具体的には、消費税が非課税とされる支払手段に類するものを定める消費税法別表第一（現行第二）第２号に規定する支払手段に類するものとして、改正後の資金決済に関する法律第２条第５項に規定する暗号資産が追加された（消令９④）。

また、暗号資産の譲渡については、その性格に鑑み、法定通貨等の支払手段と同様に、課税売上割合の計算に含めないこととされた（消令48②一）。

暗号資産を譲渡した場合の消費税

Q　当社は、国内の暗号資産交換業者を通じて、保有していた暗号資産を譲渡しました。

　この場合の消費税は課税の対象となりますか。

A 支払手段その他これに類するものについては、消費に負担を求める消費税の性格上、課税することになじまないものとして非課税としているところである（消法6①、消法別表第二第2号）。

したがって、暗号資産の譲渡については、消費税法別表第二第2号に規定する支払手段に類するものとして、資金決済に関する法律（平成21年法律第59号）第2条第5項に規定する暗号資産等が定められており、当社が、国内の暗号資産交換業者を通じて、保有していた暗号資産の譲渡は非課税となる（消令9④）。

なお、暗号資産の譲渡については、法定通貨等の支払手段と同様に課税売上割合の計算に含めないこととされている（消令48②一）。

※ 「暗号資産」については、「情報通信技術の進展等の環境変化に対応するための銀行法等の一部を改正する法律」（平成28年法律第62号）による改正後の資金決済に関する法律において、暗号資産が支払手段として位置付けられたことやEU等では暗号資産の譲渡は非課税とされていること等を踏まえ、平成29年7月1日から消費税が非課税とされている。

【関係法令等】

消法6①、30、別表2二

参照　令和5年12月25日　国税庁「暗号資産等に関する税務上の取扱いについて（FAQ）」

暗号資産の売買に係る仲介手数料

Q 当社は、暗号資産を譲渡する際に、国内の暗号資産交換業者に対して暗号資産の売買に係る仲介手数料を支払いました。

この手数料は課税の対象となりますか。

A 国内の暗号資産交換業者に対して暗号資産の売買に係る仲介料と

して支払う手数料は、仲介に係る役務の提供の対価として支払うものであることから、課税の対象となる。

なお、暗号資産の売買を目的とした購入に係る仲介手数料は、消費税の申告上、個別対応方式を選択した場合には、課税資産の譲渡等以外の資産の譲渡等にのみ要する課税仕入れ、すなわち、非課税売上げにのみ要する課税仕入れに該当することとなる。

3　平成29年6月以前における暗号資産の譲渡

平成29年6月以前に国内において行った暗号資産の譲渡は、非課税対象取引として規定されていないので、課税の対象となるが、平成29年7月1日前に暗号資産を駆け込みで仕入れ、暗号資産の市場に大きな影響を及ぼすことを回避するとの趣旨から経過措置が定められており、平成29年6月1日から施行された。

具体的には、①事業者が平成29年6月30日において、国内において譲り受けた暗号資産を100万円（税抜き）以上有している場合で、②同日の暗号資産の保有数量が平成29年6月1日から平成29年6月30日までの間における各日の保有数量が同期間の平均保有数量に対して増加している場合は、その増加した分の課税仕入れに係る消費税額については、仕入税額控除が認められないこととされている（消費税法施行令の一部を改正する政令（平成29年政令第129号）第8条）。

《仕入税額控除が制限されない場合》

○平成29年6月30日の保有数量が平均保有数量を下回る

月日	購入額（円）	売却額（円）	単価（円）	数量	保有数量
6.1	4,000,000	－	1,000	4,000	4,000
6.2～10	－	－	－	－	4,000
6.11	2,000,000	－	1,000	2,000	6,000
6.12～25	－	－	－	－	6,000
6.26	－	5,000,000	1,000	▲5,000	1,000
6.27～30	－	－	－	－	1,000

・平均保有数量

（4,000×10日間＋6,000×15日間＋1,000×5日間）÷30日＝4,500

※　平成29年6月30日において、国内において譲り受けた暗号資産を100万円（税抜き）以上有しているが、同日の保有数量（1,000）が平均保有数量（4,500）を下回ることから仕入税額控除の制限はない。

・課税仕入れに係る消費税額（経過措置の適用なし）

6,000,000円×８％＝480,000円

《仕入税額控除が制限される場合》

○平成29年6月30日の保有数量が平均保有数量を上回る

月日	購入額（円）	売却額（円）	単価（円）	数量	保有数量
6.1	4,000,000	－	1,000	4,000	4,000
6.2	6,000,000	－	1,000	6,000	10,000
6.27～30	－	－	－	－	10,000

・平均保有数量

（4,000×1日間＋10,000×29日間）÷30日＝9,800

平成29年6月30日の保有数量（10,000）が平均保有数量（9,800）を上回ることから仕入税額控除の制限あり。

・課税仕入れに係る消費税額（経過措置の適用あり）

（10,000,000円×８％）－（10,000－9,800）×1,000

＝800,000－200,000＝600,000円

暗号資産を譲渡したときの消費税の課税について

Q　当社は、暗号資産を平成29年６月以前にも譲渡していました。

　この場合は消費税の課税の対象となると思うが、何か注意すべきことがありますか。

A

1　平成29年６月以前に国内において行った暗号資産の譲渡は、課税の対象となることから、平成29年６月以前に国内において譲り受けた暗号資産について、消費税の申告上、個別対応方式を選択した場合には、課税資産の譲渡等にのみ要する課税仕入れ、すなわち、課税売上げにのみ要する課税仕入れに該当することとなる（消費税法施行令の一部を改正する政令（平成29年政令第129号）第２条）。

2　消費税の課税事業者に該当する者が、平成29年６月以前に国内において譲り受けた暗号資産について、仕入税額控除の適用を受けるためには、取引の相手方の氏名等一定の事項が記載された帳簿及び請求書等の保存が要件となるが、暗号資産交換業者などの媒介者を介して行われる暗号資産の購入に関し、取引の相手方又は媒介者から請求書等の交付を受けられないなど、やむを得ない理由がある場合には、帳簿にその旨と媒介者の氏名等を記載して保存することとなる。

3　令和５年６月１日以後に国内において行われる電子決済手段の譲渡についても、支払手段等の譲渡に該当するので、消費税は非課税となる。

　また、その電子決裁手段の譲渡についても、課税売上割合の算出に当たって非課税売上高に含めて計算する必要はない。

暗号資産の貸付けにおける利用料

Q　当社は、国内の暗号資産交換業者との間で暗号資産の貸借取引契約を締結したことに伴い、保有している暗号資産を貸し付けることにより、１年後の契約期間満了時に、その貸し付けた暗号資産に一定の料率を乗じた金額を利用料として受領しました。

　なお、暗号資産交換業者が定める利用規約には、当社が暗号資産交換業者に対して暗号資産を貸し付け、契約期間満了後において、その貸し付けた暗号資産と同種・同等の暗号資産が暗号資産交換業者から当社に返還されるとともに、その返還に際しては、利用料が支払われる旨が規定されています。

　この場合の消費税の課税関係は、どのようになりますか。

A　暗号資産の貸借取引契約の締結に際し、暗号資産交換業者が定める利用規約には、契約期間満了後において、貸し付けた暗号資産と同種・同等の暗号資産が暗号資産交換業者から当社に返還されるとともに、その返還に際しては、利用料が支払われる旨が規定されていることから、利用料という対価を得て行う資産の貸付けに該当するとともに、暗号資産の譲渡、利子を対価とする金銭の貸付け及び有価証券の貸付け等消費税法別表第二に掲げる非課税取引のいずれにも当たらない。

したがって、利用料を対価とする暗号資産の貸付けは消費税の課税の対象となる。

（参考）　利用料を対価とする電子決済手段の貸付けについても、支払手段及びこれに類するものの譲渡、利子を対価とする金銭の貸付け及び有価証券の貸付けのほか、消費税法別表第二に掲げる非課税取引のいずれにも該当しないので、消費税の課税対象となる。

【関係法令等】

消法２①八、４①、６①、別表第２、消令９④

参照　令和５年12月25日　国税庁「暗号資産等に関する税務上の取扱いについて（情報）」

国外の取引所における暗号資産の貸付け

Q　国外の取引所におけるレンディングサービスを利用して暗号資産の貸付けを行いました。

この場合の消費税の課税関係は、どのようになりますか。

A　国外の取引所におけるレンディングサービスを利用した暗号資産の貸付けはその貸付けが行われる場所が国外であることから、消費税の課税対象外となる。

マイニングにより取得した暗号資産

Q マイニングに成功し暗号資産を取得しました。
この場合の消費税の課税関係は、どのようになりますか。

A 暗号資産のマイニングの報酬については、その行為がネットワークの維持・管理を目的として機械の計算能力を提供するものであり、役務の提供の対価として取得するものといえるが、その役務の提供を受ける者が、個別・具体的に特定することができず、因果関係を見出しにくいことから、対価性を認識することが困難であるため、消費税の課税の対象外となる。

参照　国税庁「仮想通貨の税務上の取扱い－現状と課題－」

4　NFTと消費税

NFTとは、「Non-Fungible Token」の略称であり、代替不可能で固有の価値を持つデジタルトークンのことをいうが、デジタルチェーンゲームの交換等に用いられるだけでなく、高額なデジタルアートの所有権を証明することや二次流通市場における著作権者への利益還元手段としても利用されている。

国税庁は、令和５年１月13日付けで、NFTに関する税務上の取扱いについてのガイドラインを公表しており、消費税についても、個人事業者がNFTを作成し、マーケットプレイスを通じて日本の消費者に販売して対価を得た場合と二次流通市場において、購入したNFTを他の者に販売した場合における取扱いについて、次のように示している。

NFT取引に係る消費税の取扱い①（デジタルアートの制作者）

Q　私はデジタルアート（著作物）の制作を行っている個人事業者ですが、制作したデジタルアートを紐づけたNFTについて、マーケットプレイスを通じて日本の消費者に有償で譲渡しました。これにより、私はNFTの譲渡を受けた日本の消費者に対して、そのデジタルアートの利用を許諾することとなりますが、この場合の消費税の取扱いはどうなるのでしょうか。

A　本取引は、事業として対価を得て行われるものであり、かつ、電気通信回線を介して行われる著作物（著作権法第２条第１項第１号に規定する著作物）の利用の許諾に係る取引と認められるので、「電気通信利用役務の提供」に該当する（消法２①八の三）。

　また、電気通信利用役務の提供が国内において行われたものかどうかの判定（内外判定）は、役務の提供を受ける者の住所等（個人の場合には住所又は居所）が国内かどうかにより行うこととなる（消法４③三）。

　したがって、本取引は、デジタルアートの制作者（質問者）が、事業として、対価を得て日本の消費者に対して行う著作物の利用の許諾に係る取引であり、国内において事業者が事業として対価を得て行う電気通信利用役務の提供として、その役務の提供を行った者（デジタルアートの利用の許諾を行った質問者）に消費税が課されることとなる。

（注１）　本取引における取引の相手方は日本の消費者であり、取引の相手方とな

る者が通常事業者に限られるものとは認められないので、デジタルアートの制作者（質問者）が国外事業者に該当する場合であっても、本取引は「事業者向け電気通信利用役務の提供」には該当せず、その役務の提供を受けた国内事業者が申告・納税を行ういわゆる「リバースチャージ方式」の対象にはならない（消法２①八の四）。

（注２）　その役務提供を受ける者の住所等が国外の場合には消費税の課税対象外（不課税）となる。

【関係法令等】

消法２、４、５、９、９の２、28、45、消令６、45、消基通１－４－５、５－１－１、５－１－２、５－７－15の２、５－８－３、５－８－４

参照　令和５年１月13日「NFTに関する税務上の取扱いについて（情報）」

NFT取引に係る消費税の取扱い②（デジタルアートに係るNFTの転売者）

Q　私は、マーケットプレイスを通じてデジタルアートの制作者からデジタルアート（著物）が紐づけられたNFTを購入した後に、マーケットプレイスを通じてそのNFTを他の者に有償で譲渡しました。私は当初のNFTの購入により、そのデジタルアートの利用許諾を受けており、その後、そのNFTを他の者に譲渡することにより、その利用許諾に係る権利（利用権）を他の者に譲渡することになります。

なお、マーケットプレイスの利用規約上、デジタルアートに係る著作権は制作者に帰属し、著作物自体の利用の許諾は、その制作者のみが行うことができること、NFTの譲渡により著作物の利用権のみが移転することとされています。

この場合の消費税の取扱いはどうなるのでしょうか。

A　本取引は、マーケットプレイスの利用規約上、デジタルアートに係る著作権は制作者に帰属し、著作物自体の利用の許諾はその制作者のみが行うことができること、NFTの譲渡により著作物の利用権のみが移転することとされている。このことから、質問者が著作権（出版権及び著作隣接権その他これに準ずる権利を含む。）自体を譲渡するものではなく、また、著作権の利用許諾を行うものでもないことから、デジタルアート（著作物）が紐づけられたNFTの譲渡に伴い、そのデジタルアートの制作者（著作権者）からデジタルアートの利用の許諾を受けた者（質問者）が､その利用の許諾に係る権利（利用権）を他の者に譲渡するものと認められる。

そして、本取引が国内において行われたものかどうかの判定（内外判定）は、利用権の譲渡が行われる時における資産の所在場所が明らかでないことから、譲渡を行う者のその譲渡に係る事務所等の所在地が国内かどうかにより行うこととなる（消法４③一かっこ書、消令６①十）。

したがって、デジタルアートの制作者（著作権者）からそのデジタルアートの利用の許諾を受けた者（質問者）が、その利用の許諾に係る権利（著作権法第63条第３項の利用権）を他の者に譲渡する取引であり､国内の事業者（譲渡に係る事務所等が国内に所在する事業者）が事業として対価を得て行うものであれば、その国内の事業者に消費税が課されることとなる。

（注）　仮に、マーケットプレイスの利用規約など当事者間の契約上、NFTの譲渡に伴い著作権を譲渡することとなっている場合には、著作権の譲渡として著作権の譲渡を行う者の住所地で内外判定を行うこととなり（消法４③一かっこ書、消令６①七)、譲渡の相手方が非居住者の場合には輸出免税の対象となる（消法７①五、消令17②六)。

また、当事者間の契約上、NFTの譲渡に伴い、著作権の利用を許諾することとなっている場合には、国内において事業者が事業として対価を得て行う電気通信利用役務の提供として、その役務の提供を行った者（デジタルアートの利用の許諾を行った質問者）に消費税が課されることとなる。

【関係法令等】

消法2、4、5、7、9、9の2、28、45、消令6、17、45、消基通1－4－5、5－1－1、5－1－2、5－1－3、5－7－6

参照　令和5年1月13日「NFTに関する税務上の取扱いについて（情報）」

第5節　相続・贈与

1　暗号資産と相続・贈与

(1)　暗号資産に財産的価値はあるのか

暗号資産は、平成30年12月に金融庁が仮想通貨の呼称を暗号資産に改めると発表し、令和２年５月１日に正式に施行されたインターネット上でやりとりできる財産的価値であり、「資金決済に関する法律」において、次の性質をもつものと定義されている。

①不特定の者に対して、代金の支払い等に使用でき、かつ、法定通貨（日本円や米国ドル等）と相互に交換できる

②電子的に記録され、移転できる

③法定通貨又は法定通貨建ての資産（プリペイドカード等）ではない

このように暗号資産は、法定通貨と違い銀行等の第三者を介することなく、財産的価値をやり取りすることが可能な仕組みとして、高い注目を集めており、代表的な暗号資産には、ビットコインやイーサリアムなどがある。

新しい財産的価値である暗号資産の相続（遺贈）・贈与時の課税については、相続税法上に個別の規定はまだない。しかし、暗号資産は、決済法上「代価の弁済のために不特定の者に対して使用することができる財産的価値」と規定されていることから、暗号資産を相続、遺贈又は贈与により取得した場合には、他の財産と同様に相続税又は贈与税が課税される。

(2) 相続税・贈与税の課税の仕組み

相続税と贈与税の２つの税目が規定されている相続税法は、民法（特に第５編《相続》）と密接に関係している。

現行の民法では、特定の個人（被相続人）の財産的価値のある法律関係（地位）のみが相続の目的とされており、被相続人の積極的財産（プラスのもの）だけでなく消極的財産（マイナスのもの）も「相続」の対象とされていることから、相続税、贈与税の税金の取扱いは基本的に、相続・遺贈又は贈与により財産を取得した場合、その取得した者に対して、取得した財産の価額を課税標準として税金が課税される。

課税の範囲は、相続人・被相続人の住所や国籍等の状況により違ってくるが、財産的価値がある暗号資産も相続・贈与で取得した場合には、相続税・贈与税の課税対象となる。

相続税は、①相続等による財産の取得による担税力の発生と、②富の集中を抑制する必要性を課税根拠として課される税金である。

贈与税は生前贈与による相続税の機能不全を補完する税金であり、財産を取得した者に課税するものであることから、相続という事実が起こり得ない法人からの取得には贈与税は課税しない（非課税とする）が、財産の取得であることから、取得した者の一時所得として所得税が課税される（一時所得の課税標準は取得財産の２分の１とし、さらに最大50万円の特別控除が受けられる）。

(3) 相続税・贈与税の基礎控除額（非課税額）

相続税も贈与税も、取得した財産の合計額が基礎控除額を超えた場合に、その超えた財産額を課税価格として課税する。

相続税の場合の基礎控除額は、3,000万円＋（600万円×法定相続人の数）で計算する（法定相続人については1⑷②で説明）。

例えば、相続人が配偶者と子２人の合計３人の場合なら、基礎控除額は3,000万円＋（600万円×３名）＝4,800万円が非課税となる。

贈与税の場合の基礎控除額は、①暦年課税なら年間110万円まで贈与税の申告書の提出の有無に関係なく非課税となり、②60歳以上（住宅取得資金贈与の場合は60歳未満でも可）の父母や祖父母（特定贈与者）から18歳以上の子や孫への贈与について相続時精算課税制度を選択適用（贈与税の申告書を提出）した受贈者の場合、暦年課税の基礎控除額と同様の110万円の基礎控除額（同一年中に２人以上の特定贈与者から贈与があった場合は、それぞれの課税価格であん分）があり、贈与財産の種類にかかわらず、累計で2,500万円まで贈与税が非課税となる特別控除がある。ただし、相続時精算課税制度を選択した場合、その後、同じ特定贈与者からの贈与については暦年課税へ変更することはできない。

また、特定贈与者が死亡した場合、相続時精算課税を選択した受贈者は相続税の計算上、贈与財産の贈与時の合計額から基礎控除額（年110万円）を控除した残額が特定贈与者の相続財産に加算され相続税が算出されることとなる。

なお、令和５年度の相続税及び贈与税の改正により、暦年課税の贈与により所得した財産の贈与時の価額（基礎控除前の贈与申告額及び申告不要の110万円以下の贈与財産を含む。）を贈与者（被相続人）の相続財産に加算する期間が３年以内から７年以内に延長された関係から、延長された４年間の贈与財産の価額については総額100万円まで加算の対象外とされた。

(4) 相続税の課税の基準

① 相続開始の時期

相続開始の時期は、人が現実に死亡した瞬間であり、相続人の資格・範囲・順位の決定や相続財産・遺留分の決定などの相続法上の重要な基準となるほか、相続税においても課税年分・申告期限等の基準となる。

人の死亡と同時に当然かつ瞬間的に相続が開始するため、財産について無主（空白）の状態になることはない。相続人がこれを知っていたか否かは問わず、後に相続人が明らかになった場合でも同様である。

人の死亡には①一般的に戸籍簿に記載された死亡の年月日時分で現実に死亡事実が発生した自然的死亡と、②失踪宣告により７年間の失踪期間満了の時（普通失踪）や危難の去った時（危難失踪）の擬制死亡がある。また、民法では被相続人と相続人が同時に死亡したとの推定する「同時死亡の推定」の規定があり、相続税においてもその場合の取扱いが規定されている。

② 法定相続人の範囲と順位

法定相続人の範囲は、民法で定められた亡くなった人（被相続人）の配偶者と血族である。配偶者は常に法定相続人となり、配偶者以外の血族相続人には相続順位が定められ上位の順位の相続人が法定相続人となる。相続順位の第１順位は、直系卑属の子どもと代襲相続人。第２順位は、直系尊属である父母や祖父母。第３順位は、傍系血族である兄弟姉妹と代襲相続人である。

＜国税庁ホームページより＞

https://www.nta.go.jp/taxes/shiraberu/taxanswer/sozoku/4132.htm

＜第１順位＞

死亡した人の子供

その子供が既に死亡しているときは、その子供の直系卑属（子供や孫など）が相続人となります。子供も孫もいるときは、死亡した人により近い世代である子供の方を優先します。

＜第２順位＞

死亡した人の直系尊属（父母や祖父母など）

父母も祖父母もいるときは、死亡した人により近い世代である父母の方を優先します。

第２順位の人は、第１順位の人がいないとき相続人になります。

＜第３順位＞

死亡した人の兄弟姉妹

その兄弟姉妹が既に死亡しているときは、その人の子供が相続人となります。

第３順位の人は、第１順位の人も第２順位の人もいないとき相続人になります。

③　相続税の課税財産

相続税がかかる財産には①民法の規定に従って相続又は遺贈によって取得した財産（本来の相続財産）と、②相続税法など民法以外の法律により相続又は遺贈によって取得したものとみなされて相続税がかかる財産（みなし相続財産）がある。

相続税では、原則として、すべての財産を課税の対象としているが、その性質、社会政策的な見地、国民感情などから相続税の課税の対象としない財産（非課税財産）を規定している。例としては、墓地、仏壇、仏具、相続人が受け取った生命保険や退職金の一定の金額（500

万円×法定相続人の数）である。

④　遺贈による相続

遺贈とは、遺言者（被相続人）が遺言によって受遺者（財産を取得した者）に対し無償で自らの財産を与えることで、その性質から受遺者の承諾の有無にかかわりなく財産処分としての効力が生じる（後に受遺者は放棄をすることができる）。

受遺者が法定相続人（配偶者、子、子の代襲相続人）以外であった場合は、法定相続人数及び法定相続分で計算した相続税の総額を基に算出したその者の相続税額に100分の20に相当する金額が加算される。

なお、兄弟姉妹以外の相続人は相続財産の法定相続分の２分の１（直系尊属のみの場合は３分の１）が遺留分として保障されていることから、遺留分を侵害するような遺言があった場合は、遺留分を侵害している相手に対し、金銭による侵害分の請求（遺留分侵害額請求）を行うことができる。

(5)　贈与税の課税の基準

贈与税は個人から贈与により財産を取得した者（受贈者）に課税される税金である。

贈与とは、生きているうちに自分の財産を無償で与えることをいう。基本的には、与える側（贈与者）が相手方（受贈者）に与える意思表示をし、相手方（受贈者）がこれを受諾することによって成立する契約であり、相互に意思がなければならない。

贈与の意思表示は書面でも口頭でもよいが、書面によらない場合で、まだその履行の終わらないもののみ、いつでも取り消す（撤回）ことができる。

特殊な形態の贈与として①定期贈与（例：毎年100万円ずつ10年間贈与する）、②負担付贈与（例：土地を贈与する代わりに借入金を負担させる）、③死因贈与（例：私が死んだらこの土地をやる）があり、このうち死因贈与は、贈与税ではなく相続税の課税対象となる。

(6)　暗号資産を相続や贈与により取得した場合

暗号資産を相続や贈与により取得した場合は、前述したとおり相続税又は贈与税が課税される。相続税の場合は、他の財産と同様に、相続開始日（通常は被相続人の死亡日）の価額に基づいて相続税額を算出する。

相続・贈与で取得した暗号資産の課税関係

Q　暗号資産を相続や贈与により取得した場合の課税関係はどうなるのでしょうか。

A　相続税法では、個人が、金銭に見積もることができる経済価値のある財産を相続もしくは遺贈・贈与により取得した場合、相続税や贈与税の課税対象となることとされている。

暗号資産については財産的価値があることが決済法上（決済２⑤、令和４年６月に成立した「資金決済法等の一部を改正する法律」（決済２⑭））「代価の弁済のために不特定の者に対して使用することができる財産的価値」と規定されていることから、被相続人等から暗号資産を相続もしくは遺贈又は贈与により取得した場合には、相続税又は贈与税が課税されることになる。

（注） **暗号資産を贈与等した個人の課税関係**

個人が、贈与（相続人に対する死因贈与を除く。）または遺贈（包括遺贈及び相続人に対する特定遺贈を除く。）により暗号資産を移転させた場合には、所得税の計算上、その贈与又は遺贈の時における暗号資産の価額（時価）を収入金額に算入する必要がある。詳しくは、暗号資産等に関する税務上の取扱いについて（FAQ）の「2-10　暗号資産を低額（無償）譲渡等した場合の取扱い」のとおりである。

相続税額の一定金額を譲渡資産の取得費に加算できる特例適用

Q　相続又は遺贈により取得した土地、建物、株式などの財産を、一定期間内に譲渡した場合に、相続税額のうち一定金額を譲渡所得税の計算で譲渡資産の取得費に加算することができますが、相続により取得した暗号資産をすぐに売却して利益が出たので、その所得を雑所得として申告するつもりです。その際に相続税額の一定金額をこの譲渡資産の取得費に加算できる特例を適用しても大丈夫でしょうか。

A　所得税法第33条第３項の譲渡所得に係る取得費の特例では、相続又は遺贈により取得した土地、建物、株式などの財産を、一定期間内に譲渡した場合に、相続税額のうち一定金額を譲渡資産の取得費に加算することができるとしている。しかし、この特例は譲渡所得のみに適用されるもので、株式等の譲渡による事業所得および雑所得については、適用できないとされている。

この問題について、2018年（平成30年）３月23日の参議院財政金融委員会において、星野次彦財務省主税局長（当時）は、

・土地や株式の譲渡による所得は原則として譲渡所得とされるが、暗号資産（当時は「仮想通貨」と表現）の譲渡による所得は原則として雑所得に該当する。
・暗号資産に相続税の取得費加算の特例を適用するかどうかは、慎重な検討が必要。

と答弁している。

つまり、暗号資産による所得は「資産の譲渡による所得」ではないからこそ「雑所得」として課税されるという建前である。

＜星野氏の答弁＞

「相続した例えば株式や土地、これは３年以内に譲渡する際には相続税額を当該資産の取得費に加算することができる、そういう特例が存在しておりまして、それとの関係で今回のこの事例についてどう考えるかという、そういうお尋ねがございました。

ご指摘のとおり、譲渡所得のその計算におきましては、相続税の課税対象となった資産を相続税の申告期限後３年以内に譲渡した場合には、その資産に掛かる相続税額を当該資産の取得費に加算して譲渡所得の計算上控除することができるという特例が設けられております。

仮想通貨の取引による所得についてこういった特例を設けるかどうかということになるわけですけれども、これもこれまで議論されておりますが、土地や株式の譲渡による所得は原則譲渡所得に区分されるわけでございますけれども、仮想通貨の譲渡による所得は原則雑所得に区分されるものでございまして、性質が異なっているということ。それから、雑所得はほかのいずれの所得にも該当しない所得というこ

とで様々な内容の所得が含まれ得ることになりますので、どういった考え方に基づいて雑所得の計算上相続税額を控除するのか、そこの筋道立った整理がなかなか難しいことといった課題がございまして、慎重な検討が必要であると考えております。」
https://kokkai.ndl.go.jp/simple/txt/119614370X00620180323/163

暗号資産の確認ができなかったときの申告

Q 被相続人の財産の相続手続をしましたが、暗号資産については確認ができなかったので申告はしなくてよいでしょうか。

A 暗号資産は相続税の課税対象ですから、他の相続財産と同様に財産額を把握して相続手続を行い、相続税の申告や確定申告を行う必要がある。被相続人から何も聞いていないからといって無申告でよいというものではない。

被相続人の暗号資産購入有無の確認

Q 被相続人が暗号資産を購入していたかどうかはどのように調べたらよいでしょうか。

A まずは生前の被相続人の会話などから暗号資産の購入の可能性があるかどうか考え、購入の可能性があると思われた場合は、次の書類などから取引所を把握し、それぞれの連絡可能な方法（HPにアクセス、電話など）で確認する。
①インターネット上（スマホのアプリ、パソコンのブラウザ、メール）

の取引所のもの
②過去の確定申告の雑所得の記載（暗号資産の譲渡申告）
③過去の確定申告の財産債務調書
④普通預金口座の入出金
⑤取引所からの郵便物
⑥取引所などの名前が付いているカレンダー、メモ帳など文房具

暗号資産取引所とのやり取りについて

Q　取引所と連絡が取れた後はどうしたらよいでしょうか。

A　相続税の申告の際に財産価額の資料を提出する必要があるので、相続開始日の日本円の換算レートと換算額を記載した「残高証明書」（「残高報告書」など呼びかたは様々）の発行を依頼すると同時に、過去の取引履歴も依頼する。

2　暗号資産の評価

法律上においては、相続や贈与によって取得した暗号資産についての評価方法に関する別段の定めはない。したがって、財産評価基本通達5「評価方法の定めのない財産の評価」の「この通達に評価方法の定めのない財産の価額は、この通達に定める評価方法に準じて評価する」ということが、評価にあたっての原則となる。

相続税の課税価格は、基本的に相続又は贈与で取得した日における財産の価額（時価）で構成されており、暗号資産を取得した場合の課税価格は暗号資産の取得時における時価となる。

それゆえ、暗号資産の評価は、他の資産と同様に、相続開始日（通常は被相続人の死亡日）の取引価額に基づいて申告する必要がある。

ただ、暗号資産には様々な種類があり、取引の数量や頻度にも差があることから、市場で十分な数量と頻度の取引が行われている暗号資産に関しては、市場取引におけるその時の価額を時価とし、活発な市場がない暗号資産の場合は個別に算定することになる。

暗号資産を交換業者等に預けている場合は、交換業者等に依頼すれば残高証明書が発行されるが、残高証明書に記載された取引価格から相続税評価額を求めることもできる。

(1) 活発な市場が存在する場合の評価

活発な市場の考え方として、

・暗号資産取引所又は暗号資産販売所において、十分な数量・頻度な取引が行われている。

・継続的に価格情報が提供されている活発な市場が存在する。

この場合は、外国通貨に準じて、暗号資産交換業者が公表する課税時期における取引価格によって評価することになる。また、暗号資産取引所又は暗号資産販売所において、購入価格と売却価格がそれぞれ公表されている場合には、売却価格で評価してもよいこととなっている。なお、被相続人が複数の暗号資産取引所で取引を行っていた場合には、そのなかから選んだ暗号資産交換業者が公表する売却価格で評価しても差し支えないとされている。

相続・贈与時の暗号資産の評価方法

Q　相続や贈与により所得した暗号資産の評価方法はどうしたらよいでしょうか。

A　活発な市場が存在する暗号資産は、相続人等の納税義務者が取引を行っている暗号資産交換業者が公表する課税時期における取引価格によって評価する。

暗号資産の評価方法は、財産評価通達に定めがないことから、評価通達５「評価方法の定めのない財産の評価」の定めに基づき、評価通達に定める評価方法に準じて評価する。ただこの場合、活発な市場が存在する暗号資産については、活発な取引が行われることによって客観的な交換価値が明らかなため、外国通貨に準じて、被相続人が利用していた暗号資産交換業者が公表する課税時期における取引価格によって評価する。

(2)　活発な取引市場がない場合

一方で、活発な市場が存在しない場合も考えられるのが暗号資産だ。活発な市場が存在しない場合は、客観的な交換価値を示す一定の相場が成立していないため、その暗号資産の内容や性質、取引実態等を勘案し個別に評価することになる。例えば、売買実例価額や精通者意見価格等を参考にして評価する方法などが考えられる。

では、具体的にどのような場合に活発な市場が存在しないと該当するのか。以下はその代表例である。

・ICOで新規発行された暗号資産の場合

企業がICO（「Initial Coin Offering」の略で、新規仮想通貨公開）で新規発行したばかりの暗号資産を取得しても、その新規発行された暗号資産は取引所で十分な量の取引が行われていないため、「活発な市場が存在しない」場合に該当するといえる。

・複数の取引所で取扱いがない場合

１カ所の取引所でしか取引できない場合も「活発な市場が存在しない」場合に該当すると思われる。

3　NFTの相続

NFT（「Non-Fungible Token」、日本語では非代替性トークンといわれる）は、ブロックチェーン上に記録される一意で、代替不可能なデータ単位である。例えば、画像・動画・音声、その他の種類のデジタルファイルなど、容易に複製可能なアイテムを一意なアイテムとして関連づけられる。それゆえ、代替可能性な暗号資産とNFTとは異なる資産である。

そのNFTの相続については、NFTに関する権利や資産が相続となるものなのかどうかを検証し、個別での判断が必要となる。

民法では、「死亡した人の財産に属した一切の権利義務」が相続の対象となるとしているが、一身専属権は除くとされている。この一身専属権とは、年金受給権など、故人のみに帰属し、他人による権利行使を認めることが不適切な権利義務のことである。仮にNFTが一身専属的なものであれば、相続の対象にはならない。つまり、NFTはその性質などにより、相続の対象となるか否かが変わってくる。

では、どのようなNFTが一身専属権となるのか？

例えば、「ゲーム上のアイテム」というNFTなら、単にゲーム上で消費するだけのものなのか、ゲーム外でも換価ができるものなど、その性質が違う。単にゲーム上で消費するものであれば、財産的価値があるとは判断できない。一方で、ゲーム外で換価できるものであれば、相続財産になると判断される。つまり、「ゲーム上のアイテム」だからといって、一括りに相続財産か否かの判断ができない。NFTは種類によって単純に分類できるものではないと理解しておく必要がある。

4　“秘密鍵”が相続人に承継されていない場合

暗号資産でありがちなのが、被相続人のウォレットで管理されている“秘密鍵”（パスワード）が相続人に承継されていないケースである。この“秘密鍵”が相続されていなければ、被相続人が保有していた暗号資産を処分できない。実際に取得できない暗号資産に相続税が課税されると、財産が得られないのに税金だけ納めるという不都合が生じる。

しかし、“秘密鍵”を承継しておらず、暗号資産を処分できないとの理由で暗号資産を相続税の対象から外してしまうと、課税の公平性が損なわれる恐れがある。

この場合、理論上は価値がなくなった資産を相続したものと考えられ、その価値をゼロと評価するか、又は相続財産としないとすることも考えられる。

だが、秘密鍵が承継されていないという事実について、国税当局の理解を得られるのか、納税者側がそれを証明できるのか、“秘密鍵”

が承継されていないという事実認定が非常に困難ということが考えられる。そうなると、例えば、相続人からの反証がない限りは、死亡時の価格で相続されたものと推定することも考えておく必要がある。

この点について、2018年（平成30年）3月23日の参議院財務金融委員会において、藤井健志国税庁次長（当時）は、一般論としたうえで、次のような答弁を行った。

・仮想通貨を相続したのであるから、相続人が仮想通貨のパスワードを知らない場合でも、その仮想通貨は相続税の対象となる。

・相続人が仮想通貨のパスワードを知っているかどうかは相続人にしかわからないことであり、それを税務当局として真偽を判断することは難しい。

・相続人が仮想通貨のパスワードを知っている・知らないの事情により、仮想通貨が相続税の対象になる・ならないの結果が異なれば、課税公平の観点から問題がある。

この答弁を見る限り、藤井氏は一般論ながらも「財産的価値がある仮想通貨を相続したから相続税の対象になる」との見解を示している。

藤井健志国税庁次長の発言

「仮想通貨の相続時の課税関係についてでございますが、相続税法では、個人が金銭に見積もることができる経済的価値のある財産を相続又は遺贈により取得した場合には、相続税の課税対象となるとされております。仮想通貨については、資金決済に関する法律上、代価の弁済のために不特定の者に対して使用することができる財産的価値と規定されておりますので、相続税が課税されることになるわけでございます。

そして、パスワードとの関係でございますが、一般論として申し上げますと、相続人が被相続人の設定したパスワードを知らない場合であっても相続人は被相続人の保有していた仮想通貨を承継することになりますので、その仮想通貨は相続税の課税対象となるという解釈でございます。

仮想通貨に関連いたしますビジネスがまだ初期段階なんだと思います。そういう意味で、仮想通貨に係る制度整備は途上ではないかと考えられますので、現状においてなかなか確たることを申し上げるのが難しいということはございますけれども、パスワードを知っている、知っていないというようなパスワードの把握の有無というのは、当事者にしか分からない、言わば主観の問題ということになってしまいます。課税当局、私どもとしては、本当のことをおっしゃっているのかどうか、その真偽を判定することは困難だと思っております。

したがって、現時点において、相続人の方からパスワードを知らないという主張があった場合でも、相続税の課税対象となる財産に該当しないというふうに解することは課税の公平の観点から問題があり、適当ではないというふうに考えております。」

しかしながら、相続税は相続又は遺贈により財産を取得した場合に納める義務が発生するもの。藤井氏の「財産的価値がある仮想通貨を相続したから相続税の対象になる」というのは少々無理があるように感じる。

国税庁のタックスアンサーにおいては「相続税がかかる財産」は次のように解説している。

「相続税は、原則として、死亡した人の財産を相続や遺贈（死因贈与を含みます。）によって取得した場合に、その取得した財産にかかります。

この場合の財産とは、現金、預貯金、有価証券、宝石、土地、家屋などのほか貸付金、特許権、著作権など金銭に見積もることができる経済的価値のあるすべてのものをいいます。」

https://www.nta.go.jp/taxes/shiraberu/taxanswer/sozoku/4105.htm

要するに相続税は、相続により取得した財産にかかるわけである。藤井氏の見解は、相続人が仮想通貨を「相続」したことだけに注目したもので、「取得」することについて一切触れていない。相続人が暗号資産の"秘密鍵"を知らない場合、相続人は相続する権利はあっても取得していないことから、相続税はかからないという解釈にもなる可能性がある。「相続＝取得」ではないため、この部分をどのように明らかにするかが重要になる。

"秘密鍵"を知らないため暗号資産の「相続＝取得」ではないと主張するに当たっては、国税庁局と争うことになることも想定しなければならない。

"秘密鍵"を取得してなくとも、ウォレットアドレスが分かれば、とりあえず、持っている暗号資産の数量を推計する手段はある。また、取引所からウォレットへの送金履歴や被相続人作成の控え等からウォレットに保管されている暗号資産の種類や金額を一定程度推測することもできる。さらには、被相続人が暗号資産交換業者を利用して暗号資産を保有していたならば、各業者が定める手続を行うことで、残高証明書等を取り寄せ、暗号資産残高に係る相続税の申告手続を進めることも可能である。取引所の連絡先は、郵便物があればそれを手掛かりに、取引所の名前だけがわかればインターネットで検索し、確認できるはずである。

取引所にある暗号資産の相続手続については、取引所ごとに定められている。参考までに以下に手続の一例をあげてみた。以下は、一般的な手続のため、具体的には取引所が特定できたら、取引所へ連絡することが確実である。

【相続手続の一例】

・相続人の代表者（代表相続人）が取引所に故人の死亡届出書を提出する。
・取引所から死亡日現在の仮想通貨の残高が記載された「残高証明書」が送られてくる。
・代表相続人は「残高証明書」を確認し、相続する旨を取引所に届け出る。
・取引所は故人の仮想通貨を売却し、売却代金を代表相続人の預金口座に送金。

預貯金や株式などの相続手続と同様に、届け出には
「住民票除票など死亡の事実がわかるもの」
「戸籍謄本、法定相続情報一覧図など相続関係がわかる書類」
「代表相続人の本人確認書類」
「取引所所定の届出書類」
「相続人全員の印鑑証明書」
「（必要に応じて）遺言書、調停調書、審判書」
などが必要となる。

ただし、端末のパスワードやウォレットのパスワードを解除する必要がある。いずれかのパスワードがわからなければ暗号資産を引き出すことはできない。

残高証明書等を活用した仮想通貨残高に係る相続税申告手続の簡便化（イメージ）

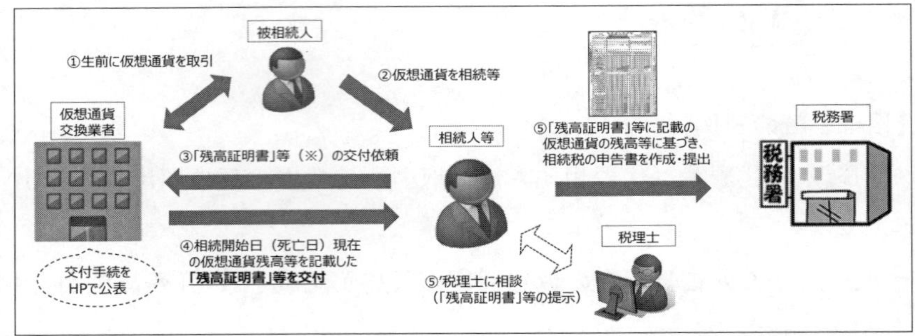

＊「残高証明書」等には、被相続人の生前の取引履歴に関する「取引明細書」も含む

（出典）国税庁HP
https://www.nta.go.jp/information/release/kokuzeicho/2018/faq/pdf/03.pdf

第 3 章

暗号資産の会計処理

所得税法は、事業と家事の区分や担税力の増加などの把握を必要とするなど正確な執行が困難な租税であるため、課税物件である所得や課税標準である所得金額を認定することが重要であり、法人税法のような会計処理に関する規定を定めていない。

すなわち、個人のその年分の各種所得金額の計算上収入金額とすべき金額については、別段の定めがあるものを除き、その年において収入すべき金額とし、金銭以外の物又は権利その他経済的な利益の価額は、当該物又は権利を取得し、又は当該利益を享受するときにおける価額（すなわち時価）であることを定めている（所法36①②）。

一方、個人のその年分の事業所得や雑所得などの金額の計算上必要経費に算入すべき金額については、別段の定めがあるものを除き、これらの所得の総収入金額に係る売上原価その他当該総収入金額を得るため直接に要した費用の額及びその年における販売費、一般管理費その他これらの所得を生ずべき業務について生じた費用（償却費以外の費用でその年において債務の確定しないものを除く。）の額であることを定めている（所法37①②）。

法人税法は、公益法人等を除く普通法人の行為はすべて法人税の対象となる事業活動であり、法人税額の計算においては益金及び損金の額を明確にすることが重要であり、その法人による恣意的な計算を排除する必要があることから、収益の額及び原価等の額は、別段の定めがあるものを除き、一般に公正妥当と認められる会計処理の基準に従って計算されることとなる（法法22④）。

この、一般に公正妥当と認められる会計処理の基準は、一般社会通念に照らして公正で妥当であると評価されうる会計処理の基準を意味するが（東京地裁昭和52年12月26日判時909号110頁）、企業会計原則やその注解、確立した会計慣行などを幅広く含むものと考えられている。

暗号資産の会計処理基準についても、法人税の公正妥当な会計処理の基準に準拠して考えるべきであるが、暗号資産の会計処理の特有な取扱いとして企業会計基準委員会が公表している実務対応報告第38号「資金決済法における仮想通貨の会計処理等に関する当面の取扱い」（平成30年３月14日）（以下「実務対応報告」）があり、暗号資産取引業に係る会計処理基準としては、一般社団法人日本暗号資産取引業協会が公表している「暗号資産取引業における主要な経理処理例示」（令和２年６月12日）がある。

なお、この実務対応報告の公表に伴い、令和元年度税制改正において、所得税では暗号資産の評価の方法等が法令上明確化されたほか、法人税における暗号資産の評価の方法等の取扱いについて規定された。

そこで、個人や企業などの暗号資産利用者が暗号資産を取得したり処分した場合の一般的な会計処理等について、実務対応報告に基づき以下のとおり説明する。

1　暗号資産の特徴

FATF（The Financial Action Task Force、金融活動作業部会）から公表されたガイダンスによれば、暗号資産とは「電子的に取引可能であり、かつ、交換手段、計量単位、又は価値の蓄積として機能する電子的な価値の表象であるが、いかなる法域においても法定通貨（すなわち、債権者に供された場合に、法的に有効な支払の提供となるもの）としての地位を有さないもの」であるとされている。

また、暗号資産は、法定通貨や電子マネーとの比較で以下のような特徴を有するとされている。

① 暗号資産は、硬貨や紙幣である各法域の法定通貨とは異なる。法定通貨は法的に通貨として指定され、流通し、発行国において交換媒体として使用され、受け入れられている。

② 暗号資産は、電子的価値として移転され、法定通貨の単位で表示された電子マネーとは異なる。電子マネーは、法定通貨の電子的な価値移転に係る仕組みであり、法定通貨としての価値を電子的に移転する。

一方、資金決済法上の暗号資産は、次のいずれかに該当するものと定義されており（資金決済法第２条第５項第１号及び第２号）、所得税法や法人税法も暗号資産の定義を同法に委ねている（所法48の２、法法61）。

① 物品を購入し、若しくは借り受け、又は役務の提供を受ける場合に、これらの代価の弁済のために不特定の者に対して使用することができ、かつ、不特定の者を相手方として購入及び売却を行うことができる財産的価値（電子機器その他の物に電子的方法により記録されているものに限り、本邦通貨及び外国通貨並びに通貨建資産を除く。）であって、電子情報処理組織を用いて移転することができるもの

② 不特定の者を相手方として、相互に交換を行うことができる財産的価値（電子機器その他の物に電子的方法により記録されているものに限り、本邦通貨及び外国通貨並びに通貨建資産を除

く。）であって、電子情報処理組織を用いて移転することができるもの

以上のことから、暗号資産の特徴として、実際の通貨と同様に、当事者間で直接譲渡が可能な「転々流通性」を有していることが挙げられる。また、簡単かつ安価で国内外へ送金することができ、インターネット上で取引されている。さらには、世界中で同じ通貨単位で利用され、物品の購入代金やサービスの対価として使用することが可能となっている。

なお、それ以外にも暗号資産の特徴としては、額面を分割して使用することができる「分割可能性」や、暗号資産を送金する際には名前の代わりに「アドレス」と呼ばれる識別符号を用いて送金先を指定する「匿名性」、さらには、法定通貨や電子マネーと異なり、匿名での送金ではあるが取引履歴がインターネット上で公開されているため、履歴の追跡が可能となっている。

2　会計基準に基づく貸借対照表上の取扱い

(1)　暗号資産の会計上の資産性

暗号資産は、資金決済法においては、前記１に記載のとおり「財産的価値」と定義されているが、私法上の位置づけが明確でなく、暗号資産に何らかの法律上の財産権を認め得るか否かについては明らかではないものと考えられている。

なお、日本における会計基準では、多くの場合、法律上の権利を会計上の資産として取り扱っているが、必ずしも法律上の権利に該当す

ることが会計上の資産に該当するための要件とはされておらず、例えば、繰延税金資産や自社利用のソフトウェア等についても資産計上がなされている。この点、暗号資産は、法律上の権利に該当するかどうかは明らかではないが、売買や換金を通じて資金の獲得に貢献する場合も考えられることから、暗号資産は会計上の資産として取り扱い得るとされている（実務対応報告27）。

(2)　暗号資産の資産性に関する既存の会計科目としての会計処理への当てはめ

暗号資産を会計上の資産として取り扱う場合、既存の会計科目に当てはめた会計処理については、以下のとおり、直接的に当てはめ可能な既存の会計科目は存在しない。したがって、実務対応報告においても暗号資産に関する会計科目について既存の会計科目に当てはめた会計処理を適用することなく、暗号資産独自のものとして新たな会計処理を定めている。

①　外国通貨との類似性

暗号資産は、外国通貨のように、本邦通貨ベースでみれば価値の変動を伴うものの、決済手段として利用する目的で保有される場合があり、外国通貨として会計処理することが候補となる。ここで、会計基準における通貨の定めは、国際的な会計基準も含め、一般的に法定通貨であることが想定されているが、暗号資産は中央銀行等の裏付けのある法定通貨ではないことから、暗号資産を外国通貨として会計処理することは適当ではないと考えられる。

②　金融資産との類似性

暗号資産は、暗号資産利用者により投資目的で保有される場合があり、有価証券などの金融資産に類似した性格を有するため、金融資産として会計処理することも候補となる。我が国の会計基準においては、金融資産について「現金、他の企業から現金若しくはその他の金融資産を受け取る契約上の権利、潜在的に有利な条件で他の企業とこれらの金融資産若しくは金融負債を交換する契約上の権利、又は他の企業の株式その他の出資証券である。」（会計制度委員会報告第14号「金融商品に関する実務指針」（以下「金融商品実務指針」という。）第4項）と定めている。また、国際的な会計基準においても、金融商品とは、一方の企業にとっての金融資産と、他の企業にとっての金融負債又は資本性金融商品の双方を生じさせる契約と考えられている。これらの考え方を踏まえれば、暗号資産は現金以外の金融資産にも該当しないと考えられる。

③　棚卸資産との類似性

暗号資産は、暗号資産利用者により投資目的で保有される場合は、主に実需以外の要因で価値が変動する現物商品（コモディティ）である金地金に類似した性格も有しているため、トレーディング目的で保有する棚卸資産として会計処理することも候補となる。また、暗号資産交換業者が営業目的を達成するために所有し、かつ、売却を予定して保有する場合も棚卸資産として会計処理することが候補となる。ここで、企業会計基準第9号「棚卸資産の評価に関する会計基準」では、棚卸資産は通常の販売目的で保有する棚卸資産とトレーディング目的で保有する棚卸資産の2つに分類され、いずれについても「営業目的を達成するために所有し、かつ、売却を予定する資産」であるとしているが、暗号資産は決済手段として利用されるなど棚卸資産と異なる目的としても利用されるため、すべての暗号資産が棚卸資産の定義を満たすものとすることは適当ではないと考えられる。

④　無形固定資産との類似性

暗号資産は、資金決済法において電子的に記録され移転可能な財産的価値とされており、電子的に記録され移転可能な無形の価値を有することから、無形固定資産として会計処理することも候補となる。この点、国際的な会計基準も含め、一般的にトレーディング目的で保有される無形固定資産という分類は想定されていないことから、暗号資産を無形固定資産として会計処理することも適当ではないと考えられる。

3　暗号資産の評価に関する会計処理

(1)　基本的な考え方

我が国の会計基準では、資産の保有目的について、売買目的有価証券やトレーディング目的で保有する棚卸資産など時価の変動により利益を得ることを目的として保有する資産については時価で評価することが適当とされており、通常の販売目的で保有する棚卸資産や製造設備など時価の変動ではなく事業活動を通じた資金の獲得を目的として保有する資産については取得原価で評価することが適当とされている。

その中で、活発な市場※1が存在する暗号資産は、主に時価の変動により売却利益を得ることや決済手段として利用することが想定される。このため、活発な市場が存在する暗号資産は、いずれも暗号資産の時価※2の変動により保有者が価格変動リスクを負うものであり、時価の変動により利益を得ることを目的として保有するものに分類することが適当と考えられている。

なお、時価は市場価格に基づく価額と市場価格がない場合の合理的に算定された価額の２つに区分されているが、活発な市場が存在する暗号資産については、活発な市場における市場価格が存在することから、通常、市場価格[※3]に基づく価額を時価として使用することになる。

※１　「活発な市場」とは、暗号資産の利用者が保有する暗号資産について、継続的に価格情報が提供される程度に暗号資産取引所又は暗号資産販売所において、十分な数量及び頻度で取引が行われている場合をいう。
　ただし、例えば、合理的な範囲内で入手できる価格情報が暗号資産取引所又は暗号資産販売所ごとに著しく異なっていると認められる場合や、売手と買手の希望する価格差が著しく大きい場合には、通常、市場は活発ではないと判断されるものと考えられる。

※２　「時価」とは、公正な評価額であり、取引を実行するために必要な知識を持つ自発的な独立第三者の当事者が取引を行うと想定した場合の取引価額をいう。なお、時価は、市場価格に基づく価額と市場価格がない場合の合理的に算定された価額により構成される。

※３　「市場価格」とは、市場（取引所及びこれに類する市場のほか、随時、売買・換金等を行うことができる取引システム等も含まれる。）において形成されている取引価格（取引により成立している価格をいう。以下同じ。）、気配又は指標その他の相場をいう。なお、市場価格が公正な評価額を示している場合には、当該市場価格に基づく価額は時価に該当する。

⑵　活発な市場が存在する場合の評価基準（時価法）

上記⑴のとおり、活発な市場が存在する暗号資産については、市場価格に基づく価額（時価）をもって貸借対照表価額とし、帳簿価額との差額は当期の損益として処理することとなる。

⑶　活発な市場が存在しない場合の評価基準（切放し低価法）

活発な市場が存在しない暗号資産は、時価を客観的に把握することが困難であることが多く、また、時価により直ちに売買や換金を行うことに事業遂行上等の制約があることから、時価の変動を企業活動の成果とは捉えないことが適当と考えられる。

したがって、活発な市場が存在しない暗号資産については、取得原価をもって貸借対照表価額とすることとなる。

ただし、期末における処分見込価額が取得原価を下回る場合には、その処分見込価額をもって貸借対照表価額とし、取得原価と処分見込価額との差額は当期の損失として処理する。この場合、その損失処理額については、翌期に戻し入れを行わない。

4　暗号資産の売却に関する会計処理

暗号資産の利用者は、暗号資産の売却損益を当該暗号資産の売買の合意が成立した時点において認識することとされている。また、暗号資産の売却取引を行う場合、当該暗号資産の売却取引に係る売却収入から売却原価を控除して算定した純額を損益計算書に表示することとなる。

なお、税法における会計処理は総額経理を原則としているため、暗号資産の売却収入と売却原価をそれぞれ認識する必要がある。

第 4 章

暗号資産の確定申告

1　確定申告の手続

居住者が、暗号資産を売却又は使用することにより生ずる利益については、事業所得等の各種所得の基因となる行為に付随して生じる場合を除き、第２章第２節の「所得税」で解説したとおり、原則として雑所得に区分される。

種類		概要	課税方法
事業所得 （営業等・農業）		商・工業や漁業、農業、自由職業などの自営業から生ずる所得	総合
		事業規模で行う、株式等を譲渡したことによる所得や先物取引に係る所得	申告分離
不動産所得		土地や建物、船舶や航空機などの貸付けから生ずる所得	総合
利子所得		公社債や預貯金の利子などの所得	源泉分離
		国外で支払われる預金等の利子などの所得	総合
配当所得 ※配当所得には確定申告不要制度があります		法人から受ける剰余金の配当、公募株式等証券投資信託の収益の分配などの所得 ※申告分離課税を選択したものを除く。	総合
		上場株式等に係る配当等、公募株式等証券投資信託の収益の分配などで申告分離課税を選択したものの所得	申告分離
		特定目的信託の社債的受益権の収益の分配などの所得	源泉分離
給与所得		俸給や給料、賃金、賞与、歳費などの所得	総合
雑所得	公的年金等	国民年金、厚生年金、確定給付企業年金、確定拠出企業年金、恩給、一定の外国年金などの所得	
	その他	原稿料や講演料、生命保険の年金など他の所得に当てはまらない所得	
		業（事業規模を除く。）として行う、株式等を譲渡したことによる所得や先物取引に係る所得	申告分離
		公社債の償還差益のうち、一定の割引債の償還差益などの所得	源泉分離
譲渡所得		ゴルフ会員権や金地金、機械などを譲渡したことによる所得	総合
		土地や建物、借地権、株式等を譲渡したことによる所得 ※株式等の譲渡については事業所得、雑所得となるものを除く	申告分離

一時所得	生命保険の一時金、賞金や懸賞当せん金などの所得	総合
	保険・共済期間が５年以下の一定の一時払養老保険や一時払損害保険の所得など	源泉分離
山林所得	所有期間が５年を超える山林（立木）を伐採して譲渡したことなどによる所得	申告分離
退職所得	退職金、一時恩給、確定給付企業年金法及び確定拠出年金法による一時払の老齢給付金などの所得	

（出典）国税庁HPより

給料以外の所得がなく、今までに確定申告を行ったことがない人でも、暗号資産の取引で20万円を超える利益が出たら、原則として確定申告をしなければならない。

(1)　個人の確定申告の全体像

所得税の確定申告は、１年間の所得や所得税額を確定し、国に納める税金を申告する一連の手続である。所得の計算期間は１月１日～12月31日までの１年間で、翌年の２月16日～３月15日の間に、税務署に申告書類を提出して行う。

確定申告の進め方は、およそ下記の５つのステップに分けられる。

①　必要な書類・環境を整える

提出しなければいけない書類や揃えておく書類は以下の通り。

(i)　必ず提出する書類

・確定申告書

令和４年分（2022年分）の確定申告から、「確定申告書Ａ」「確定申告書Ｂ」の区別がなくなり、一つの様式に統合された。

「確定申告書Ａ」は、所得の種類が給与所得や公的年金等・その他の雑所得、配当所得、一時所得のみで、なおかつ予定納税のない方が利用できる。予定納税は、前年の所得税が15万円以上だった場合に納めることになる前払いの税金。会社員やアルバイト・パートは、基本的に確定申告書Ａを利用していた。例えば、会社の年末調整では対応できない医療費控除や住宅ローン控除を受ける場合等がこれに該当する。

「確定申告書Ｂ」は、事業所得や不動産所得の場合、所得の種類にかかわらず誰でも利用できる確定申告書。つまり、フルバージョンの申告書。個人事業主や副業などで事業所得がある会社員等が「確定申告書Ｂ」を利用する。

これが令和４年分の確定申告から会社員も個人事業主もシンプルに一つの申告書を提出することになった。ただし、統合されたといって、書類の見た目や書き方が大きく変わることはない。

令和４年分からの確定申告書は以下の通りに統一

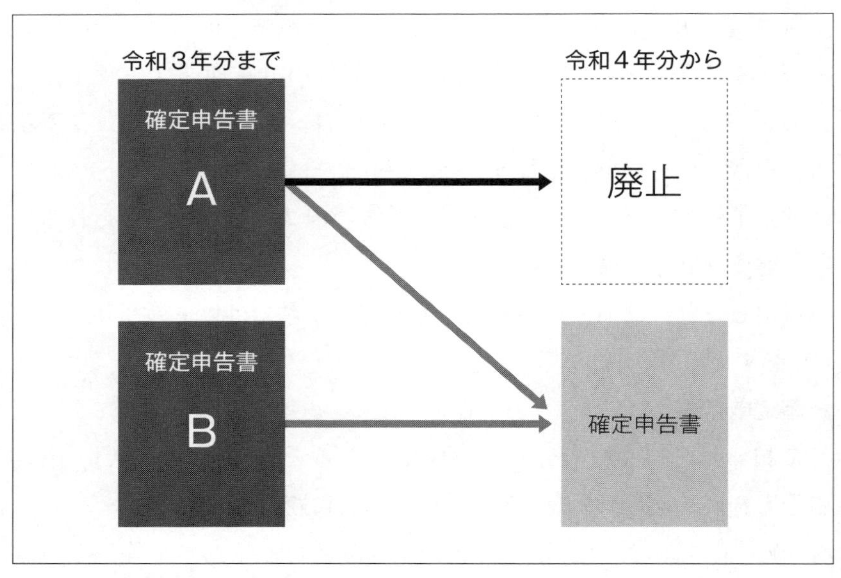

確定申告書は、「第一表」「第二表」の２ページ構成となっている。おおまかな内容は、従来の「確定申告書Ａ」「確定申告書Ｂ」と変わらないが、特にこれまで「確定申告書Ａ」を使っていた人にとっては、

申告書第一表

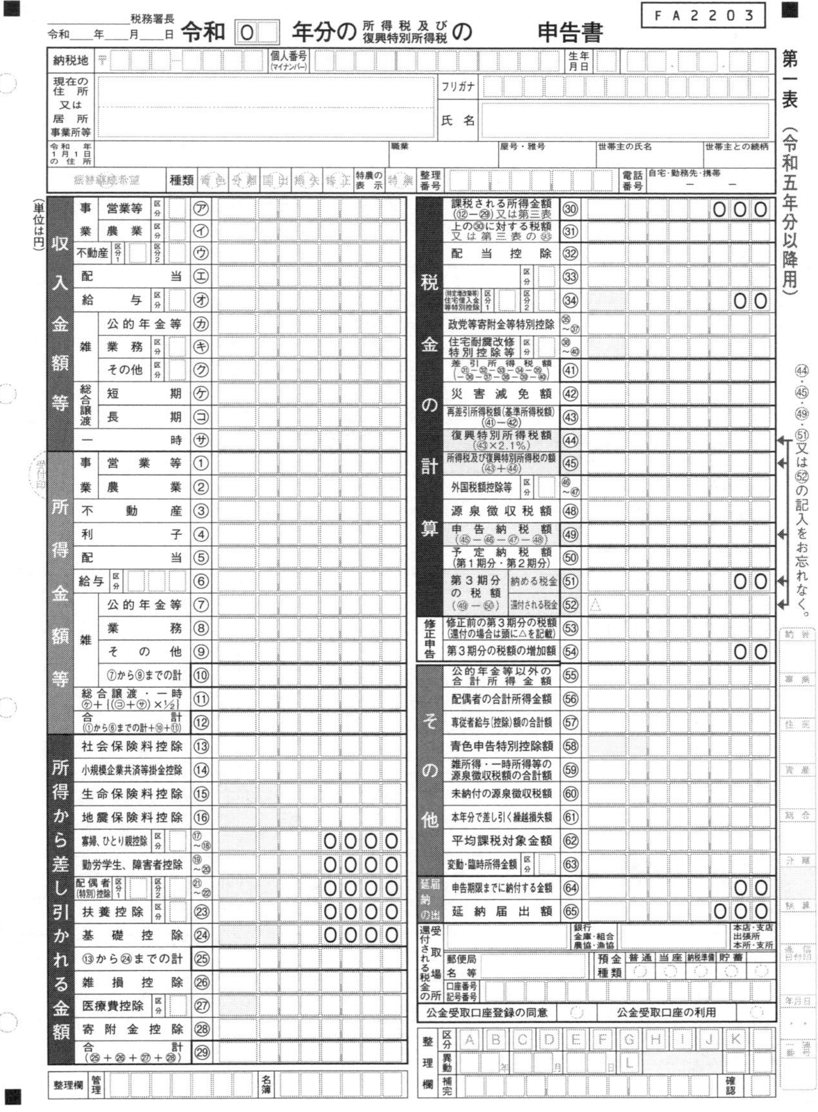

税務署長
令和　年　月　日

令和 0 年分の 所得税及び復興特別所得税 の　申告書

FA2203

第一表（令和五年分以降用）

納税地	〒	個人番号（マイナンバー）		生年月日	
現在の住所又は居所事業所等		フリガナ			
		氏名			
令和 年1月1日の住所		職業	屋号・雅号	世帯主の氏名	世帯主との続柄
種類	特農の表示	整理番号		電話番号	自宅・勤務先・携帯

（単位は円）

区分	項目	番号	金額
収入金額等	事業 営業等 区分	㋐	
	事業 農業 区分	㋑	
	不動産 区分1 区分2	㋒	
	配当	㋓	
	給与 区分	㋔	
	雑 公的年金等	㋕	
	雑 業務 区分	㋖	
	雑 その他 区分	㋗	
	総合譲渡 短期	㋘	
	総合譲渡 長期	㋙	
	一時	㋚	
所得金額等	事業 営業等	①	
	事業 農業	②	
	不動産	③	
	利子	④	
	配当	⑤	
	給与 区分	⑥	
	雑 公的年金等	⑦	
	雑 業務	⑧	
	雑 その他	⑨	
	雑 ⑦から⑨までの計	⑩	
	総合譲渡・一時 ㋘＋{(㋙＋㋚)×½}	⑪	
	合計（①から⑥までの計＋⑩＋⑪）	⑫	
所得から差し引かれる金額	社会保険料控除	⑬	
	小規模企業共済等掛金控除	⑭	
	生命保険料控除	⑮	
	地震保険料控除	⑯	
	寡婦、ひとり親控除 区分	⑰〜⑱	0000
	勤労学生、障害者控除	⑲〜⑳	0000
	配偶者（特別）控除 区分1 区分2	㉑〜㉒	0000
	扶養控除 区分	㉓	0000
	基礎控除	㉔	0000
	⑬から㉔までの計	㉕	
	雑損控除	㉖	
	医療費控除 区分	㉗	
	寄附金控除	㉘	
	合計（㉕＋㉖＋㉗＋㉘）	㉙	

区分	項目	番号	金額
税金の計算	課税される所得金額（⑫－㉙）又は第三表	㉚	000
	上の㉚に対する税額又は第三表の㊸	㉛	
	配当控除	㉜	
	区分	㉝	
	（特定増改築等）住宅借入金等特別控除 区分1 区分2	㉞	00
	政党等寄附金等特別控除	㉟〜㊲	
	住宅耐震改修特別控除等 区分	㊳〜㊵	
	差引所得税額（㉛－㉜－㉝－㉞－㉟－㊱－㊲－㊳－㊴－㊵）	㊶	
	災害減免額	㊷	
	再差引所得税額（基準所得税額）（㊶－㊷）	㊸	
	復興特別所得税額（㊸×2.1％）	㊹	
	所得税及び復興特別所得税の額（㊸＋㊹）	㊺	
	外国税額控除等 区分	㊻〜㊼	
	源泉徴収税額	㊽	
	申告納税額（㊺－㊻－㊼－㊽）	㊾	
	予定納税額（第1期分・第2期分）	㊿	
	第3期分の税額（㊾－㊿） 納める税金	51	00
	第3期分の税額（㊾－㊿） 還付される税金	52	△
修正申告	修正前の第3期分の税額（還付の場合は頭に△を記載）	53	
	第3期分の税額の増加額	54	00
その他	公的年金等以外の合計所得金額	55	
	配偶者の合計所得金額	56	
	専従者給与（控除）額の合計額	57	
	青色申告特別控除額	58	
	雑所得・一時所得等の源泉徴収税額の合計額	59	
	未納付の源泉徴収税額	60	
	本年分で差し引く繰越損失額	61	
	平均課税対象金額	62	
	変動・臨時所得金額 区分	63	
延納の届出	申告期限までに納付する金額	64	00
	延納届出額	65	000

㊹・㊺・㊾・51又は52の記入をお忘れなく。

還付される税金の受取場所：銀行・金庫・組合・農協・漁協　本店・支店・出張所・本所・支所
郵便局名等　預金種類：普通・当座・納税準備・貯蓄
口座番号・記号番号
公金受取口座登録の同意　公金受取口座の利用

整理欄：区分 A B C D E F G H I J K　異動 年 月 日 L　補完　確認
整理欄　管理　名簿

申告書第二表

整理番号

FA2303

令和 0 年分の所得税及び復興特別所得税の 申告書

第二表（令和五年分以降用）〇第二表は、第一表と一緒に提出してください。〇国民年金保険料や生命保険料の支払証明書など申告書に添付しなければならない書類は添付書類台紙などに貼ってください。

住所
屋号
フリガナ
氏名

	保険料等の種類	支払保険料等の計	うち年末調整等以外
⑬⑭ 社会保険料控除 小規模企業共済等掛金控除		円	円
⑮ 生命保険料控除	新生命保険料	円	円
	旧生命保険料		
	新個人年金保険料		
	旧個人年金保険料		
	介護医療保険料		
⑯ 地震保険料控除	地震保険料	円	円
	旧長期損害保険料		

本人に関する事項（⑰～⑳）	寡婦	ひとり親	勤労学生	障害者	特別障害者
	□ 死別 □ 生死不明 □ 離婚 □ 未帰還		□ 年調以外かつ専修学校等		

○ 所得の内訳（所得税及び復興特別所得税の源泉徴収税額）

所得の種類	種目	給与などの支払者の「名称」及び「法人番号又は所在地」等	収入金額	源泉徴収税額
			円	円
			㊽ 源泉徴収税額の合計額	円

○ 雑損控除に関する事項（㉖）

損害の原因	損害年月日	損害を受けた資産の種類など
	. .	

損害金額	円	保険金などで補塡される金額	円	差引損失額のうち災害関連支出の金額	円

○ 総合課税の譲渡所得、一時所得に関する事項（⑪）

所得の種類	収入金額	必要経費等	差引金額
	円	円	円

○ 寄附金控除に関する事項（㉘）

寄附先の名称等		寄附金	円

特例適用条文等	

○ 配偶者や親族に関する事項（⑳～㉓）

氏名	個人番号	続柄	生年月日	障害者		国外居住		住民税		その他
		配偶者	明・大 昭・平 . .	障	特障	国外	年調	同一	別居	調整
			明・大 昭・平・令 . .	障	特障		年調	16	別居	調整
			明・大 昭・平・令 . .	障	特障		年調	16	別居	調整
			明・大 昭・平・令 . .	障	特障		年調	16	別居	調整
			明・大 昭・平・令 . .	障	特障		年調	16	別居	調整

○ 事業専従者に関する事項（㊺）

事業専従者の氏名	個人番号	続柄	生年月日	従事月数・程度・仕事の内容	専従者給与（控除）額
			明・大 昭・平 . .		円
			明・大 昭・平 . .		

○ 住民税・事業税に関する事項

住民税	非上場株式の少額配当等	非居住者の特例	配当割額控除額	株式等譲渡所得割額控除額	給与、公的年金等以外の所得に係る住民税の徴収方法 特別徴収	自分で納付	都道府県、市区町村への寄附（特例控除対象）	共同募金、日赤その他の寄附	都道府県条例指定寄附	市区町村条例指定寄附
	円	円	円	円	○	○	円	円	円	円

退職所得のある配偶者・親族の氏名	個人番号	続柄	生年月日	退職所得を除く所得金額	障害者		その他	寡婦・ひとり親	
			明・大 昭・平 . .	円	障	特障	調整	寡婦	ひとり親

事業税						
非課税所得など	番号	所得金額 円	損益通算の特例適用前の不動産所得	円	前年中の開（廃）業	開始・廃止 月日
不動産所得から差し引いた青色申告特別控除額			事業用資産の譲渡損失など		他都道府県の事務所等	○

上記の配偶者・親族・事業専従者のうち別居の者の氏名・住所	氏名		住所		県外	所得税で控除対象配偶者などとした事従者	氏名		給与	円

一連番号

整理欄	申告区分		申告等年月日	年 月 日	所得種類	
	特例適用条文	法 条の の 項 号	申告期限	年 月 日		

税理士法書面提出 30条 33条の2

税理士署名・電話番号

（ － － ）

見慣れない記入欄が増えている。

このほか、申告書の「第三表（分離課税用）」と「第四表（損失申告用）」があるが、「第五表（修正申告用）」は2022年分から廃止され、第一表に修正申告用の欄が設けられた。

各用紙は、国税庁のウェブサイトからダウンロードできるほか、税務署や確定申告会場などで入手可能である。確定申告ソフトを利用したり、国税庁のウェブサイト「確定申告書等作成コーナー」を使って作成したりすることもできる。

従来の「確定申告書A」との主な違い

・第一表の「収入金額等」欄に、事業所得や不動産所得の項目ができた
・第一表の「税金の計算」の欄に、予定納税に関する項目ができた
・第一表に「修正申告」の欄ができた
・第二表に「退職所得のある配偶者・親族」に関する欄ができた
・第二表に個人事業税の欄ができた

・収支内訳書／青色申告決算書

「収支内訳書」や「青色申告決算書」は、確定申告書といっしょに提出する書類である。白色申告の場合は「収支内訳書」、青色申告の場合は「青色申告決算書」を提出する。両書類ともに確定申告書と同様、国税庁のウェブサイトや税務署などで入手できる。

確定申告ソフトや「確定申告書等作成コーナー」を使って作成することもできる。

⑵　確定申告書の作成に必要なもの

①　提出時に必要なもの

マイナンバーカード又はマイナンバー通知カード、マイナンバーが掲載されている住民票の写しなどが必要となる。税務署に確定申告書類を持参した場合は、マイナンバーカードかマイナンバーがわかる書類及び身分証を提示する必要がある。郵送する場合は、写しを添付する。

e-Taxで確定申告を行う場合は、確定申告書の作成者を証明するために、マイナンバーカードをICカードリーダーライターで読み込んで、電子証明を取得する必要がある。

②　必要に応じて提出するもの

・医療費控除の明細書

1月1日～12月31日に支払った医療費が原則として10万円を超えている場合は、この明細書を出すことで医療費の控除を受けることができる。

医療控除の明細書は、国税庁のウェブサイトからダウンロードできる。

・社会保険料控除証明書、寄附金受領証明書など

医療費と同様、社会保険料や生命保険料、地震保険料、寄附金なども、それぞれの証明書を提出することで控除を受けることができる。

③　口座情報

源泉徴収等ですでに納めた税金が本来納めるべき税金の額を上回っている場合、確定申告を行うことで、納めすぎた税金の還付を受けら

れる。還付を受けるには、確定申告書に還付される税金の受取口座を記載する必要がる。

2　暗号資産の確定申告

「日本円で暗号資産を購入」⇒「暗号資産が値上がり」⇒「暗号資産を売却」⇒「日本円に戻す」ときのキャピタルゲイン（値上がり益）はもちろんのこと、それ以外で出た利益も課税の対象となる。手持ちの暗号資産で他の暗号資産を購入したり、マイニングやステーキングで暗号資産を取得した場合など、暗号資産特有の方法で利益が出れば、その利益が出た分は課税される。

暗号資産取引による「利益」が所得とみなされるのは、銀行口座に現金が振り込まれたときではなく、「暗号資産を売却したとき」「暗号資産で支払いをしたとき」「暗号資産同士を交換したとき」など、手持ちの暗号資産を手放したタイミングとなる。

暗号資産の利益の判断基準

・暗号資産を売却したとき
・暗号資産で支払いをしたとき
・暗号資産同士を交換したとき

なお、給与所得者で給与所得及び退職所得以外の所得の合計が20万円以下ならば、基本的には確定申告を行う必要はないが（確定申告不要制度）、個人事業主等で確定申告をする必要がある場合や、確定申告をする必要がなくとも、確定申告が必要な医療費控除等の申告を行う場合、上記の20万円以下の確定申告不要制度の適用はされない。

暗号資産の所得（利益）計算は、暗号資産交換業者から送付される「年間取引報告書」を基にして、国税庁から共有されている「暗号資産の計算書」を使用することにより行う。（所法120、121）

前述したが、暗号資産の利益は雑所得となる。税金の計算は１月１日～12月31日の期間で１年ごとに行う。期間内では、「利益」と「損失」の計算ができるが、年を越えた時点での損益については次の年へ引き継ぐことはできない。

また、暗号資産で収入を得た場合は、雑所得に加えて住民税も納めなくてはならない。住民税は利益に関係なく「10％」を納める。つまり、暗号資産の税金は「雑所得の税率 ＋ 住民税の税率（10％）」を納める必要がある。

暗号資産取引に関して確定申告しなかった場合

Q 暗号資産で利益が出ていたにもかかわらず、確定申告をしなかった場合はどうなりますか。

A 基本的に、個人、法人を問わず暗号資産に関する収入の有無などは税務署に把握されている。サラリーマンの給料は会社から「給与支払報告書」が自治体である市区町村に提出されており、そのほかの報酬も「支払調書」が税務署に提出されている。また、税務署は、暗号資産の取引所に対して税務調査という名目で取引記録を閲覧することができる。税逃れの手法として親族や知人名義の口座を使うことも多く、取引記録から故意に売却益を隠そうとしたかどうかまで把握することができる。「そんなに稼いでないし大丈夫だろう」と考えてしまいがちだが、国税庁では確定申告の無申告者の把握のために定期的に調査を行っている。確定申告をしていない無申告ということは「脱税」という犯罪に直結する行為であり、簡単に見過せるものではないからである。しかしながら、無申告ということでいきなり逮捕されるわけではない。中には確定申告をうっかり忘れていた場合などは、期限後の申告をすることによって税金を納付することもできる。このときには期限までに申告をしなかったということで無申告加算税、期限までに納付しなかったということで延滞税といった税金が課されるため、本来よりも多くの税金を納付することになる。ただし、「意図的に所得を隠していた」とみなされた場合には、無申告加算税に代えて重加算税や延滞税などの高額な追徴課税を課されるというペナルティが発生する。2021年4月には、暗号資産（ビットコイン）の売却益を少なく申告していた男性に初めて有罪判決があった。さらに、暗号資産交換業者は国税庁から情報を求められれば、データを提供すると考えられ、2021年からは取引開始時に申請者からマイナンバー確認書類の提出が義務付けられたため、これまでに取引で利益を得ているにもかかわらず、申告漏れがある場合に国税庁・税務署からの監査があるかもしれない。また、海外の交換業者を利用している場合も申告漏れは発見されると考えられる。国税庁は租税条約等に基づく情報交換により、海外の税務当局より情報提供を要請することができるためである。税務署が「何も言ってこない」といっても、把握されていないとは限らない。明らかに税逃れを行っているとみなされた場合、追徴課税が発生するタイミングで申告漏れを指摘することもある。確定申告は手間のかかる手続であるが、申告を行わず無申告でいることは割に合わないデメリットの大きい選択ということになり、しっかりと確定申告を行う必要がある。

暗号資産と、FX取引・株式による取引とでの税務上の取扱いの違い

Q 暗号資産と、FX取引・株式による取引とでは税務上の取扱いは違いますか。

A 暗号資産取引をしている方のなかには、並行してFXや株式による取引を行っているという方も多いが、前者と後者では税務上の扱いが異なる。FX取引や株取引の売却等で生じた利益は、他の所得と分離して課税する「分離課税」という方式により20.315%の税率で税金が計算される。この税率には、所得税、復興特別所得税及び住民税が含まれている。

一方、暗号資産取引で生じた利益は「総合課税」という方式で課税される。暗号資産以外で得た他の所得と合計した総額に対して課税される。この総合課税方式の税率では、所得が多くなるほど税率が上がる累進課税方式が採用されているので所得全体の額が大きくなればなるほど高い税率で税金が計算されることになる。所得税の税率では最高税率が45%となっている。

【関係法令等】

所法35、69

暗号資産に関する確定申告の必要書類

Q 暗号資産に関する確定申告には、どのような書類が必要となりますか。

A 確定申告をするために必要な書類は次のとおりとなる。

・確定申告書類（e-Taxの場合は不要）
・源泉徴収票（会社員の場合）
・マイナンバー確認書類
・暗号資産取引における年間取引報告書

(1)　暗号資産に関する所得の計算

①　暗号資産取引における利益の額は、通常、雑所得となるため雑所得金額の計算が必要となる。この所得の計算は、総収入金額から必要経費を差し引いた金額となる。総収入金額は、暗号資産を売却したときなどの時価であり、必要経費に算入できる金額は、①暗号資産の譲渡原価その他暗号資産の売却等に際して直接要した費用の額、及び②その年における販売費、一般管理費その他その所得を生ずべき業務について生じた費用の額となる。（所法37、45、48の２、所令96）

②　複数の暗合資産などを継続的に売買する者がその売却等に係る所得金額を計算する場合には、譲渡原価の計算を行う必要がある。譲渡原価は、暗号資産の種類ごとに、①前年から繰り越した年の初め（１月１日）時点で保有する暗号資産の評価額と、②その年中に取得した暗号資産の取得価格の総額との合計額から、③その年の末（12月31日）時点で保有する暗号資産の評価額を差し引いて計算する。（所法48の２）

③　この、「その年の末（12月31日）時点で保有する暗号資産の評価額」は、その保有する暗号資産の「年末時点での１単位当たりの取得価格」に「年末時点で保有する数量」を乗じて計算するが、「年末時点での１単位当たりの取得価格」は、「総平均法」又は「移

動平均法」のいずれかの評価方法により算出することとなる。（所令119の5）

暗号資産の必要経費

Q 暗号資産の売却による所得を申告する場合、どのような支出を必要経費とすることができますか。

A 暗号資産の売却による所得は、原則として雑所得に区分されるので、その所得金額は、総収入金額から必要経費を控除することにより算出する。この必要経費に算入することができる金額は、①暗号資産の譲渡原価その他暗号資産の売却等に際し直接要した費用の額、及び②その年における販売費、一般管理費その他その所得を生ずべき業務について生じた費用の額である。

なお、必要経費については、次の事項に注意を要する。

① パソコンなど、使用可能期間が１年以上で、かつ、一定金額を超える資産については、その年に一括して必要経費に計上するのではなく、使用可能期間の全期間にわたり分割して必要経費（こうした費用を「減価償却費」という。）とする必要がある。

② 個人の業務には、一つの支出が家事上と業務上の両方に関わりがある費用（こうした費用を「家事関連費」という。）については、取引の記録に基づいて、業務の遂行上直接必要であったことが明らかに区分できる場合に限り、その区分した金額を必要経費に算入することができる。

【関係法令等】

所法37、45、48の2

所令96

暗号資産の取引で発生した損失の損益通算

Q 暗号資産の取引で損失が出た場合、他の所得との損益通算はできますか。

A 「損益通算」とは、利益の出た所得と損失の出た所得との間で相殺ができるという制度である。所得税法上、他の所得と通算することのできる損失は、不動産所得・事業所得・山林所得・譲渡所得の金額の計算上生じた損失に限られている。例えば、不動産と給与所得がある場合、不動産で損失が出た場合、給与所得から不動産の損失額を相殺することができ、結果として税金を減らすことができる。これを「損益通算」という。しかし、暗号資産取引に関しては一部の事業所得を除いて雑所得となり、この雑所得は他の所得と損益通算が認められていない。そのため、たとえ暗号資産取引で損失が出ていても給与所得と不動産所得との合算額から損失額を相殺して課税所得を下げることはできない。ただし、他の所得と損益通算はできないが、暗号資産同士であれば通算は可能である。例えば、ビットコイン（BTC）で利益が出てイーサリアム（ETH）で損失が出た場合は、ビットコインの利益をイーサリアムの損失で相殺して課税所得額を下げることは問題ない。また、暗号資産の取引では「損失の繰越控除」も禁止されている。損失の繰越控除とは、１年間のうちに各所得を合計した金額に赤字が出た場合、青色申告者であれば３年間にわたって損失を繰り越せるという制度である。不動産所得や事業所得などは損失の繰越が認められているため、仮に翌年に黒字になった場合、前年に繰り越した赤字と合わせて課税所得を減らすことができる。一方、雑所得では損失の繰越控除が認められていないため、翌年に黒字になっても前年の赤字を補填することはできない。

【関係法令等】

所法69

⑵　暗号資産の計算書

①　総平均法とは

「総平均法」とは、同じ種類（ビットコインなど）の暗号資産について、年の初めの時点で保有する暗号資産の評価額と、その年中に取得した暗号資産の取得価額の総額との合計額を、これらの暗号資産の総量で除して計算した価額を「年末時点での１単位当たりの取得価額」とする方法をいう。

②　移動平均法とは

「移動平均法」とは、同じ種類の暗号資産について、暗号資産を取得する都度、その取得時点において保有している暗号資産の簿価の総額を、その時点で保有している暗号資産の数量で除して計算した価額を「取得時点の平均単価」とし、その年の12月31日から最も近い日において算出された「取得時点の平均単価」を「年末時点での１単位当たりの取得価額」とする方法をいう。

「総平均法」と「移動平均法」の特徴

Q　取得価額の評価方法である「総平均法」と「移動平均法」のそれぞれの特徴は？

A　取得価額の評価方法である「総平均法」と「移動平均法」では、計算方法の違いから以下のような特徴がある。

(1)　総平均法の特徴

①　その年のすべての購入額、数量を集計して、一度で単価を計算できるため計算が簡単になる

②　購入するタイミングや市場のトレンドによっては、予測とかなり異なった計算結果になる

③　年度が終わらないと平均単価が分からないため、その時点の所得の見積もりや納税資金の準備がしづらい

(2)　移動平均法の特徴

①　暗号資産を購入するたびに平均単価を算出するため、計算が難しい

②　自分の予測に近い損益結果を得ることができる

③　年内に所得計算ができるため、所得の見積もりや納税資金の準備が行いやすい

※総平均法を使用した場合と移動平均法を使用した場合の計算結果は、一年一年の単年度では異なるが、将来にわたって生じる損益額は同額になる。

【参考】総平均法を選択する場合の注意点

前述の「総平均法」と「移動平均法」の特徴でも触れたが、2022年のような、一年を通じて暗号資産の相場が上昇トレンドのときに総

平均法を選択した場合、所持している暗号資産の価格が高騰している後半の期間に購入することにより平均単価が高くなる。そのため、予想より利益額が少なくなるケースがある。

このように、相場が上昇トレンドのときは取得価格が高くなり利益額が少なくなることがあるので、結果として納税額が低くなるというメリットを感じることがあるかもしれないが、注意するべき点は、相場が一年を通して下降トレンドのときであり、この場合、逆に取得価額が低くなることから、損失となっているように思える取引内容でも総平均法で計算を行うと利益が発生している場合もある。

【関係法令等】

所法48の2

所令119の2

移動平均法と総平均法のメリット・デメリット

	移動平均法	総平均法
メリット	・実際の取引の損益と近い ・取引ごとに損益計算ができる ・納税額の予測・準備を行いやすい	・計算が簡単である
デメリット	・計算が複雑である	・実際の取引の損益と乖離する可能性がある ・年末にならないと損益計算ができない ・納税額の予測・準備が行いにくい

暗号資産の評価方法の届出

Q 暗号資産を取得したが、その暗号資産の評価方法を選定する必要があると聞きました。選定するための具体的な手続はどうしたらよいでしょうか。

A 具体的な手続として、初めて暗号資産を取得した年分の確定申告期限（原則は翌年３月15日）までに、納税地の所轄税務署長に対し、「所得税の暗号資産の評価方法の届出書」の提出が必要である。暗号資産の売却等に係る譲渡原価の計算の基礎となる年末（12月31日）時点で保有する暗号資産の評価額については、「総平均法」又は「移動平均法」のいずれかの評価方法により計算することとされている。

これらの評価方法は、暗号資産の種類（名称）ごとに選定することとされており、① 初めて暗号資産を取得した場合、② 異なる種類の暗号資産を取得した場合には、その取得した年分の確定申告期限（原則：翌年３月15日）までに、納税地の所轄税務署長に対し、その選定した評価方法など所定の事項を記載した届出書（所得税の暗号資産の評価方法の届出書）を提出する必要がある。

なお、この取扱いは、令和元年の所得税法等の改正により措置されたものなので、評価方法の届出書の提出がない場合には、評価方法は「総平均法」になる。

「所得税の暗号資産の評価方法の届出書」の記載例は、以下のとおりとなる。

【関係法令等】

所法48の２

所令119の２、119の３、119の５

所得税法施行令の一部を改正する政令（平成31年政令第95号）附則４

税務署受付印

1	1	7	0

所得税の 有価証券／暗号資産 の評価方法の届出書

＿＿＿＿＿＿税務署長

＿＿年＿＿月＿＿日提出

納税地	住所地・居所地・事業所等（該当するものを○で囲んでください。） （〒　－　） （TEL　－　－　）		
上記以外の住所地・事業所等	納税地以外に住所地・事業所等がある場合は記載します。 （〒　－　） （TEL　－　－　）		
フリガナ		生年月日	年　月　日生
氏名			
職業		フリガナ／屋号	

有価証券／暗号資産の評価方法については、次によることとしたので届けます。

1　評価方法

区分	種類	評価方法	新たに取得した年月日
有価証券・暗号資産			
有価証券・暗号資産			
有価証券・暗号資産			
有価証券・暗号資産			
有価証券・暗号資産			
有価証券・暗号資産			

2　その他参考事項

関与税理士
（TEL　－　－　）

税務署整理欄	整理番号	関係部門連絡	A	B	C		
	0						
	通信日付印の年月日	確認					
	年　月　日						

「所得税の暗号資産の評価方法の届出書」の記載例

税務署受付印　　1 1 7 0

所得税の ~~有価証券~~ 暗号資産 の評価方法の届出書

麹町　税務署長

令和 3 年 6 月 1 日提出

納税地	(住所地)・居所地・事業所等（該当するものを○で囲んでください。） （〒 xxx － xxxx ） 東京都千代田区霞が関〇〇-〇〇 （TEL xx － xxxx － xxxx ）
上記以外の住所地・事業所等	納税地以外に住所地・事業所等がある場合は記載します。 （〒 － ） （TEL － － ）
フリガナ	ゼイム　イチロウ
氏名	税務　一郎
生年月日	大正・(昭和)・平成・令和 62 年 1 月 8 日生
職業	会社員
フリガナ / 屋号	

~~有価証券~~ 暗号資産 の評価方法については、次によることとしたので届けます。

1　評価方法

区分	種類	評価方法	新たに取得した年月日
有価証券・(暗号資産)	ビットコイン	総平均法	令和3年4月1日
有価証券・暗号資産			
有価証券・暗号資産			
有価証券・暗号資産			
有価証券・暗号資産			
有価証券・暗号資産			

2　その他参考事項

関与税理士
（TEL － － ）

税務署整理欄	整理番号	関係部門連絡	A	B	C		
	0						
	通信日付印の年月日	確認					
	年 月 日						

本様式は国税庁ホームページからダウンロードできます。
https://www.nta.go.jp/taxes/tetsuzuki/shinsei/annai/shinkoku/annai/21kasou.htm
保有する暗号資産の種類が多く、届出書の「1　評価方法」に記載することができない場合は、適宜の用紙に「1　評価方法」に該当する項目を記載の上、届出書と併せて提出してください。
（出典）国税庁HP「暗号資産に関する税務上の取扱いについて」より

暗号資産の評価方法の変更手続

Q 暗号資産の評価方法として総平均法を選定し、「所得税の暗号資産の評価方法の届出書」を提出したが、その評価方法を移動平均法に変更したい。変更の具体的な手続はどうしたらよいのでしょうか。

A 評価方法を変更しようとする年において、その年の３月15日までに、納税地の所轄税務署長に対し、移動平均法を用いる旨を記載した「所得税の暗号資産の評価方法の変更承認申請書」を提出して、その承認を受ける。

暗号資産の売却等に係る譲渡原価の計算の基礎となる年末（12月31日）時点で保有する暗号資産の評価額については、「総平均法」又は「移動平均法」のいずれかの評価方法を選定するための「所得税の暗号資産の評価方法の届出書」の提出が必要となる。選定した評価方法を変更しようとする場合は、変更しようとする年の３月15日までに、納税地の所轄税務署長に対し、評価方法の変更に関する申請書（所得税の暗号資産の評価方法の変更承認申請書）を提出して、その承認を受ける。

※１ 「所得税の暗号資産の評価方法の変更承認申請書」を提出した年の12月31日までに承認又は却下の通知がない場合は、その日において承認があったものとみなされる。

※２ 変更前の評価方法を採用してから相当期間（特別の理由がない場合には３年）を経過していないときや変更しようとする評価方法によっては所得金額の計算が適正に行われ難いと認められるときは、その申請が却下される場合がある。

※３ 「所得税の暗号資産の評価方法の変更承認申請書」の記載例は、右頁のとおりとなる。

「所得税の暗号資産の評価方法の変更承認申請書」の記載例

税務署受付印　　1190

所得税の ~~有価証券~~ 暗号資産 の評価方法の変更承認申請書

麹町　税務署長

令和 6年　6 月　1 日提出

納税地	(住所地)・居所地・事業所等（該当するものを○で囲んでください。） （〒　xxx － xxxx　） 東京都千代田区霞が関○○-○○ （TEL xx － xxxx － xxxx ）
上記以外の住所地・事業所等	納税地以外に住所地・事業所等がある場合は記載します。 （〒　－　） （TEL　－　－　）
フリガナ	ゼイム　イチロウ
氏名	税務　一郎
生年月日	大正・(昭和)・平成・令和　62 年　1 月　8 日生
職業	会社員
フリガナ／屋号	

令和　5　年分から、~~有価証券~~ 暗号資産の評価方法を次のとおり変更したいので申請します。

1　評価方法

区分	種類	現在の評価方法		採用しようとする新たな評価方法
		現在の方法	採用した年	
有価証券・(暗号資産)	ビットコイン	総平均法	令和3 年	移動平均法
有価証券・暗号資産				
有価証券・暗号資産				
有価証券・暗号資産				
有価証券・暗号資産				
有価証券・暗号資産				

2　変更しようとする理由（できるだけ具体的に記載します。）

3　その他参考事項

関与税理士
（TEL　－　－　）

税務署整理欄	整理番号	関係部門連絡	A	B	C		
	0						
	通信日付印の年月日	確認					
	年　月　日						

本様式は国税庁ホームページからダウンロードできます。
https://www.nta.go.jp/taxes/tetsuzuki/shinsei/annai/shinkoku/annai/25kasou.htm
変更しようとする暗号資産の種類が多く、申請書の「1　評価方法」に記載することができない場合は、適宜の用紙に「1　評価方法」に該当する項目を記載の上、申請書と併せて提出してください。
（出典）国税庁HP「暗号資産に関する税務上の取扱いについて（FAQ）」より

【関係法令等】

所法48の2

所令101、119の2、119の4

所基通47－16の2、48の2－3

暗号資産の譲渡原価（具体例）

Q 継続して同じ種類の暗号資産を売買しましたが、この場合の暗号資産の売却に関する譲渡原価についてどのように判断すればよいでしょうか。

（例） 3月1日に初めてビットコインを購入して以降、内訳のとおり、数度にわたり購入と売却を行い、1年間の売却額（数量）の総額は5,295,000円（5BTC）、購入額（数量）の総額は4,037,800円（6.5BTC）だった。

（内訳）・3月1日　4BTCを1,845,000円で購入（保有数量4BTC）

・6月20日　2BTCを1,650,000円で購入（保有数量6BTC）

・7月10日　2BTCを2,400,000円で売却（保有数量4BTC）

・9月15日　0.5BTCを542,800円で購入（保有数量4.5BTC）

・11月30日　3BTCを2,895,000円で売却（保有数量1.5BTC）

（注）上記取引において暗号資産の売買手数料については勘案しない。

A 上記（例）の場合、総平均法においては3,106,000円、移動平均法においては3,080,200円が、譲渡原価となる。

複数の暗号資産を継続的に売買する方がその売却等に係る所得金額を計算する際には、譲渡原価の計算を行う必要がある。

譲渡原価は、暗号資産の種類（名称：ビットコインなど）ごとに、「①：前年から繰り越した年初（1月1日）時点で保有する暗号資産の評価額」と「②：その年中に取得した暗号資産の取得価額の総額」との合計額から、「③：年末（12月31日）時点で保有する暗号資産の評価額」を差し引いて計算する。

この「年末時点で保有する暗号資産の評価額」は、その保有する暗号資産の「年末時点での1単位当たりの取得価額」に「年末時点で保有する数量」を乗じて求めるが、「年末時点での1単位当たりの取得価額」は、「総平均法」又は「移動平均法」のいずれかの評価方法により算出する。

前述の例の場合の譲渡原価は、その評価方法の別に次のとおりとなる。

＜総平均法を用いた場合＞

以下の計算式のとおり、「年末時点での1単位当たりの取得価額」は621,200円となり、「年末時点で保有する暗号資産の評価額」は931,800円となる。

したがって、譲渡原価は、3,106,000円になる（4,037,800円－931,800円）。

（計算式）

①「1年間に取得した同一種類（名称）の暗号資産の取得価額の総額」／　②「1年間に取得した同一種類（名称）の暗号資産の数量」＝③「年末時点での1単位当たりの取得価額」

※前年から繰り越した暗号資産がある場合には、①と②のそれぞれにその価額、数量を加算する。

つまり、

① 1年間に取得したビットコインの取得価額の総額　4,037,800円

② 1年間に取得したビットコインの数量　6.5BTC

③ 年末時点での1単位当たりの取得価額（①÷②）　621,200円

④ 年末時点で保有するビットコインの評価額（③×1.5BTC）　931,800円

となる。

<移動平均法を用いた場合>

以下の計算式の通り、「年末時点での1単位当たりの取得価額」は638,400円となり、「年末時点で保有する暗号資産の評価額」は957,600円になる。

したがって、譲渡原価は、3,080,200円になる（4,037,800円－957,600円）となる。

（計算式）

種類（名称）の異なる暗号資産を取得する都度、次の計算式により平均単価の見直しを行う。

①「取得時点で保有する同一種類（名称）の暗号資産の簿価の総額」／　②「取得時点で保有する同一種類（名称）の暗号資産の数量」＝③「取得時点の平均単価」

※1　前年から繰り越した暗号資産がある場合には、①と②のそれぞれにその価額、数量を加算する。

※2　その年の12月31日から最も近い日において算出された「取得時点の平均単価」が「年末時点での1単位当たりの取得価額」となる。

・取得時点の平均単価（3月1日）

① 取得時点で保有するビットコインの簿価の総額　1,845,000円
② 取得時点で保有するビットコインの数量　4BTC
③ 取得時点の平均単価（①÷②）　461,250円

・取得時点の平均単価（6月20日）

① 取得時点で保有するビットコインの簿価の数量　3,495,000円
（461,250円×4BTC）＋ 1,650,000円 ＝　3,495,000円
② 取得時点で保有するビットコインの数量　6BTC
③ 取得時点の平均単価（①÷②）　582,500円

・取得時点の平均単価（9月15日）

①　取得時点で保有するビットコインの簿価の総額　2,872,800円
（582,500円×4BTC）＋ 542,800円 ＝　2,872,800円
② 取得時点で保有するビットコインの数量　4.5BTC
③ 取得時点の平均単価（①÷②）　638,400円

・年末時点での1単位当たりの取得価額 ＝ 638,400円

＝　9月15日取得時点の平均単価　638,400円

・年末時点で保有するビットコインの評価額

638,400円 × 1.5BTC ＝　957,600円

※暗号資産の譲渡原価を含め、その売却等に係る所得金額の計算については、暗号資産交換業者から送付される「年間取引報告書」を基に「暗号資産の計算書（総平均法用・移動平均法用）」を作成することで、簡便に行うことができる。
「暗号資産の計算書（総平均法用・移動平均法用）」は、国税庁ホームページに掲載。
https://www.nta.go.jp/publication/pamph/shotoku/kakuteishinkokukankei/kasoutuka/index.htm
（出典）国税庁HP「暗号資産に関する税務上の取扱いについて（FAQ）」より

【関係法令等】

所法48の2

所令119の2

暗号資産の取得価額や売却価額が分からない場合

Q 年内に暗号資産取引を行ったが、取引履歴を残していないため、暗号資産の取得価額や売却価額が分かりません。確認する方法はありますか。

A 取引内容などにより暗号資産取引の取得価額や売却価額を確認することができる。

① 国内の暗号資産交換業者を通じた暗号資産取引の場合

平成30年1月1日以後の暗号資産取引については、国税庁から暗号資産交換業者に対して､次の事項などを記載した「年間取引報告書」の交付をお願いしている。(「取引報告書の記載内容」参照)。

・年中購入数量：その年の暗号資産の購入数量
・年中購入金額：その年の暗号資産の購入金額（取得価額）
・年中売却数量：その年の暗号資産の売却数量
・年中売却金額：その年の暗号資産の売却金額

② ①以外の暗号資産取引（国外の暗号資産交換業者・個人間取引）の場合

個々の暗号資産の取得価格や売却価格について、例えば次の方法での確認を要する。

・暗号資産を購入した際に利用した銀行口座の出金状況や、暗号資産を売却した際に利用した銀行口座の入金状況から、暗号資産の取得価額や売却価額を確認する。

・暗号資産取引の履歴及び暗号資産交換業者が公表する取引相場※を利用して、暗号資産の取得価額や売却価額を確認する。

※個人間取引の場合は、主として利用する暗号資産交換業者の取引相場を利用し、確定申告書を提出した後に、正しい金額が判明した場合には、確定申告の内容の訂正（修正申告又は更正の請求）を行う必要がある。
　なお、売却した暗号資産の取得価額については、売却価額の５％相当額とすることが認められている。例えば、ある暗号資産を500万円で売却した場合において、その暗号資産の取得価額を売却価額の５％相当額である25万円とすることが認められる。

（出典）国税庁HP「暗号資産に関する税務上の取扱いについて（FAQ）」より

【関係法令等】

所基通48の2-4

年間取引報告書を活用した暗号資産の所得金額の計算

Q　暗号資産交換業者のＡとＢから、年間取引報告書が送付されてきました。この年間取引報告書を活用した暗号資産の所得金額計算方法はどのようにしたらよいのでしょうか。

A　年間取引報告書の大枠部分及び太字点線枠について、国税庁ホームページに掲載している「暗号資産の計算書（総平均法用）」に入力すれば、簡便に所得金額を計算することができる。

（http://www.nta.go.jp/publication/pamph/shotoku/kakuteishinkokukankei/kasoutuka/index.htm）

上記の場合の暗号資産の所得金額は、2,189,000円となる。

具体的な計算例は次のとおりである。

年間取引報告書を活用した暗号資産の所得金額の計算

問　暗号資産交換業者Ａ・Ｂから、次の年間取引報告書が送付されました。この年間取引報告書を活用した暗号資産の所得金額の計算方法を教えてください。

年間取引報告書

税務　一郎　様

A取引所

《現物取引》

通貨名	①年始数量	②年中購入数量	③年中購入金額	④年中売却数量	⑤年中売却金額	⑥移入数量	⑦移出数量	⑧年末数量
ビットコイン		4.5	2,387,800	3.0	2,895,000			1.5

年間取引報告書

税務　一郎　様

B取引所

《現物取引》

通貨名	①年始数量	②年中購入数量	③年中購入金額	④年中売却数量	⑤年中売却金額	⑥移入数量	⑦移出数量	⑧年末数量
ビットコイン		2.0	1,650,000	2.0	2,400,000			0.0

（出典）国税庁ホームページ「暗号資産等に関する税務上の取扱いについて（情報）」より

【入力例】

令和４ 年分　暗号資産の計算書（総平均法用）

氏名　税務　一郎

1　暗号資産の名称　ビットコイン

2　年間取引報告書に関する事項

取引所の名称	購入		売却	
	数量	金額	数量	金額
A取引所	4.50	2,387,800	3.00	2,895,000
B取引所	2.00	1,650,000	2.00	2,400,000
合計	6.50	4,037,800	5.00	5,295,000

3　上記２以外の取引に関する事項

月	日	取引先	摘要	購入等		売却等	
				数量	金額	数量	金額
合計				0.00	0	0.00	0

4　暗号資産の売却原価の計算

	年始残高（※）	購入等	総平均単価	売却原価（※）	年末残高・翌年繰越
数量	(A)	(C) 6.50	—	(F) 5.00	(H) 1.50
金額	(B)	(D) 4,037,800	(E) 621,200	(G) 3,106,000	(I) 931,800

※前年の(H)(I)を記載　※売却した暗号資産の譲渡原価

5　暗号資産の所得金額の計算

収入金額		必要経費			所得金額
売却価額	信用・証拠金（差益）	売却原価（※）	手数料等	信用・証拠金（差損）	
5,295,000		3,106,000			2,189,000

※売却した暗号資産の譲渡原価

【参考】
収入金額計　5,295,000
必要経費計　3,106,000

これらの金額に基づき、確定申告書を作成します。

※　前年以前から暗号資産取引を行っていた方は、前年末の暗号資産の数量・金額を「年始残高」の欄に入力します。前年末の暗号資産の数量・金額が分からない場合には、ご自身で前年分の暗号資産の計算書を作成し、前年末の暗号資産の数量・金額を計算してください。

※　支払手数料などの必要経費がある場合には、「手数料等」の欄にその額を入力して計算します。

年間取引報告書の記載内容

Q 暗号資産交換業者から送付される年間取引報告書には、どのような事項が記載されていますか。

A 年間取引報告書の各欄には、次の事項が記載されている。

① 年始数量：その年の1月1日現在の暗号資産の保有数量
② 年中購入数量：その年の暗号資産の購入数量
③ 年中購入金額：その年の暗号資産の購入金額（取得価額）
④ 年中売却数量：その年の暗号資産の売却数量
⑤ 年中売却金額：その年の暗号資産の売却金額
⑥ 移入数量：その年に購入以外で口座に受け入れた暗号資産の数量
⑦ 移出数量：その年に売却以外で口座から払い出した暗号資産の数量
⑧ 年末数量：その年の12月31日現在の暗号資産の保有数量
⑨ 損益合計：その年の暗号資産の証拠金取引の損益の合計額
⑩ 支払手数料：その年に暗号資産交換業者に支払った支払手数料の額
※ 暗号資産の売却・購入などを外貨で行った場合には、取引時の電信売買相場の仲値（TTM）で円に換算した金額に基づき、各事項が記載されている。

なお、次の取引をした場合における各欄の表示内容は、次のとおりである。

① 暗号資産交換業者から無償で暗号資産の交付を受けた場合
「年中売却数量」：－

「年中売却金額」：交付を受けた暗号資産の価額（時価）

「年中購入数量」：交付を受けた暗号資産の数量

「年中購入金額」：交付を受けた暗号資産の価額（時価）

② 暗号資産で決済を行った場合

暗号資産交換業者で円転して決済を行った場合

「年中売却数量」：円転した暗号資産の数量

「年中売却価額」：円転した暗号資産の価額（時価）

暗号資産そのもので決済を行った場合

「移出数量」：決済で使用した暗号資産の数量

③ 暗号資産交換業者で暗号資産Ａと暗号資産Ｂを交換した場合

暗号資産Ａの「年中売却数量」：交換した暗号資産Ａの数量

暗号資産Ａの「年中売却金額」：取得した暗号資産Ｂの価額（時価）

暗号資産Ｂの「年中購入数量」：取得した暗号資産Ｂの数量

暗号資産Ｂの「年中購入金額」：取得した暗号資産Ｂの価額（時価）

年間取引報告書の様式例は、下図のとおりである（暗号資産交換業者により、様式が異なる場合がある。）。

（出典）国税庁HP「暗号資産に関する税務上の取扱いについて（FAQ）」より

（参考）年間取引報告書の様式例

年間取引報告書

《現物取引》

通貨名	①年始数量	②年中購入数量	③年中購入金額	④年中売却数量	⑤年中売却金額	⑥移入数量	⑦移出数量	⑧年末数量

《証拠金取引》

通貨名	⑨損益合計
合　計	

《支払手数料》

通貨名	⑩支払手数料
合　計	

（出典）国税庁ホームページ「暗号資産に関する税務上の取扱いについて（FAQ）」より

第 5 章

暗号資産の税務調査

1　暗号資産取引による所得の総収入金額の収入すべき時期

所得税は、暦年ごとの所得を単位として累進税率を適用して課税するから、いつの年の収入となるかによってその負担額に大きな差が生じる。所得税法上、収入金額とは、実際に支払いを受けた金額ではなくて、収入すべき金額である。この収入すべき金額の収入すべき時期は、所得の種類により、また同一の所得であってもその収入の態様により、それぞれ異なるものと解されている。

暗号資産取引により生じた損益については、原則として雑所得に区分され（「3　暗号資産取引の所得区分」を参照）、雑所得に区分される所得の総収入金額の収入すべき時期は、原則として売却等をした暗号資産の引渡しがあった日の属する年分となる。ただし、選択により、その暗号資産の売却に関する契約をした日の属する年分とすることもできるとされている。

（参考）　令和６年12月20日に自由民主党・公明党が決定した「令和７年度税制改正大綱」では、検討事項として、税務当局への報告義務の整備等その他の法整備を前提に、暗号資産取引の課税について「その見直しを検討する」ことに言及しており、将来的には分離課税等の可能性につながる可能性があるとの見方もある。いずれにせよ仮に具体化するとしてもこれからであり、令和６年分、７年分の申告には影響しない。

以下は大綱の抜粋である。

> 3　暗号資産取引に係る課税については、一定の暗号資産を広く国民の資産形成に資する金融商品として業法の中で位置づけ、上場株式等をはじめとした課税の特

例が設けられている他の金融商品と同等の投資家保護のための説明義務や適合性等の規制などの必要な法整備をするとともに、取引業者等による取引内容の税務当局への報告義務の整備等をすることを前提に、その見直しを検討する。

暗号資産の売却による所得の総収入金額の収入すべき時期

Q　令和３年に取引所を通じて購入した暗号資産を令和４年12月に取引所を通じて売却し、日本円にして取引所に開設している口座に入金しました。売却により利益が出ましたが、いつの年分として所得税等の確定申告をするのですか。

A　暗号資産の売却等により生じた利益（所得）は、雑所得に区分されることを前提とすると、原則として暗号資産の引渡しがあった日の属する年分となるので、令和４年分として所得税等の確定申告を行うことになる。

なお、仮に約定日が令和４年12月で受渡日が令和５年１月となった場合には、どちらかを選択することになるので、税負担を考慮し有利となる方を選択する。

2　税務調査をめぐる一連の流れ

(1)　調査を担当する部署・部門

調査担当部署

税務署において、個人の調査については、確定申告の有無にかかわらず、個人の情報技術専門官（以下「情技官」という）が担当する。なお情技官は広域運営を行っているので、納税者の管轄外の税務署の職員が調査を担当することがある。情技官は情技官付も含めて２名ないし３名で事務を運営し、東京国税局管内では、市川署（千葉県）、京橋署（東京都）、品川署（東京都）、四谷署（東京都）、豊島署（東京都）、立川署（東京都）が各２名、目黒署（東京都）と横浜中署（神奈川県）が各３名の配置になっている。

情技官は、パソコンやサーバーのデータ解析を専門とする部署であり、消去されたデータの復元等も行い、高い知識を有している。

個人・法人ともにパソコン操作に強い情技官が担当又は同行支援を行う。

法人の調査については、法人課税の各担当部門が行い、大半は情技官が支援として同行し、データ解析や消去されたデータの復元等を行っている。

また、取引数量が多く多額な申告漏れが見込まれる事案については、国税局の課税部資料調査課及び統括国税実査官が実施する場合がある。

暗号資産の取引を調査する部署

Q　暗号資産取引の所得区分と税務調査を担当する組織（部署）はどうなっていますか。

A　暗号資産取引により生じた利益は、所得税の課税対象となり、原則として雑所得に区分される。暗号資産取引により生じた損益（邦貨又は外貨との相対的な関係により認識される損益）は、

①　その暗号資産取引自体が事業と認められる場合
（例えば、暗号資産取引の収入によって生計を立てていることが客観的に明らかである場合などが該当し、この場合は事業所得に区分される。）

②　その暗号資産取引が事業所得等の基因となる行為に付随したものである場合
（例えば、事業所得者が、事業用資産として暗号資産を保有し、棚卸資産等の購入の際の決済手段として暗号資産を使用した場合が該当する。）

暗号資産は雑所得に区分されるため、その所得金額は、総収入金額から必要経費を控除することにより算出される。必要経費に算入できる金額は、①暗号資産の売却等に際し直接要した費用の額及び②その年における販売費、一般管理費その他その所得を生ずべき業務について生じた費用の額となる。

暗号資産の税務調査を担当する組織（部署）は、税務署の個人においては情技官、法人においては担当部門（情技官が支援として同行する場合あり）が実施する。しかし、申告漏れの金額その他等で税務署では十分な調査が実施できないと認められた場合には、国税局の課税

部（資料調査課及び統括国税実査官）が行う。

(2) 暗号資産取引の損益を正確に計算できているか

暗号資産の取引を行ったすべての交換業者と交換業者内に開設した口座並びにウォレットの取引履歴については、帳簿の保管義務の範疇であり、いつでも税務調査の際は確認できるようにしておくことが求められる。また、パソコンや周辺機器（外付けハードディスク等）から適宜出力して保管しておくことも大切である。

なお、パソコン等に別名で保存された取引履歴は分からないなどと考えてはいけない。調査官のほとんどは高いITスキルを有しており、パソコン等に納められた履歴などは、ほぼ確実に探し当てることができる。また、削除した情報の復元も現在では比較的容易に可能であることを付記しておく。

暗号資産取引の所得を計算する書類

Q 暗号資産取引にかかる所得を計算する基礎となる書類とはどのようなものがありますか（国内取引所を通じた取引）。

A ビットコイン、イーサリアム、エイダなどの暗号資産取引所が国内にあれば、課税当局が当該取引所に「特定事業者等の報告の求め」（令和元年度（平成31年度）税制改正：国税通則法74条の7の2）をすることにより、情報収集（例えば、【○年○月○日～○年○月○日の間で取引金額○円以上の暗号資産取引を行ったリスト】の報告を求め、税務調査対象者の取引状況等を把握することになる。

なお、海外の取引所については、対象国の税務当局との情報交換制度（将来はCrypot-Asset Reporting Framework（暗号資産等報告枠組み））によって、税務調査対象者の取引状況等の資料を収集する場合もある。

3　調査に対する準備、対策

(1)　暗号資産取引をもれなく集計して損益計算しているか

暗号資産取引には多くの類型があり、所得の計算方法も区々である。税務申告・税務調査に備えるにあたっては、それらについてもれなく集計する必要がある。

以下では、「Ⅰ　個人編」、「Ⅱ　法人編」に分けて、所得税、法人税の調査に対する準備における主なチェックポイントを記載する。

＜Ⅰ　個人編＞

（ｉ）　基本的事項

暗号資産取引の雑所得の金額計算の基本構造（計算式）を次に示す。

①収入金額 － ②譲渡原価 － ③手数料（譲渡費用）＝ ④損益

●　暗号資産取引による所得の総収入金額の計上すべき時期

暗号資産の損益の計上時期は、原則として、売却等をした暗号資産の引き渡しがあった日の属する年分となる。ただし、選択により、その暗号資産の売却等に関する契約をした日の属する年分とすることもできる。

暗号資産取引により生じた損益については、原則として雑所得に区分される。雑所得に区分される所得の総収入金額の収入すべき時期は、その収入の態様に応じて、他の所得の総収入金額の収入すべき時期の取扱いに準じて判定した日の属する年分とされている。したがって、暗号資産取引により生じた所得の総収入金額の収入すべき時期は、その収入の態様を踏まえ、資産の譲渡による所得の収入すべき時期に準じて判定する。

【関係法令等】

所法35、36

（注） 暗号資産取引により生じた損益は、原則として、雑所得（その他雑所得）に区分されるが、その年の暗号資産取引に係る収入金額が300万円を超える場合には、次の所得に区分される。
・暗号資産取引に係る帳簿書類の保存がある場合……原則として、事業所得
・暗号資産取引に係る帳簿書類の保存がない場合……原則として、雑所得（業務に係る雑所得）

FAQ２－２参照

（ⅱ） 暗号資産取引の類型と損益計算

個人については、所得区分により所得（損益）計算方法が異なるほか、損益計算が必要である。暗号資産取引類型と損益計算の概要を次に示す（完全に網羅的でないことに注意）※1。

取引の類型	損益計算の基礎となる収入金額	参照
①暗号資産の売却	売却による収入金額※2	Q1
②暗号資産の信用取引	暗号資産の売付け価額・暗号資産の買付け価額（譲渡原価は個別法により計算した金額）	Q2
③暗号資産で商品や役務を購入	購入した商品等の価格 ※申告に備え、支払内容が分かる領収書やメール等の記録を保存	Q3
④暗号資産同士の交換	交換により取得した暗号資産の価格（交換時におけるレートで計算）	Q4
⑤マイニング・ステーキング・レンディングによる暗号資産の取得	取得した暗号通貨の時価	Q5
⑥エアドロップによる暗号通貨の取得※3	取得した暗号通貨の時価	Q6
⑦時価の70%未満の価格による暗号資産の譲渡等※4	低額・無償譲渡した暗号資産の時価との差額	Q7
⑧暗号資産の分裂により暗号資産を取得	分裂の時点では課税所得は発生しない（取得価格は0）	Q8
⑨自分のウォレット間での移動	課税所得は発生しない。ただし、Bridge取引等、暗号資産の交換に該当する場合があり得る	Q9
⑩NFT/FTの損益の課税	NFTやFTを用いた取引は所得税の課税対象となる	Q10 Q11

（注）　評価損益、損益通算については、第２章第２節２、ハッキング被害の補償を受けた場合については、第２章第２節４をそれぞれ参照。

※１　国税庁「暗号資産等に関する税務上の取扱いについて（FAQ）」（第５章において「FAQ」と略す。）で取り上げられた取引など、一般に行われる可能性のある取引・主な取引を網羅しているが、暗号資産の取引類型には様々なものがありうるほか、新しい類型の取引も生まれているので、完全に網羅的とは言い切れないことに留意。

※２　暗号資産デリバティブ取引（証拠金取引）については、取引所から税務署に「支払調書」が提出されていることに留意。

※３　エアドロップとは、一定条件を満たすことで無料で仮想通貨を受け取れるイベント。知名度の低い仮想通貨の開発者が、知名度控除等を狙って実施する。

※４　平成31年４月１日以降、個人による暗号資産の低額譲渡（時価の70％未満）については課税される。所法40、所令87。70％の基準については所基通40-2参照。

①　暗号資産を売却した場合の所得の計算方法

保有する暗号資産を売却（日本円に換金）した場合の所得金額は、譲渡価格から譲渡原価及び売買手数料等を控除した金額となる。

図表参照Q1 「暗号資産の売却」

Q　4月2日に1,000,000円で購入した暗号資産1BTCのうち、0.2BTCを4月20日に210,000円で売却しました。所得金額はいくらになりますか。
（所得金額の計算にあたり、取引所に支払った売買手数料を控除することができるが、ここでは省略している）

A

①210,000円－②1,000,000円×0.2＝③10,000円
「譲渡価額」　「譲渡原価」※　所得金額

※譲渡原価は、1BTC当たりの所得価額×売却数量により計算。譲渡原価は、総平均法又は移動平均法のうちいずれか選択した方法により計算。選択がない場合、個人については総平均法により計算する。

【関係法令等】

所法36，37、48の2

所令119の2　119の5

②　暗号資産の信用取引を行った場合の所得の計算方法

図表参照Q2　「暗号資産の信用取引」

Q　次の信用取引を行いました。所得の金額の計算方法を教えてください。

10月1日　1BTCを1,000,000円で売付け

10月31日　1BTCを 700,000円で買付け

（所得金額の計算にあたり、取引所に支払った売買手数料を控除することができるが、ここでは省略している）

暗号資産交換業者から信用の供与を受けて暗号資産の売買を行った場合の所得金額は、暗号資産の譲渡により通常得るべき対価の額（売付け価額）とその買付に係る暗号資産の対価の額（買付け価額）との差額になる。

A　信用取引による所得金額の計算式は次のようになる。

①1,000,000円－②700,000円＝　③300,000円

「売付け価格」※1　「買付け価格」※2　所得金額

※1　暗号資産交換業者から支払いを受ける金利は売付け価額に含め、暗号資産交換業者に支払う「品貸料」は売付け価額から控除する。

※2　暗号資産交換業者に支払う金利は買付け価額に含め、暗号資産交換業者から支払いを受ける「品貸料」は買付け価額から控除する。

【関係法令等】

所令119の7

所基通36・37共-22

③　暗号資産で商品や役務を購入した場合の所得の計算方法

暗号資産で商品を購入した場合、商品の価格を暗号資産の譲渡価格として所得を計算することになる。

図表参照Q3　「暗号資産で商品や役務を購入」

Q　私は暗号資産で次のように商品を購入しました。所得の金額の計算方法を教えてください。

10月1日　1BTCを1,000,000円で購入

10月31日　403,000円（消費税込み）の商品を購入するために0.3BTCを支払った。

※取引時における交換レート　1BTC＝1,350,000円

（所得金額の計算にあたり、取引所に支払った売買手数料を控除することができるが、ここでは省略している）

A

①403,000円－　②1,000,000円×0.3＝③103,000円

「商品価格＝譲渡価格」　「譲渡原価」※　所得金額

※譲渡原価は、1BTC当たりの所得価格×売却数量により計算。譲渡原価は、総平均法又は移動平均法のうちいずれか選択した方法により計算。選択がない場合、個人については総平均法により計算する。

【関係法令等】

所法36、37、48の2

所令119の2、119の5

④　暗号資産同士の交換を行った場合の所得の計算方法

暗号資産には多数の種類がある。日本暗号資産取引業協会会員（取引所）が取り扱う暗号資産は数十種類以上に及ぶ。異なった種類の暗

号資産同士の交換を行った場合には、暗号資産Aで暗号資産Bを購入したことになるので、「Q3　暗号資産で商品や役務を購入」と同様に課税所得が生じるので注意が必要である。

図表参照Q4　「暗号資産同士の交換」

Q　保有する暗号資産であるビットコインとリップルを以下のように交換する取引を行いました。所得の計算方法を教えてください。

4月1日、1,000,000円で1ビットコイン（BTC）を購入

11月1日、40リップル（XRP）を購入するために1BTCを支払った。

※取引時における交換レート　1XRP=30,000円

（注）本件は、一時的に必要な暗号資産を取得した場合には該当しないケースとする。

A

①〔30,000円×40XRP〕−②〔1,000,000×1BTC〕=③ 200,000円

①　リップルの購入価額 → 1ビットコインの譲渡価額

②　譲渡原価 → 1BTC当たりの価額※×支払った数量

③　所得金額

※譲渡原価は、総平均法又は移動平均法のうちいずれか選択した方法により計算。選択がない場合、個人については総平均法により計算する。

【関係法令等】

所法36、37、48の2

所令119の2、119の5

⑤　マイニング・ステーキング・レンディングにより暗号資産を取得した場合の所得の計算方法

マイニング報酬、ステーキング報酬・レンディング利息として暗号資産（仮想通貨）を取得した場合、その取得した暗号資産の取得時点の価格が総収入金額に算入される一方、譲渡原価は生じないので、収入金額がそのまま所得金額となる。ただし、マイニング等に要した費用については必要経費に算入されることになる。

レンディング等で貸し付けている暗号資産は、貸し手から借り手に権利が移転しているわけではないので、原価計算には反映されない。

〔マイニング報酬〕 暗号資産（仮想通貨）のマイニングとは、新しい仮想通貨を流通させるためのコンピューターの作業に協力し、その報酬として新たに発行された仮想通貨を得ること。このほか、新たな仮想通貨を得る機会として、「エアドロップ」がある。

〔ステーキング報酬〕 暗号資産（仮想通貨）のステーキングとは、一定の仮想通貨を保有して、ブロックチェーンのネットワークに参加するシステムのこと。そのことにより、報酬を受け取ることができる。ステーキングの対象になる仮想通貨は一定のものであり、例えばビットコインはステーキングの対象とされていない。

〔レンディング利息〕 暗号資産（仮想通貨）のレンディング利息とは、仮想通貨を取引所に貸し付け、あらかじめ決めておいた貸仮想通貨利息が仮想通貨により支払われるもの。保有している有価証券（株式並びに債券）を証券会社等に貸し付け、品貸し料を収受する行為に類似している。

図表参照Q5「マイニング・ステーキング・レンディングによる暗号資産の取得」

Q　私は5月1日に0.003ビットコイン（BTC）のマイニング報酬を受け取りました。所得金額の計算方法を教えてください。
※取引時における交換レート　1BTC=1,000,000円

A

①1,000,000×0.003BTC	−②0円	=③3,000円
収入金額	譲渡原価	所得金額※
取得した暗号資産の時価	なし	

※必要経費がある場合には控除することができる。

【関係法令等】

所法27、35、36、37

⑥　エアドロップにより取得した暗号資産の所得の計算方法

エアドロップにより無償で暗号資産を取得した場合の収入金額は、取得時点の価格（時価）になる。無償の取得なので、譲渡原価・必要経費はない。

図表参照Q6「エアドロップによる暗号通貨の取得」

Q　6月1日に0.002ビットコイン（BTC）をエアドロップにより受け取りました。所得金額の計算方法を教えてください。
※取引時における交換レート　1BTC=1,000,000円

A

①1,000,000×0.002BTC　　－②0円＝③2,000円

収入金額　　　　　　　　　　　　譲渡原価　所得金額

無償で取得した暗号資産の時価　なし

※必要経費はない

【関係法令等】

所法36

※　エアドロップといわゆる「詐欺コイン」について

いわゆる詐欺コインが勝手にウォレットに送られてくる場合がある。また、詐欺コインであっても、価格表示サイトに登録しているような例もあり、暗号資産の損益計算ソフトが自動的に「エアドロップで暗号資産（仮想通貨）を取得した」と判断してしまう例もあるようなので、注意が必要である。

⑦　暗号資産を低額ないし無償で譲渡等した場合の所得の計算方法

時価の70％未満の価格による譲渡（無償の贈与を含む）があった場合、時価の70％との差額について、収入金額として計算する必要がある。

著しく低い価額の対価による譲渡とは、「当該対価の額と当該譲渡の時におけるそのたな卸資産の価額との差額のうち実質的に贈与をしたと認められる金額」（所法40①二）をいう。

また、「著しく低い価額の対価による譲渡」とは、「同条（注：所法40①二）に規定する棚卸資産の（所基通）39－1に定める価額のおおむね70％に相当する金額に満たない対価により譲渡する場合の当該譲渡をいうものとする。」（所基通40－2）

図表参照Q7「時価の70%未満の価格による暗号資産の譲渡等」

> **Q**　私は5月1日に2,000,000円で購入した2BTCのうち、8月1日に1BTCを1,000,000円で売却し、11月1日に残り1BTを1,000,000円で売却しました。取得価格と同額で売却しているので、売却による利益はありません。所得金額の計算は必要ですか。
>
> 　なお、交換レートは、8月1日には1BTC=1,200,000円、11月1日には1BTC=2,000,000円に高騰していました。

A　それぞれの譲渡時点において、低額譲渡に該当するかどうかを判定する。

・8月1日の売却：1,200,000（時価）×0.7=840,000 < 1,000,000　売却価格の方が時価の70%相当額を上回っているので、低額譲渡にあたらない。収入金額は実際の売却額。

・11月1日の売却：2,000,000（時価）×0.7=1,400,000 > 1,000,000　売却価格が時価の70%相当額に満たないので、低額譲渡となる。

以上より、11月1日の売却については、時価の70%相当額と実際の収入金額との差額である400,000円について、収入金額に含める必要がある。

したがって、所得金額は次のように計算される。

①2,000,000円＋	②400,000円	＝③2,400,000円
実際の収入金額	低額譲渡による時価との差額	収入金額

③2,400,000円－	④2,000,000円＝	⑤400,000円
収入金額	譲渡原価	所得金額

※ 譲渡原価は、1BTC当たりの所得価格×売却数量により計算。譲渡原価は、総平均法又は移動平均法のうちいずれか選択した方法により計算。選択がない場合、個人については総平均法により計算する。

【関係法令等】

所法40、所令87

所基通40－2、40－3

⑧ 暗号資産の分裂により新暗号資産を取得

「暗号資産の分裂」とは、暗号資産の仕組みの根幹である「ブロックチェーン」の仕様変更の際に、「従来の暗号資産（仮想通貨）」と「新しい暗号資産（仮想通貨）」の２つに分かれることをいう。その結果、従来の暗号資産と新暗号資産の両方を保有することになる。

頻繁に分裂が生じた暗号資産の例としては、ビットコインの例があり、2017年から2020年の間に70回以上分裂が生じているといわれる。分裂により生じた新暗号資産の代表的なものとして、2017年８月に誕生した「ビットコインキャッシュ」がある。しかし、分裂して生じた暗号資産が十分な市場価値を持つ例は、ビットコインキャッシュ他数例を除き、必ずしも多くない（2022年11月現在）。

いずれにせよ、分裂により生じた暗号資産（仮想通貨）は、分裂時点において取引相場が存在しないため、価値を有していなかったとみなされるため、その時点では課税対象となる所得は生じない。

その後、その新たな暗号資産を売却等した時点において所得が生じることとなり、取得価格０円として課税されることになる。

図表参照Ｑ８「暗号資産の分裂により暗号資産を取得」

Q　暗号資産の分裂により、新たな暗号資産を受け取りました。所得金額の計算は必要ですか。

A　分裂により新たに生じた暗号資産は、その時点では取引相場が存在しないため、価値を有しているとはみなされず、課税対象となる所得は生じない。なお、取得価格は0円とされる。

図表参照Ｑ９「自分のウォレット間での移動」

Q　私は暗号資産を保管するための“ウォレット”を複数保有しています。その間で暗号資産を移動させた場合、所得金額の計算は必要ですか。

A　ウォレット間で暗号資産を移動させただけの場合、一般には課税されることはないが、ウォレット間の暗号資産の移転が暗号資産の交換に該当する場合（「ブリッジ」と呼ばれる取引など）には所得計算が必要になるので注意が必要である。

（注）

ウォレット：ウォレット（仮想通貨ウォレット）とは、秘密鍵を用いて仮想通貨を安全に保管できるソフトウェアのこと。

ブリッジ：すべての暗号資産（仮想通貨やNFT）はブロックチェーンに紐づいて存在している。暗号資産（仮想通貨やNFTなど）をチェーン甲から、それとは異なるチェーン乙に移動させることは現在技術的にできないため、両方のチェーンに対応しているウォレットを介在させて行う。この場合、異なった暗号資産間での交換が生じる。

⑨　自分のウォレット間で暗号資産を移転させた場合

自分のウォレット間で暗号資産を移転させただけでは通常所得の計算を行う必要はないが、異なったブロックチェーンに紐づけられている異なったウォレットの間で暗号資産を移転させることが暗号資産の交換に該当する場合には、暗号資産同士の交換（前述Q4参照）として所得を計算することが必要になる。

⑩　NFT/FTの損益の課税

いわゆるNFT（非代替性トークン）やFT（代替性トークン）が、暗号資産（仮想通貨）などの財産的価値を有する資産と交換できるものである場合、そのNFTやFTを用いた取引については、所得税の課税対象となる。

※NFTは大まかに言って暗号資産の一類型だが、その概要については、後述第5章　3　調査の実態と対策　(1)参照

図表参照Q10「NFTを取得した場合の課税」

Q　NFTを取得した場合の所得区分・損益計算の概要について教えてください。

A　NFTを取得した場合、その態様別に、所得区分及び損益計算の概要は次のようになる。

<table>
<tr><th>NFT取得の態様</th><th>所得区分</th><th>損益計算</th><th>巻末資料※</th></tr>
<tr><td>①役務提供の対価として取得
イ　請負契約その他これに類する契約に基づく場合</td><td>事業所得又は雑所得</td><td rowspan="2">トークンの時価（時価算定が困難な場合は契約で定めた対価の額）</td><td rowspan="2">問6</td></tr>
<tr><td>ロ　雇用契約に基づく場合</td><td>給与所得</td></tr>
<tr><td>商品購入の際に購入先法人の発行するトークンを無償で取得</td><td>一時所得</td><td>トークンの時価（暗号資産等と交換できない場合、時価を0円とできる）</td><td>問7</td></tr>
<tr><td>ブロックチェーンゲームの報酬としてゲーム内トークンを取得</td><td>雑所得（トークンがゲーム内でしか使えない場合は課税対象外）</td><td>トークンの時価－必要経費</td><td>問8</td></tr>
</table>

※損益計算について詳しくは、巻末参考資料「NFTに関する税務上の取扱いについて（情報）」に掲載された各問を参照のこと。

図表参照Q11　「NFTを譲渡した場合の課税」

Q　NFTを譲渡した場合の所得区分・損益計算の概要について教えてください。

A　NFTを譲渡した場合、その態様別に、所得区分及び損益計算の概要は次のようになる。

NFT譲渡の態様	所得区分	損益計算	巻末資料※1
自ら組成したデジタルアートに紐づけたNFTを譲渡※2	雑所得（又は事業所得）	NFTの譲渡収入－NFTを組成するために要した費用の額	問1
自ら組成したNFTを贈与	課税所得は生じない		問2
他から購入したNFTを譲渡（転売）	譲渡所得	NFTの転売収入－NFTの取得費－NFT譲渡費用－特別控除額（50万円）	問4
営利を目的として継続的に行われる資産の譲渡（転売）の場合	事業所得又は雑所得		

※1　損益計算について詳しくは、巻末参考資料「NFTに関する税務上の取扱いについて（情報）」に掲載された各問を参照のこと。

※2　デジタルアートを制作し、そのデジタルアートを紐づけたNFTを作成する行為は、「デジタルアートの閲覧に関する権利」の設定に係る取引に該当する。

＜Ⅱ　法人編＞

（ｉ）　基本的事項

暗号資産取引所得の金額計算の基本構造（計算式）を次に示す。

①収入金額 － ②譲渡原価 － ③手数料（譲渡費用）＝ ④損益

●暗号資産の譲渡損益の計上時期

暗号資産の売却、暗号資産での商品の購入、暗号資産同士の交換を行う取引は、いずれも暗号資産の譲渡に該当し、これらの取引に係る譲渡損益は、その譲渡に係る約定をした日の属する事業年度において益金の額又は損金の額に算入すること（いわゆる約定日基準）になる。暗号資産の損益は、暗号資産の売却等に係る契約をした日（約定日）の属する事業年度の益金の額又は損金の額に算入することになる。信用取引の場合の損益計上時期については後述Q 19参照。

【関係法令等】

法法61

(ⅱ)　暗号資産取引の類型と損益計算※1

取引の類型	損益計算の基礎となる収入金額	参照
①暗号資産の売却	売却による収入金額※2	Q12
②信用取引による売付け	暗号資産の売付け価額（譲渡原価は個別法により計算した金額）	Q13
③暗号資産で商品を購入	購入した商品の価格 ※申告に備え、支払内容が分かる領収書やメール等の記録を保存	Q14
④暗号資産同士の交換	交換により取得した暗号資産の価格(交換時におけるレートで計算)	Q15
⑤マイニング・ステーキング・レンディングによる暗号資産の取得	取得した暗号通貨の時価	Q16
⑥期末時価評価	活発な市場が存在する暗号資産については、時価法により評価し、帳簿価格との差額についてその事業年度の益金又は損金の額に算入。翌期首において洗替処理。 （注）自己発行暗号資産で特定の要件を満たすものについては時価評価不要	Q17 Q18-1 Q18-2
⑦信用取引	信用取引を行った場合の所得金額計算、譲渡損益計上時期、期末において決済されていない信用取引がある場合のみなし決済・翌期首において洗替処理。	Q19 Q20 Q21
⑧NFT取引の課税	適正な対価の額で課税	Q22

※1　国税庁「暗号資産に関する税務上の取扱いについて（情報）」で取り上げられた取引など、一般に行われる可能性のある取引を網羅しているが、暗号資産の取引類型には様々なものがありうるので、完全に網羅的とは言い切れないことに留意。

※2　暗号資産デリバティブ取引（証拠金取引）については、取引所から税務署に「支払調書」が提出されていることに留意。

①　暗号資産を売却した場合の所得の計算方法

保有する暗号資産を売却（日本円に換金）した場合の所得金額は、譲渡価格から譲渡原価及び売買手数料等を控除した金額となる。

図表参照Q12「暗号資産の売却」

Q　4月2日に1,000,000円で購入した暗号資産1BTCのうち、0.2BTCを4月20日に210,000円で売却しました。所得金額はいくらになりますか。
（所得金額の計算にあたり、取引所に支払った売買手数料を控除することができるが、ここでは省略している）

A

①210,000円－②1,000,000円×0.2＝③10,000円
「譲渡価格」　「譲渡原価」※　所得金額

※ 譲渡原価は、1BTC当たりの所得価格×売却数量により計算。譲渡原価は、総平均法又は移動平均法のうちいずれか選択した方法により計算。選択がない場合、法人については移動平均法により計算する。

【関係法令等】

法法61

法令118の6

② 暗号資産の信用取引を行った場合の所得の計算方法

暗号資産交換業者から信用の供与を受けて暗号資産の売買を行った場合の所得金額は、暗号資産の譲渡により通常得るべき対価の額（売付け価額）とその買付に係る暗号資産の対価の額（買付け価額）との差額になる。

図表参照Q13「信用取引による売付け」

Q　次の信用取引を行いました。所得の金額の計算方法を教えてください。

10月1日　1BTCを1,000,000円で売付け

10月31日　1BTCを700,000円で買付け

（所得金額の計算にあたり、取引所に支払った売買手数料を控除することができるが、ここでは省略している）

A　信用取引による所得金額の計算式は次のようになる。

①1,000,000円－②700,000円＝③300,000円

「売付け価額」※1　「買付け価額」※2　所得金額

※1　暗号資産交換業者から支払いを受ける金利は売付け価額に含め、暗号資産交換業者に支払う「品貸料」は売付け価額から控除する。

※2　暗号資産交換業者に支払う金利は買付け価額に含め、暗号資産交換業者から支払いを受ける「品貸料」は買付け価額から控除する。

（注）　支払調書による取引の捕捉：暗号資産の先物取引については、令和３年分より、取引所から税務当局に支払調書が提出されており、利益を確定した金額等について把握されていることに留意。

【関係法令等】

法法61

法令118の6

③　暗号資産で商品や役務を購入した場合の所得の計算方法

暗号資産で商品を購入した場合、商品の価格を暗号資産の譲渡価格として所得を計算することになる。

図表参照Q14「暗号資産で商品を購入」

Q　私は暗号資産で次のように商品を購入しました。所得の金額の計算方法を教えてください。

10月1日　1BTCを1,000,000円で購入

10月31日　403,000円（消費税込み）の商品を購入するために0.3BTCを支払った。

※取引時における交換レート　1BTC＝1,350,000円

（所得金額の計算にあたり、取引所に支払った売買手数料を控除することができるが、ここでは省略している）

A

①403,000円－	②1,000,000円×0.3＝	③103,000円
「商品価格＝譲渡価格」	「譲渡原価」※	所得金額

※譲渡原価は、法人の場合、移動平均法により算出することとされている。ただし、所轄税務署長に届出をすることにより、総平均法によることもできる。なお、この算出方法の選択は、暗号資産の種類毎に選定することとされている。

【関係法令等】

法法61

法令118の6

④　暗号資産同士の交換を行った場合の所得の計算方法

暗号資産には多数の種類がある。日本暗号資産取引業協会会員（取引所）が取り扱う暗号資産は60種類以上に及ぶ。異なった種類の暗号資産同士の交換を行った場合には、暗号資産Aで暗号資産Bを購入したことになるので、「Q14　暗号資産で商品を購入」と同様に課税所得が生じるので注意が必要である。

図表参照Q15「暗号資産同士の交換」

Q　保有する暗号資産であるビットコインとリップルを以下のように交換する取引を行いました。所得の計算方法を教えてください。

４月１日、1,000,000円で１ビットコイン（BTC）を購入
11月１日、40リップル（XRP）を購入するために１BTCを支払った。

※取引時における交換レート　１XRP＝30,000円

（注１）　所得金額の計算にあたり、取引所に支払った売買手数料を考慮していない。
（注２）　本件は、一時的に必要な暗号資産を取得した場合には該当しないケースとする。

A

①〔30,000円×40XRP〕−②〔1,000,000×1BTC〕＝③ 200,000円

①　リップルの購入価額 → １ビットコインの譲渡価額

②　譲渡原価 → 1BTC当たりの価額※×支払った数量

③　所得金額

※譲渡原価は、総平均法又は移動平均法のうちいずれか選択した方法により計算。選択がない場合、個人については総平均法により計算する。

【関係法令等】

法法61

法令118の6

⑤　マイニング・ステーキング・レンディングにより暗号資産を取得した場合の所得の計算方法

マイニング報酬、ステーキング報酬・レンディング利息として暗号資産（仮想通貨）を取得した場合、その取得した暗号資産の取得時点の価格が総収入金額に算入される一方、譲渡原価は生じないので、収入金額がそのまま所得金額となる。ただし、マイニング等に要した費用については必要経費に算入されることになる。

レンディング等で貸し付けている暗号資産は、貸し手から借り手に権利が移転しているわけではないので、原価計算には反映されない。

〔マイニング報酬〕 暗号資産（仮想通貨）のマイニングとは、新しい仮想通貨を流通させるためのコンピューターの作業に協力し、その報酬として新たに発行された仮想通貨を得ること。このほか、新たな仮想通貨を得る機会として、「エアドロップ」がある。

〔ステーキング報酬〕 暗号資産（仮想通貨）のステーキングとは、一定の仮想通貨を保有して、ブロックチェーンのネットワークに参加するシステムのこと。そのことにより、報酬を受け取ることができる。ステーキングの対象になる仮想通貨は一定のものであり、例えばビットコインは対象とされていない。

〔レンディング利息〕 暗号資産（仮想通貨）のレンディング利息とは、仮想通貨を取引所に貸し付け、あらかじめ決めておいた貸仮想通貨利息が仮想通貨により支払われるもの。保有している有価証券（株式並びに債券）を証券会社等に貸し付け、品貸し料を収受する行為に類似している。

図表参照Q16「マイニング・ステーキング・レンディングによる暗号資産の取得」

> **Q**　私は5月1日に0.003ビットコイン（BTC）のマイニング報酬を受け取りました。所得金額の計算方法を教えてください。
> ※取引時における交換レート　1BTC＝1,000,000円

A

①1,000,000×0.003BTC－②0円＝③3,000円

収入金額	譲渡原価	所得金額※
取得した暗号資産の時価	なし	

※必要経費がある場合には控除することができる。

【関係法令等】

法法22、22の2

⑥　事業年度終了時点で保有している暗号資産についての期末時価評価

法人が事業年度終了の時において有する暗号資産で、活発な市場が存在するものについては、その暗号資産を自己の計算において有する場合には、その暗号資産を時価法により評価した金額（「時価評価金額」）と帳簿価額との差額（「評価損益」）をその事業年度の益金の額又は損金の額に算入する必要がある。この評価損益は翌事業年度で洗替処理をすることになる。

なお、期末時価評価に関しては、以下について留意すること。

期末時価評価の取扱いについて、以下の項目に関しては巻末参考資料「法人が保有する暗号資産に係る期末時価評価の取扱いについて（情

報)」に詳しい。

図表参照Q17「期末時価評価」

Q　暗号資産の期末時価評金額はどのように計算するか教えてください。

A　暗号資産の時価評価金額は、暗号資産の種類ごとに次のいずれかにその暗号資産の数量を乗じて計算する。

①価格等公表者によって公表されたその事業年度終了の日における市場暗号資産の最終の売買の価格※

※公表された同日における最終の売買の価格がない場合には、同日前の最終の売買の価格が公表された日でその事業年度終了の日の最も近い日におけるその最終の売買の価格。

②価格等公表者によって公表されたその事業年度終了の日における市場暗号資産の最終の交換比率×その交換比率により交換される他の市場暗号資産に係る上記①の価格※

※公表された同日における最終の交換比率がない場合には、同日前の最終の交換比率が公表された日でその事業年度終了の日に最も近い日におけるその最終の

交換比率に、その交換比率により交換される他の市場暗号資産に係る上記①の価格を乗じて計算した価格。

【関係法令等】

法法61、法令118の7、118の8、118の9

図表参照Q18-1「期末時価評価」

Q　時価評価が必要な暗号資産について「活発な市場が存在する暗号資産」とのことですが、具体的にどのようにして判定すればよいのでしょうか。

A　具体的には、次の3つの要件すべてに該当する場合である（法令118の7）。

①　継続的に売買の価格（他の暗号資産との交換の比率を含む）が公表され、実際の取引に重要な影響を与えている。

②　①を行うのに十分な数量及び頻度で取引が行われている。

③　次に掲げる要件のいずれかに該当すること。

（ i ）　①の売買価格等の公表が時価評価を行う内国法人以外の者によりされていること。

（ ii ）　②の取引が主として時価評価を行う内国法人が自己の計算において行ったものでないこと。

【関係法令等】

法法61、法令118の7、118の8、118の9、法規26の10

図表参照Q18-2「自己発行暗号資産の除外」

Q 期末時価評価の対象とならない「特定自己発行暗号資産」の要件を教えてください。

A 法人が保有する活発な市場が存在する暗号資産は、時価法により帳簿価格との差額を評価益又は評価損の金額に算入する必要があるが、次のイ、ロ①、②の要件をすべて満たす暗号資産については期末時価評価が不要である。

イ 自己が発行した暗号資産でその発行の時から継続して保有しているものであること。

ロ 発行の時から継続して他の者に移転することができない技術的措置で、次の①、②の要件のいずれにも該当する措置をとっていること。

① 移転できない期間が定められていること。

② 暗号資産を発行した法人の役員その他関係者のみによって解除することはできないものであること。

【関係法令等】

法法61、法令118の7、法規26の10、法基通達2-3-67の2

⑦ 暗号資産信用取引

暗号資産信用取引とは、資金決済に関する法律第2条第7項に規定する暗号資産交換業を行う者から信用の供与を受けて行う暗号資産の売買をいう。

暗号資産信用取引を行った場合の所得の金額は、暗号資産の譲渡により通常得るべき対価の額（売付け価額）とその暗号資産の買付けに係る対価の額（買付け価額）との差額となる。また、暗号資産信用取引により生じた譲渡損益は、信用取引を決済するための買付け又は売付けの契約をした日の属する事業年度に計上することになる。また、期末において決済されていない暗号資産信用取引については、事業年度終了の時に決済したとみなして算出した「みなし決済損益額」をその事業年度の益金又は損金の額に算入することになる。

図表参照Q19「信用取引」

Q　次の暗号資産信用取引を行った場合の所得の金額の計算方法を教えてください。
9月1日　1BTCを1,000,000円で売り付けた。
9月24日　1BTCを800,000円で買い付けた。
（注）暗号資産の売買手数料等については省略。

A

①1,000,000円－②800,000円※＝③200,000円
売付け価額　　　買付け価額　　　所得の金額

※　譲渡原価（買付け価額）は、個別法により計算する。

（ｉ）　信用取引による暗号資産の売付けが先行する場合

暗号資産信用取引の方法により、暗号資産の売付けをし、その後にその暗号資産と種類を同じくする暗号資産の買付けをして決済をした場合における暗号資産の譲渡損益額は、暗号資産の譲渡により通常得るべき対価の額（売付け価額）※1とその暗号資産の買付けに係る対価の額（買付け価額）※2との差額になる。

※1　暗号資産交換業者から支払いを受ける金利に相当する額は、売付け価額に

含める。

※２　暗号資産交換業者に支払う買委託手数料及びいわゆる品貸料は、買付け価額に含める。

（注）　上記※１、※２については、継続適用を条件として、その発生に応じて収益又は費用として益金の額又は損金の額に算入している場合は、それが認められる。ただし、売買委託手数料は除かれる。

（ⅱ）　信用取引による暗号資産の買付けが先行する場合

暗号資産信用取引の方法により、暗号資産の買付けをし、その後にその暗号資産と種類を同じくする暗号資産の売付けをして決済をした場合における暗号資産の譲渡損益額も、暗号資産の譲渡により通常得るべき対価の額（売付け価額）※1とその暗号資産の買付けに係る対価の額（買付け価額）※2との差額になる。

※１　暗号資産交換業者から支払いを受けるいわゆる品貸料は、売付け価額に含める。

※２　暗号資産交換業者に支払う買委託手数料及び金利に相当する額は、買付け価額に含める。

（注）　上記※１、※２については、継続適用を条件として、その発生に応じて収益又は費用として益金の額又は損金の額に算入している場合は、それが認められる。ただし、売買委託手数料を除く。

なお、いわゆる暗号資産FX取引や暗号資産先物取引は、暗号資産信用取引ではなくデリバティブ取引に該当する。

【関係法令等】

法法61、61の５　法令118の６　法規27の７

法基通２－３－62

図表参照Q20「信用取引」

Q　暗号資産信用取引を行ったことにより生じた譲渡損益は、いつの事業年度に計上するか教えてください。

A　次の日の属する事業年度に計上する。

①　暗号資産の売付けをし、その後にその暗号資産と種類を同じくする暗号資産の買付けをして決済するもの……その決済に係る買付けの契約をした日

②　暗号資産の買付けをし、その後にその暗号資産と種類を同じくする暗号資産の売付けをして決済するもの……その決済に係る売付けの契約をした日

暗号資産信用取引に係る譲渡損益の計上時期は、暗号資産の売付けをし、その後にその暗号資産と種類を同じくする暗号資産の買付けをして決済するもの（上記①）は、暗号資産取引の約定日基準の例外として、売付けの契約をした日ではなく、その決済に係る買付けの契約をした日の属する事業年度になる。

上記②は、「暗号資産取引の約定日基準」どおり、その決済に係る売付けの契約をした日の属する事業年度になる。

【関係法令等】

法法61

法規26の9

法基通２－１－21の14

図表参照Q21「信用取引」

> **Q** 当社は、暗号資産信用取引を行っていますが、事業年度終了の時において決済されてないものがあります。期末にどのような処理をすればよいのか教えてください。

A みなし決済損益額は、次の区分に応じてそれぞれ次の金額となる。なお、みなし決済損益額を計上した場合、翌事業年度に洗替処理を行う。

① 暗号資産信用取引の方法により暗号資産の売付けをしている場合

その売付けに係る対価の額 ― （その暗号資産の期末時価評価額 × その暗号資産の数量）

② 暗号資産信用取引の方法により暗号資産の買付けをしている場合

（その暗号資産の期末時価評価額 × その暗号資産の数量） ― その買付けに係る対価の額

※みなし決済を行うのは、事業年度終了の時に決済されていない暗号資産信用取引に係る暗号資産に限る。

【関係法令等】

法法61

法令118の11　法規26の10

⑧ NFT取引の課税

法人がデジタルアートを制作して、そのデジタルアートを紐づけたNFTを譲渡して対価を得た場合や、贈与した場合、他から購入したデジタルアートを紐づけたNFTを転売した場合には、法人税の課税対象となる。その場合の益金に算入すべき金額は、適正な対価の額となる。

図表参照Q22「NFT取引の課税」

Q NFT取引の課税の概要について教えてください。

A 法人の行うNFT取引に関し、益金の額に算入すべき金額は、取引の態様別に次のようになる。

NFT取引の態様	益金の額に算入すべき金額	巻末資料※1
自ら組成したデジタルアートに紐づけたNFTを譲渡※2	適正な対価の額	問1
自ら組成したNFTを贈与	贈与の時における時価で課税（寄付金の損金算入限度額の計算が必要）	問2
他から購入したNFTを譲渡（転売）	転売した際の適正な対価の額で課税	問4

※1　損益計算について詳しくは、巻末参考資料「NFTに関する税務上の取扱いについて（情報）」に掲載された各問を参照のこと。
※2　デジタルアートを制作し、そのデジタルアートを紐づけたNFTを作成する行為は、「デジタルアートの閲覧に関する権利」の設定に係る取引に該当する。

＜国際課税編＞

（i）　非居住者・外国法人が行う暗号資産取引の課税

非居住者・外国法人が日本の取引所（暗号資産交換業者）に保有する暗号資産は、譲渡した場合国内源泉所得の対象となる資産に該当しないことから、日本の恒久的施設に帰属する所得である場合を除き、国内源泉所得に該当せず、日本で課税されない。源泉徴収の対象ともされていない。

【関係法令等】

所法161、所法212、所令281、法法138、法令176

(ii) 居住者による国外財産証書への記載

暗号資産は、財産を有するものの住所の所在により財産の所在地の内外区分を判定する財産である（国外送金等調書規則12③六）。居住者が国外の暗号資産取引所に保有する暗号資産は「国外にある財産」とならないため、国外財産調書の対象にはならず、財産債務調書への記載の対象となる。

【関係法令等】

国外送金等調書法5、国外送金等調書例10⑦、国外送金等調書規則12③六

(2) 暗号資産損益計算のために必要な書類と計算方法

●年間取引報告書と暗号資産の計算書で対応できる場合

ア　取引所から送付を受けた「年間取引報告書」と国税庁が提供する「暗号資産の計算書」を利用する方法

国内の暗号資産取引所から送付される「年間取引報告書」の内容を、国税庁ホームページで提供される「暗号資産の計算書」（総平均法）のエクセルシートに転記することにより、暗号資産取引の損益を計算することができる。

図１　年間取引報告書を活用した仮想通貨取引に係る申告手続の簡便化（イメージ）

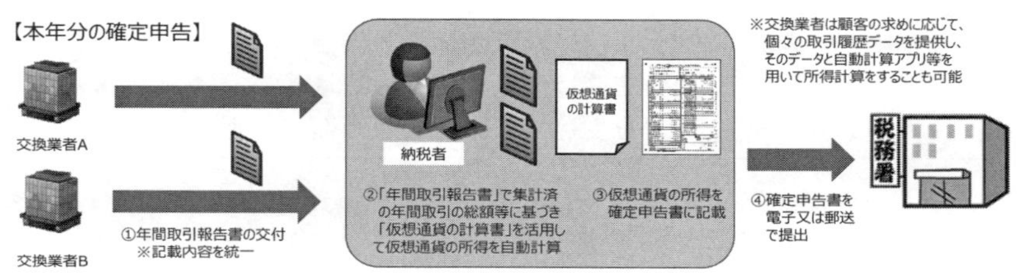

（出典）国税庁HPより

〔年間取引報告書（交換業者が顧客に交付）〕

（ⅰ）仮想通貨の売買（ビットコイン、イーサリアム等の取引のある仮想通貨の種類ごと）

1．年始数量：その年の１月１日現在の仮想通貨の保有数量
2．年中購入数量：その年の仮想通貨の購入数量
3．年中購入金額：その年の仮想通貨の購入金額
4．年中売却数量：その年の仮想通貨の売却数量
5．年中売却金額：その年の仮想通貨の売却金額
6．移入数量：その年に購入以外で口座に受け入れた仮想通貨の数量
7．移出数量：その年に売却以外で口座から払い出した仮想通貨の数量
8．年末数量：その年の12月31日現在の仮想通貨の保有数量
9．損益合計：その年の仮想通貨の証拠金取引の損益の合計額
10．支払手数料：その年に仮想通貨交換業者に支払った支払手数料の額

（ⅱ）仮想通貨同士の交換

1．甲仮想通貨の「年中売却数量」：交換した甲仮想通貨の数量
2．甲仮想通貨の「年中売却金額」：取得した乙仮想通貨の価額（時価）
3．乙仮想通貨の「年中購入数量」：取得した乙仮想通貨の数量
4．乙仮想通貨の「年中購入金額」：取得した乙仮想通貨の価額（時価）

（iii）無償で仮想通貨を取得（ビットコイン、イーサリアム等の取引のある仮想通貨の種類ごと）

1．「年中売却金額」：交付を受けた仮想通貨の価額（時価）
2．「年中購入数量」：交付を受けた仮想通貨の数量
3．「年中購入金額」：交付を受けた仮想通貨の価額（時価）

（iv）仮想通貨で決済（いったん円に交換）

1．「年中売却数量」：決済に用いた仮想通貨の数量
2．「年中売却価額」：決済に用いた仮想通貨の価額（時価）

（v）仮想通貨で決済

・「移出数量」：決済で使用した仮想通貨の数量

〔暗号資産の計算書（国税庁がホームページで提供）〕

年分　暗号資産の計算書（総平均法用）

氏名

1　暗号資産の名称

2　年間取引報告書に関する事項

取引所の名称	購入		売却	
	数量	金額	数量	金額
合計	0.00	0	0.00	0

3　上記２以外の取引に関する事項

月	日	取引先	摘要	購入等		売却等	
				数量	金額	数量	金額
合計				0.00	0	0.00	0

4　暗号資産の売却原価の計算

	年始残高（※）	購入等	総平均単価	売却原価（※）	年末残高・翌年繰越
数量	(A)	(C) 0.00	—	(F) 0.00	(H) 0.00
金額	(B)	(D) 0	(E) 0	(G) 0	(I) 0

※前年の(H)(I)を記載　　※売却した暗号資産の譲渡原価

5　暗号資産の所得金額の計算

収入金額		必要経費			所得金額
売却価額	信用・証拠金（差益）	売却原価（※）	手数料等	信用・証拠金（差損）	
0		0			0

※売却した暗号資産の譲渡原価

【参考】
収入金額計　0
必要経費計　0

（出典）https://www.nta.go.jp/publication/pamph/shotoku/kakuteishinkokukankei/kasoutuka/index.htm

●年間取引報告書と暗号資産の計算書での対応が困難な取引

例えば海外の取引所を利用している場合、年間取引報告書が交付されないため納税者自身で取引履歴から集計し、暗号資産の計算書に転記する必要がある。

なお、マイニング、ステーキング、レンディング（Q５、Q15）やエアドロップ等により仮想資産を取得した場合、その時点の時価で利益を認識する必要はないが、暗号資産の計算書にはその旨を表示するための欄がない。

また、譲渡原価を移動平均法により計算したい場合、国税庁が提供している暗号資産の計算書は対応していない。

このような場合の計算方法には、以下のようなものがある。

イ　取引所から入手した取引履歴（取引所ウォレットやウォレットアプリ）を利用する方法

ウォレット（取引所ウォレットや、ウォレットアプリ）を通じて、取引履歴の取得をすることができる。取引所は顧客からの求めに応じて取引履歴を提供するので、これを暗号資産計算書に入力することにより損益を計算することができる。

ウ　損益計算ソフトウェアを利用する方法

損益計算ソフトを利用することにより、海外の取引所での取引を含め、暗号資産取引の損益を一括して計算することが可能である。ただし、損益計算ソフトによっては、対応していない暗号資産取引の類型や取引所もあるので、暗号資産取引をもれなく集計して損益計算しているか確認を行う必要がある。

エ　損益計算ソフトウェアの計算の正確性の確認

年末時点で保有している暗号資産の数量を記録し、これを損益計算ソフトウェアが示した暗号資産の数量と突合することにより、損益計算ソフトウェアが暗号資産取引をもれなく集計しているかどうかを確認することができる。

4　調査の実態と対策

(1)　税理士として知っておきたい暗号資産取引と調査の状況

①　暗号資産とは

暗号資産とは、不特定の者に対して代金の支払い等に使用でき、かつ、法定通貨と相互に交換できる「財産的価値」で、インターネットを通じて移転できるものをいう。法定通貨又は法定通貨建ての資産（プリペイドカード等）は含まれない（資金決済法第２条第５項第１号）。典型的には、ビットコインに代表される「仮想通貨」（後述）がこれにあたる。

また、このような暗号資産と相互に交換ができる財産的価値で、インターネットを通じて移転するものも暗号資産とされている（資金決済法第２条第５項第２号）。NFT（後述）取引は暗号資産を通じて行われることが多いので、一般にこれにあたることになる。

②　暗号資産の取引の仕組みの概要

(i)　交換所

暗号資産の入手・換金は、「交換所」と呼ばれる事業者（暗号資産交換業者）を通じて行う。

暗号資産交換業は、金融庁・財務局の登録を受けた事業者のみが行うことができる。金融庁は登録している31の事業者（2022年12月現在）の名称等をホームページ上で公表している。なお、金融庁は無登録で暗号資産交換業を行っていることをこれまでに把握した外国事業者の名称等についてもホームページ上で公表している。

(注) 金融庁ホームページ https://www.fsa.go.jp/policy/virtual_currency/kasoutsuka_mutouroku.pdf

(ii) 取引類型と口座数・取引額

暗号資産取引には、暗号資産現物取引と暗号資産証拠金取引（差金決済）がある。暗号資産証拠金取引とは、暗号資産現物の受渡しを行わず、事前に取引金額の一部を証拠金として取引所に預託したうえで暗号資産の売買を行う取引である（暗号資産関連デリバティブ取引）。暗号資産関連デリバティブ取引は、令和３年分から支払調書の対象となっている。

(注) 一般社団法人　日本仮想通貨交換業協会によると、わが国で提供されている暗号資産（仮想通貨）関連デリバティブ取引は、ほぼすべて外国為替証拠金取引（FX）に類似した形態の取引となっている（2019年現在）。

・口座数　2024年３月現在、国内取引所に設定された口座数は990万口座。うち証拠金口座は161万口座あまりとなっている。

設定口座数	2020年3月	2021年3月	2022年3月	2023年3月	2024年3月
合計	3,318,346	4,314,331	5,858,675	6,798,978	9,901,328
個人	3,302,864	4,294,598	5,827,068	6,762,767	9,861,020
法人	15,482	19,733	31,607	36,211	40,308

うち証拠金口座数	2020年3月	2021年3月	2022年3月	2023年3月	2024年3月
合計	2,428,032	1,204,941	1,179,470	1,428,494	1,616,258
個人	2,417,515	1,199,548	1,174,778	1,423,851	1,612,602
法人	10,517	5,393	4,692	4,643	3,656

(出典)（一社）日本暗号資産取引業協会「暗号資産取引についての年間報告2023年度版」(2023年4月～2024年3月　令和６年９月30日)

(iii) 取引に必要な「秘密鍵」と「仮想通貨ウォレット」

暗号資産（仮想通貨）はインターネット上で移転される経済的価値なので、インターネット上で暗号資産を管理するための仕組みが必要になる。これが、「仮想通貨ウォレット」である。暗号資産を管理するためのアプリ（インターネットやスマホ上のプログラム）で、暗号通貨取引には「秘密鍵」（暗号資産の所有者であることを証明する機密データ）が用いられる。

ウォレットには、暗号資産取引に必須の「秘密鍵」をどのように管理するかによって、次の種類がある。

①インターネット環境との関係で、「ホットウォレット」（秘密鍵が常時インターネットに接続されている）と「コールドウォレット」（インターネットに常時接続されていない）がある。コールドウォレットはハッキング等のリスクを軽減できるが、取引実行の都度インターネットへのアクセスが必要になるため、使い勝手はホットウォレットに劣る。

②ホットウォレットには、暗号資産取引所に口座を開設すると取引所から提供される「取引所ウォレット」と「ウォレットアプリ」がある。

③コールドウォレットには、「ハードウエアウォレット」（USBで管理した秘密鍵をパソコン等につなげて取引を行うもの）と「ペーパーウォレット」（秘密鍵をノート等に書いて保存）がある。

NFTと暗号資産の違い

Q　NFTの概要について教えてください。暗号資産との違いは何ですか。

A NFT（Non Fungible Token）も仮想通貨も、ブロックチェーン技術を用い、インターネットを通じて移転することができる暗号資産である。主な違いとしては、①暗号資産には法令上の定義がある一方（資金決済法２⑤）、NFTそのものには法令上の定義がない点、②暗号資産には特定の発行者がいない一方、NFTには特定の“発行者”が存在する点が異なっている。

「ブロックチェーン」とは、秘密鍵により守られた取引情報の“ブロック”が鎖のようにつながって記録されていくもので、ネットワークで取引に参加する者により取引の正当性が確認される仕組みを言う。

また、NFTはイーサリアムとよばれる「プラットフォーム」上の規格にしたがって発行される暗号資産（”トークン“）である。

“NFT“のNon Fungibleとは「代替性がない」ということであり、デジタルデータは一般に容易に複製が作成できるが、NFTは唯一無二のデータを作成できる特徴がある。

また、プラットフォームとしての「イーサリアム」上で使われる仮想通貨として「イーサ」（わが国では仮想通貨についてもイーサリアムと呼ぶことが多い）がある。

NFTは、不特定の者との間で仮想通貨（イーサ等）と相互に交換できるので、一般に暗号資産の定義に該当すると思われる（資金決済法２⑤二）。

③　暗号資産所得税調査の状況

2023年（令和５年）11月に国税庁が発表した「令和３事務年度所得税及び消費税調査等の状況」によると、暗号資産等取引を行っている個人に対する実地調査444件を実施したところ、１件あたり3,659万円の申告漏れを把握し、１件あたり266万円が追徴されている。これは、所得税実地調査により把握した１件あたり申告漏れ金額1,337万円の2.7倍、追徴税額256万円の4.6倍であり、暗号資産を巡る所得税調査はひとたび調査の対象とされた場合、比較的多額の申告漏れが指摘される傾向にある。

　また、無申告についても、調査のターゲットとして力を入れており、3,828件の実地調査を実施したところ、１件あたりの申告漏れ金額は2,923万円、追徴税額は過去最高の497万円となっている。

　暗号資産取引の調査については、調査により把握される申告漏れの金額が大きくなる傾向があるほか、無申告となっているケースも少なくないと思われる。国税庁は、インターネット取引を行っている個人に対する調査に力を入れており、暗号資産（仮想通貨）取引を行っている個人についても、「資料情報の収集・分析に努め、積極的に調査を実施しています。」と説明しており、実地調査対応には注意が必要である。

暗号資産等取引の調査状況

項目		令和２年 (2020年)	令和３年 (2021年)	（参考） 令和３年実地調査 全体
調査件数	件	432	444	24,067
申告漏れ等の非違件数	件	398	405	21,625
１件あたり申告漏れ	万円	2,456	3,659	1,613
１件あたり追徴税額	万円	780	1,194	323

（出典）国税庁「令和３事務年度　所得税及び消費税調査等の状況」（令和４年11月）７頁より作成

（参考）非違件数割合	%	92%	91%	90%

調査件数に対する申告漏れ等の非違を把握した件数

暗号資産等取引における諸外国との金融資産情報の交換

Q 国税庁の発表（2022年11月）によると、実地調査の際外国との情報交換で入手した銀行口座情報の活用が申告漏れの把握に有効だったとしています。今後、暗号資産についても同様の情報交換が予定されているのでしょうか。

A OECDは、2017年に始まった金融口座情報をグローバルに自動交換する仕組み「銀行口座情報自動的情報交換（CRS：Common Reporting Standard)」の対象を近年急速に存在感を増している暗号資産に拡大するため、2022年に各国の税務当局が自国の暗号資産交換業者等から非居住者の暗号資産等取引情報を租税条約等に基づいて税務当局で自動的に交換するための国際基準として「CARF：Crypto-Asset Reporting Framework」を作成し、承認・公表している。

銀行口座情報の自動的情報交換は、OECD加盟国のほか非加盟国も含む165国・地域が参加する「税の透明性と情報交換に関するグローバル・フォーラム」を通じて行われている。

銀行口座情報の自動的情報交換の仕組みの暗号資産情報への拡大は、今後具体的な国内法の整備を待つことになる。

銀行口座情報・暗号資産等情報自動的情報交換の概要

	銀行口座情報自動的情報交換（CRS）	暗号資産等報告枠組（CARF）
対象資産	預金、保管口座、信託受益権等の投資持分	支払や投資に用いることのできる暗号資産。NFT
情報報告義務者	銀行（預金機関）、生命保険会社、証券会社（保管機関）、信託等（投資事業体）	報告暗号資産交換業者等
情報報告義務の対象となる情報	顧客情報（下記）及び口座残高、利子・配当等の年間受領総額等	暗号資産等取引。次を内容とする契約の締結をいう。①暗号資産等の売買、②暗号資産と他の暗号資産の交換、③上記①又は②の媒介・取次等、④暗号資産等の移転又は受入れ
顧客情報の確認	顧客は氏名、住所、居住地国、納税者番号（居住地国が外国の場合）等の顧客情報を記した「届出書」を金融機関等に提出する義務（罰則付き）があり、金融機関等による確認が行われる。	暗号資産等取引を行う者の氏名名、住所、居住地国、納税者番号（居住地国が外国の場合）、金融機関等に提出する義務（罰則付き）があり、報告暗号資産交換業者等による確認が行われる。※暗号資産等には、電子決済手段が含まれる。
施行	平成29（2017）年より実施 租税条約実施特例法10条の5他	令和8（2026）年分より実施 租税条約実施特例法10条の5他

(2)　取引履歴等の調査　（パソコン調査）

税務調査はどのように展開されるかについて解説する。一般的な税務調査の典型例は、税務署調査担当者による税務調査を例にとると、通常は、事前に税務調査担当者から、調査通知・事前通知がある。

初めに、実地調査を行う旨、調査対象税目及び調査対象期（年分）の調査通知があり、その後に事前通知がある。事前通知の際には、実地の調査において質問検査を行う旨、調査の目的、事務所ないしは自宅等での実地調査場所・日時、調査対象となる帳簿等を通知し、場合によっては日時等について協議する。

税務調査の手続

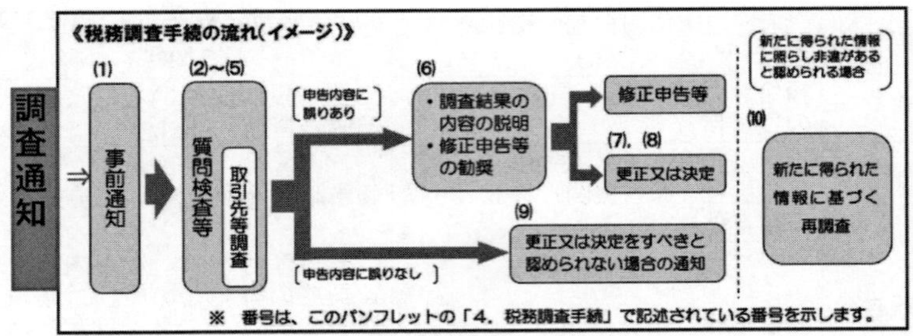

なお、調査途中で誤りが疑われた時には、調査対象税目、期間等を追加される場合がある。

税務ではどのような質問をされるのか

Q　税務調査に対する税務署職員の調査・質問等について説明してください

A　質問検査が始まる実地調査初日は、初めに調査対象者から事業形態や経理処理等の概要を聴取する。概要聴取後、帳簿調査や領収証、PCデータ等の原資記録の確認をして、疑問点を抽出。抽出のため、調査担当者が帳簿書類や電子メール等のPCデータなどを留置き（借用）して、税務署内で確認する場合もある。

疑問点を抽出したら、調査対象者や従業員に対し、疑問点についての説明を求める質問調査を実施し、説明についての証明書類等を求める。

税務調査の展開

Q 税務調査はどのように展開されるのでしょうか。

A 説明内容の事実確認をするため、補完調査として取引先等や金融機関への反面調査を実施する。また、調査途中で誤りが疑われたときには、調査対象税目、期間等を追加される場合がある。

調査を終了するとき

Q 税務調査が終了するときは何かあるのでしょうか。

A 税務調査を通じて最終的に税務上の誤り等があっても無くても、調査担当者から税務調査結果の説明が実施され、誤りなどがあった場合には修正申告書の提出又は更正決定が行われて、税務調査は終了する。

暗号資産の調査の特徴

Q 暗号資産の税務調査について、特に留意する点はありますか。

A 暗号資産に係る税務調査で留意しなければいけないことは、当初の確定申告でも同様だが、調査対象年分の納税が後日になっているため、納税資金が確保できない場合がある。

個人の場合、所得税確定申告に係る所得税の納付期限は翌年の３月15日、税務調査を受けて修正申告した場合には、修正申告書を提出した日が納付期限になる。

暗号資産を交換して利益があるのはいいが、そのまま暗号資産で保有していたときに、いざ納税段階で、相場が大幅に下がると円に交換しても納税資金が捻出できない場合が生じてしまう。そのため、暗号資産の取引で利益が出ているときには、その後の申告・納税について留意しておく必要がある。

暗号資産調査で活用されるアプリとは

Q 暗号資産取引については、プログラム（アプリ）を用いた調査が行われると聞きましたが、どのようなものなのでしょうか。

A 調査担当者が自宅等に臨場後、初めに概要把握のため、暗号資産の取引形態、どこの取引所等を使用しているか、取引に使用するPCやスマホ等の媒体手段がどれかなどといったことを納税者に聴取する。

その後、納税者が使用しているPC等の現物確認を行い、さらに、取引所等へアクセスさせて、調査対象期間の取引状況のデータを収集する。

納税者自身が、クリプタクト等の暗号資産の損益計算ツールを使用している場合には、計算結果データを収集する。この計算結果を調査担当者が検証する。

納税者自身が損益を計算していなければ、収集した取引状況データを活用して、課税当局で損益を算定する。その後、算定された損益と申告内容をチェックすることになる。

帳簿書類等の提出を求められたときの対応

Q　暗号資産の取引記録（帳簿書類等）の提出を求められた場合、どのような点に留意する必要がありますか。

A　税務調査における質問検査権の行使は、刑事責任の追及を目的とするものではなく、税の公平確実な賦課徴収を目的とする手続であることから、自己の不利益になるという理由で提出を拒むことはできない。

しかしながら、調査通知・事前通知をされた調査期間を超えてまでの取引記録（帳簿書類等）を提出する必要はない。また、提出後の質問に適切に回答するために、提出する際には取引記録（帳簿書類等）の内容を確認しておくことが肝要である。

調査官が作成する「質問応答記録書」への対応

Q　税務署の職員から「質問応答記録書」の作成に協力を求められたが、これはどのようなものでしょうか？　作成協力を求められたときは、どのように対応すればよいのでしょうか。

A「質問応答記録書」は、課税要件に該当するかどうか、その具体的事実を立証するために作成する。また、納税義務者の主張を明確にする場合などにも作成する。質問応答記録書は、単に供述を記録するのではなく、その供述の背景となる事実を示す資料や資金の流れ等も記載し、明確にするものということを覚えておく必要がある。

「質問応答記録書」は税務調査において重要な証拠になる。課税調査における証拠は大きく分けて「物証」と「書証」に区分される。「物証」は会社で作成される基本的な会計書類や業務上作成される帳票類などで、役員や従業員が作成するメモや手帳なども物証に含まれる。

一方、「書証」は、調査開始以後にその調査内容に関して調査官あるいは納税義務者等が作成する書類。納税義務者が任意に提出する申述書、確認書のほか、税務当局が行う文書照会に対する回答書などいわゆる「文章」がここに含まれる。

「質問応答記録書」は調査官が納税義務者等の申述の要旨を記録し、確認した事項を問答形式で文書化し、証拠資料として保存するために作成する。つまり、質問応答記録書は「書証」に分類される。

国税通則法等の改正により理由付記の対象が拡大されたことから調査終了時のトラブルを避けるためにも今後、「質問応答記録書」はさらに多用されていくと思われる。なお、供述に関して刑事訴訟法上では、任意性のない自白及びその疑いがある自白は証拠能力が否定される。しかし、課税調査において作成される「質問応答記録書」は相手の同意を得て行われており、最後に読み聞かせが行われていること、納税者等の署名がなされていること、一枚ごとに契印がされること、立会人がいることなどから任意性は十分に担保されており、作成過程に照らして証拠能力、証拠価値は高いと裁判所等から評価されている。

(3) 暗号資産取引所への反面調査

平成31年度の税制改正により交換業者に対する反面調査等の協力要請が国税通則法第74条の12として明文化された。

（当該職員の事業者等への協力要請）

第74条の12　国税庁等又は税関の当該職員（税関の当該職員にあっ

ては、消費税等又は国際観光旅客税に関する調査を行う場合に限る。）は、国税に関する調査について必要があるときは、事業者（特別の法律により設立された法人を含む。）又は官公署に、当該調査に関し参考となるべき帳簿書類その他の物件の閲覧又は提供その他の協力を求めることができる。

2　国税庁等の当該職員は、酒税法第２章（酒類の製造免許及び酒類の販売業免許等）の規定による免許に関する審査について必要があるときは、官公署に、当該審査に関し参考となるべき帳簿書類その他の物件の閲覧又は提供その他の協力を求めることができる。

と規定されたことにより、納税者の自主的な適正申告を担保する観点から、税務当局が事業者等に対して必要な情報を照会するための手続が整備された。

具体的には、「情報照会手続の実施に当たっての基本的な考え方等について」に記載されている。

【抜粋】

「第２章　事業者等への協力要請」

1　基本的な事務手続

事業者等への協力要請を行うに当たっては、国税に関する調査について必要があるときに、その調査に関し参考となるべき資料情報に限って行うこととし、その要請に当たっては、相手先の事務負担に十分に配慮する。なお、事業者等への協力要請は調査の対象者（納税義務者）が特定されていることを前提としたものではない。

2　個人情報保護法との関係

事業者等への協力要請については、今般の改正で、国税通則法第74条の12第１項に根拠規定が明文化されたことにより、個人情報保護法第16条第3項第1号及び第23条第1項第1号における「法令に基づく場合」に該当し、個人情報保護法上の制限の対象外となることが明確となったことから、要請に当たっては個人情報取扱事業者に対してかかる事項を適切に説明しつつ、協力を要請する。

「第3章　特定事業者等への報告の求め」

1　基本的な事務手続

(1)　対象となる特定事業者等

対象となる特定事業者等とは、事業者及び官公署をいい、また、事業者には、商業、工業、金融業、鉱業、農業、林業、水産業等あらゆる事業を行う者が含まれ、その行う事業が営利・非営利であるかの別は問わない。

(2)　行使要件

特定事業者等に対して報告を求めることができるのは、以下のイ～ホの全ての要件を満たす場合とする。

イ　収集手段の補充性

照会対象となる情報について、他の方法による収集が困難であること。よって、法定調書や事業者等への協力要請等により対象情報を確認・入手できる場合は、要件を満たさないこととなることに留意する。

ロ　申告漏れの可能性

報告対象となる取引（特定取引）が、以下の①～③のいずれかに該当する場合であること。

①　国税通則法第74条の7の2第2項第1号に該当する事案特定取引と同種の取引を行う者に対する国税に関する過去の調査において、当該取引に係る課税標準が年間1,000

万円を超える者のうち半数を超える数の者において、当該取引に係る課税標準について申告漏れが認められている場合

② 国税通則法第74条の7の2第2項第2号に該当する事案

特定取引に係る物品又は役務を用いることにより、国税の申告漏れを生じさせることが推測される場合

③ 国税通則法第74条の7の2第2項第3号に該当する事案

特定取引が、経済的必要性の観点から見て通常であればとられないような不合理な取引形態であることにより、国税の申告漏れを生じさせることが推測される場合

ハ　報告対象の特定可能性

報告対象となる特定取引を行う者の範囲を特定事業者等が特定できること。

ニ　報告目的の正当性

国税に関する調査について必要があることから行われるものであること。

ホ　特定事業者等の事務負担に配慮

求める情報の範囲や回答期限の設定に当たり、相手方の事務負担に十分に配慮していること。

(3) 照会できる情報

特定事業者等に照会できる情報は、①対象者の氏名（又は名称）、②住所（又は居所）及び③番号（行政手続における特定の個人を識別するための番号の利用等に関する法律（平成25年法律第27号）第2条第5項（定義）に規定する個人番号又

は同条第15項に規定する法人番号）となる。

また、令和３年分からは「先物取引に関する支払調書」及び「先物取引に関する支払調書（暗号資産デリバティブ取引用）」の提出が義務化されたことに伴い、交換業者から税務署に提出され取引が把握されることとなった。個人番号（マイナンバー）も記載されることとなり、提出の金額基準もないことから、無申告者の多くの者が調査対象になる可能性が出てきたと想定される。

納税者が提示した交換業者からの「年間取引報告書」又は事業者等への反面調査において把握した「取引履歴」等から年間の取引利益を算出確定させ、当初申告との検証を行う。暗号資産の取引が多ければそれなりに時間を要する。検証方法として、国税庁ホームページに「暗号資産の計算書（移動平均法）」と「暗号資産の計算書（総平均法）」が掲載されているので、事前に活用し申告が正しいのか否か検討することが肝要である。

問題がなければ申告是認処理となり、問題点が認められれば、修正申告書の慫慂を行う。

(4) 代理人である税理士の調査対応のポイント

① 準備

暗号資産取引調査における税務代理人の役割・留意点についてだが、以下がポイントになる。

暗号資産の税務調査を受ける調査対象者は、税務調査を受けるのが初めての納税者が大半なので、税務署職員と対面するだけで過度に緊張していることが多い。そのせいで、１分でも早く対面を終わらせようと、調査担当者に迎合して、事実と違うことを思わず回答してしまうケースが多々ある。そして、一度間違ったことを言うと訂正できずに次々と嘘の上塗りをすることとなり、調査担当者がこの調査対象者は不正を働いていると誤認してしまい、結果として税務調査期間が長期化することがある。

そのため、税務代理人である税理士は、あらかじめ調査対象者に対して、

・調査担当者には、真実を述べる。
・わからないことは、「わからない」と回答する。
・質問等の意味がわからないなど回答に迷ったときには、税務代理人へ内容確認を行う。

などといった心構えを事前に伝えておくことをお勧めする。そのうえで、調査担当者から調査対象者への聴取があると思われるときには、税務代理人はその場に立ち会うことが肝要である。

税務調査でどのようなことを納税者にアドバイスするとよいか

Q　暗号資産取引を巡る税法の適用を納税者にアドバイスするにあたり、税務代理人として留意すべき点はありますか。

A　暗号資産を巡っては、これまでにない新しい資産や取引が次々と現れ、税法を含めた関連する法令の整備が必ずしも追いついているとはいえず、税法上の扱いについての判断が悩ましいケースも少なくない。

一方、令和３年分からの暗号資産のデリバティブ取引（預り金取引）について支払調書が提出されているほか、租税条約に基づく情報交換

により海外の取引所から入手するものなど、課税当局の暗号資産取引情報へのアクセス能力は年々高まっている。

また、暗号資産は価格の変動も大きいことから、タイミングによっては大きな評価益があっても、いざ納税する段階では納税資金がないといった事態も生じかねない。

これまでの裁決事例や国税庁の発表からうかがい知ることができるのは、独りよがりな解釈や、インターネット上の口コミによる不正確な情報で行動した結果、多額の申告漏れや無申告を指摘された納税者の存在だ。

税務代理人として暗号通貨取引を行う納税者に接するにあたっては、こうしたことを十分理解した上で適切なアドバイスを行う必要がある。

税務調査の指摘事項に異議がある場合の対応

Q 調査の指摘事項に納得ができず、異議がある場合の対応は、どのようにしたらよいでしょうか。

A 調査内容についての結果説明の一部若しくは全部に納得できない場合は、初めに「修正申告等の勧奨に応じることができないので、更正決定するよう」調査担当者に伝えることが肝要である。

なぜなら、勧奨に応じて修正申告書等を提出してしまうと、後述する不服申立てができなくなるからである。

修正申告等に応じないと、通常は調査内容の結果説明どおりに原処分庁（調査を行った国税局、若しくは、税務署のことをいう。）から後日「更正通知書及び加算税の賦課決定通知書」が調査対象者に交付される。

　この通知に不服がある場合には、

（ｉ）　当該通知を受けた日の翌日から起算して3カ月以内に、原処分庁に対して「再調査の請求」又は国税不服審判所長（提出先は、管轄している国税不服審判所支部）に対して「審査請求」をすることができる。

　いずれも、無料で請求できる（審査請求の場合、証拠物件の謄写は有料）。

（ii）　再調査の請求を選択した場合には、原則、原処分時の調査担当者とは別の原処分庁職員により従前の税務調査の見直しを行って、原処分庁が再調査の請求について決定する。その際には、請求人に対して、「再調査決定書」の謄本が送達される。当該決定になお不服がある場合には、「再調査決定書」の謄本の送達があった日の翌日から起算して1カ月以内に国税不服審判所長（提出先は、管轄している国税不服審判所支部）に対して「審査請求」をすることができる。

（iii）　審査請求された国税不服審判所では、国税不服審判官及び国税不服副審判官（以下、「担当審判官等」）による審査が開始され、請求人及び原処分庁双方の意見を聴取し、場合によっては担当審判官等が実地調査を実施して、最終的に課税処分の「取消」「一部取消」又は「請求棄却」を裁決する。なお、国税不服審判所では、目標として審査請求の提出から1年以内に裁決する。

　裁決があった場合には、裁決書謄本が請求人に送付される。そして、当該裁決に不服がある場合には、原処分庁は、裁判所に対し訴訟提起することはできないが、調査対象者であった請求人は、原則、裁決があったことを知った日（通常は裁決書謄本を受領した日）の翌日から起算して6カ月以内に裁判所に対して取消訴訟を提起することができる（当該裁決の日の翌日から起算して１年を経過したときは、提起することができない）。

なお、取消訴訟は、審査請求に対する裁決を経た後でなければ提起することができないが（「訴願前置主義」という）、「審査請求がされた日の翌日から起算して３カ月以内を経過しても裁決がないとき」などの例外がある。

② 強制調査

査察調査は通常の税務調査の任意調査と違い強制調査である。調査初日には、査察対象者＝犯則嫌疑者の自宅・事務所はもちろんのこと、取引先など犯則嫌疑者と関係していると思われる捜索先に最低でも100人を超す国税査察官が投入される。

脱税を取り締まるために強制調査を行うので、犯則嫌疑事実の蓋然性の高さを証明して許可状（いわゆる「捜索令状」）が裁判官から発行される。したがって、「一か八か」の査察調査はあり得ない。査察調査を受けたら、よほどの理由がない限り、観念したほうがよい。

数十カ所で許可状を執行して犯則嫌疑者を告発するためのより強固な証拠が収集される。通常の税務調査であれば聴取の際に税理士が立ち会うことができるが、査察官による聴取の場合には弁護士でも立ち会うことができない。調査期間も半年から１年は続くなど査察調査は独特の税務調査ということを理解しておく必要がある。なお、このような査察調査を受けた段階で既に相当な証拠が収集されていると考えるべきである。

何とかなると高を括って脱税を否認し続けたり、聴取を拒否し続けたりするなどの非協力的な対応を続けると、逃亡や証拠隠滅の恐れがあるということで、本来であれば高額な脱税でない限りは逮捕につながることはないが、検察庁に告発された際には逮捕されかねない。最悪の場合、実刑判決を宣告される可能性もある。

最悪の事態を避けるためにも、査察の調査を受けた場合には、査察調査に精通した税理士に関与してもらうことも一つの方法である。ホームページなどで、それらしいことを謳っている税理士も見受けられるが、査察内部のことを分かっていないと、そうやすやすと対応できるものでもない。一番の目安は、国税局出身の税理士で、現職時代は査察部門を経験してきた者。そして、二番目は、国税職員時代は、査察部門のある程度のポジションを経験してきた者。

調査を指揮するポジションだった国税出身税理士なら、どのようなところに目を付けているのか、検察側の考え方などを想定して対応してもらえる。現職時代のキャリア及び人柄で判断することが肝要だといえる。

査察調査で想定される処分

Q　査察調査を受けた場合、どのような処分が下されますか。典型例はどういったものでしょうか。

A　査察調査が着手されると、初日は、数十カ所で国税査察官による強制調査や任意調査が実施される。

また、犯則嫌疑者は、自身の自宅や事務所等の捜索のために立会いをすることになる。そして、早い段階で、立会いは配偶者や従業員に代わり、犯則嫌疑者は国税局への同行を求められ、査察官からの任意の聴取を受けることになる。

その後は、定期的に国税局での聴取が行われ、その期間は半年から

１年、長いと２年に及ぶこともある。最終的には、検察庁に告発されるか否かが決定される。

【検察庁に告発された場合】

査察調査が終了すると、逋脱税額（いわゆる「脱税額」）や逋脱割合（脱税額が申告額に占める割合のこと）を勘案して、あるいは、否認を続けるなどの非協力度合いを勘案して、犯則嫌疑者は検察庁へ告発される。

東京都内に納税地があると東京地方検察庁特別捜査部、いわゆる「東京地検特捜部」に告発される。

告発された場合、脱税額が高額な場合や査察調査段階で非協力な態度を取り続けていると、逃亡や証拠隠滅のおそれありということで、逮捕・勾留されることもある。

東京地検の場合は小菅の東京拘置所に勾留される。その他の地検の場合は、近隣の刑務所等に勾留されて、連日の検察官による聴取を受けることになる。

その後、所得税法等の違反事件として管轄の裁判所に起訴され、刑事裁判が開廷される。

裁判で有罪になると、逋脱税額や逋脱割合等による脱税の悪質度合いで、懲役刑と罰金の判決が宣告される。

懲役については、脱税その他の税額に係る修正申告書の提出・納付、社会福祉法人等への寄付などにより、情状酌量されて執行猶予がつくこともある。

罰金については、脱税額までの金額が科されるが、こちらも情状により減額される場合がある。

もちろん、情状によっては、刑が重くなり、実刑判決を宣告される場合もある。

判決が確定すると、税務署等の課税庁から、重加算税や延滞税そして地方税について、課税処分を受ける。

最終的には、脱税するために誤魔化した、例えば売上除外金額全額に相当する金員が国税、加算税、延滞税、地方税及び罰金によって流出することになる。

加えて、告発、起訴、判決段階等でマスコミに実名報道され、社会的名誉も信用も毀損することになり、取引先や金融機関から取引停止になることもある。

暗号資産取引の場合、交換だけで課税されることになるので、修正申告時に納税しようと円転するために暗号資産を売却すると、その際に利益が発生していれば、それに対してまた翌年分等で課税される。利益が発生していればまだよいが、損失が発生する場合には納税資金が不足して、判決の際に情状酌量してもらえず、執行猶予が認められなくなる可能性もある。

重加算税対象の本税額については、当初の納付期限から完納するまでの全期間に年利の高い延滞税が賦課される。万一、実刑判決により服役してしまうとその間は暗号資産取引ができないために、納税資金を捻出できずに延滞税が膨大になるおそれも生じてくる。

これらが告発された場合の処分や影響だ。せっかく築いてきた名誉や信用が崩れるのは一瞬で、取り戻すのは容易ではない。

【告発されなかった場合】

結果として脱税額が多額ではなかったこと、反省の情を示して告発を免れた場合でも、査察はこの調査期間中に修正申告及び納税をさせる。そして、査察調査終了後、税務署等の課税庁から、重加算税や延滞税そして地方税が課税されることになる。

告発されたときと違って公に報道されるようなことはまずないが、強制調査初日には、査察調査が入った企業の取引先にも国税査察官が臨場する。

査察調査を受けたことにより、脱税やその他の違法行為に及んでいたかもしれないという噂は広まる可能性もあり、取引先等からの信用を失うこともある。

告発を逃れるためには……

Q 検察に告発される割合はどのくらいありますか？告発を免れるためにはどのようなことを考える必要がありますか。

A 国税庁が発表する査察白書によれば、毎年の告発率は、全査察件数の約７割という数字が公表されている。

逆に言えば、約３割の査察事件で、告発には至っていないということになる。

査察調査の場合、いわゆる脱税の証拠は脱税金額の多寡にかかわらず強制調査等により収集されるため、「脱税はしていない。」という言い逃れはまず通用しない。したがって、告発を免れるためには、査察調査に対して正直な対応をすることが、最低限必要と考える。

査察官からの聴取の際には、査察官におもねる必要はないが、何を質問しているのか査察官に質問の意図を聞いてみるのも一つの手である。

脱税したことへの反省の情を示すため、聴取に対して真摯に向き合っていることを査察官にわかってもらうことが最低限必要である。

逆に、査察官も人間なので誤った認識を持つ場合もある。その際には、毅然とした態度で査察官の認識を是正することも肝要である。これも真摯に対応していることに通じている。

また、なるべくなら聴取を受けた当日に査察調査に精通した税理士に報告するなどして、査察官からの質問と自らの回答内容について検証し、記憶違いなどで誤った回答をしていたことが判明した場合には、次回の聴取の時に、あるいは、翌日には査察官に正しい回答を連絡するとよい。

このようにしていれば、査察官からの聴取も早々に切り上げられ、査察調査も迅速に終了する。最終段階では、逋脱税額等について修正申告と納税についての考えを聴取されるので、査察官が提示した金額に間違いがなければ、早期に修正申告書の提出と納税を済ませることだ。納税については、納税すべき金額を事前に計算できるなら、修正申告をする前に納税できる予納制度もある。

最終的に告発の可否は、逋脱税額の多寡や悪質度合いによって決まるが、少なくとも脱税について否認し続けたり、査察官からの聴取を拒否していると、逋脱税額が少なくても悪質の度合いが高いということで告発されることもある。このような場合、証拠隠滅や逃亡のおそれがあるということで、検察庁へ告発後に往々にして逮捕・勾留されることになる。

Q　ほ脱犯となった場合、どのような罰金が科されるのでしょうか。

A　脱税事案の特徴の一つに、懲役刑に加えて罰金が科されることがある。各税法の「両罰規定」といわれている。

下世話に言うと、脱税しようとしている個人や法人に対して、脱税のメリットは無いということを知らしめるための制度だ。

通常の税務調査で非違があった場合、過少であった所得金額に税率を乗じた金額が納付税額になる。

例えば、非違が1,000万円の所得金額に対して国税30%の税率を乗じると、納付すべき本税額は約300万円になる。この本税に、重加算税が課されるとすると加算税額は約100万円。また、本税に延滞税が、1年で約40万円、3年合計で約120万円が課される。合計約520万円の納税となる。

適正に申告・納税していたら、手元には700万円が残ったはずだが、脱税したがために手元に残るのは約480万円となる。

逋脱犯に対しては、1,000万円以下の罰金若しくは、逋脱税額が1,000万円を超えるときは逋脱税額までの金額の罰金が科されることになる。

上記の場合に、500万円の罰金が科されるとすると、最終的には手元に残るどころか約20万円の持ち出しになる。当然のことながら、これに地方税の金額が加わるほか、弁護士等の裁判費用も必要になってくる。

査察調査はもちろん、裁判にまで及んだ場合の対応には、多大な労力を費やすことになる。また、逋脱犯の法定刑は10年以下の懲役である。

裁判で懲役刑を言い渡された上に、誤魔化した以上の税金・罰金を納めることになるのが査察調査。執行猶予がついたとしても、脱税した意味が全く無くなる。「何のための、脱税だったのか。」と悔やんでも悔やみ切れない結果となる。

なお、暗号資産の取引にかかる脱税事件の場合、往々にして暗号資産の価値が下落して、税金を納税できない状況ということも多い。この場合、懲役や罰金の軽減のための情状がなくなり、執行猶予の無い懲役刑や多額の罰金が宣告されることもある。納税資金については十分に注意しておく必要がある。

第 6 章

暗号資産取引の課税をめぐる裁決事例・裁判例等

1　暗号資産の裁決事例とその争点

暗号資産取引の課税を巡る裁決例・裁判例で公刊物に掲載されたものは必ずしも多くないが、ほとんどが所得税に関するものである。これまでの裁決例における主な争点としては次のようなものがある。

1　仮想通貨のマイニング等に係る所得の事業所得該当性(所得税)

2　暗号資産同士の交換は課税所得となるか（所得税）

3　仮想通貨の原価の計上時期（仮想通貨の原価を見越計上することが認められるか（法人税）

4　民間会社が提供する暗号資産損益計算ツールにより出力された帳票に基づく課税処分と調査手続(理由付記の不備の有無)(所得税)

これら裁決例の対象となった事案の中には、その後裁判所に係属しているものがあるが、2022年11月現在、裁判所の判断がなされたものはないことに留意する必要があるが、あくまでも税務調査対応の実務における参考として、以下審判所の判断例の要点を紹介する。

(1)　暗号資産に関する所得の事業所得該当性が争点となった例

仮想通貨のマイニングマシンを購入し、マシンの販売元の会社にマイニングのための業務を委託した請求人（納税者）が、かかるマイニングの収益について雑所得でなく事業所得に該当すると主張したが、審判所は経済的実質はマシン販売元の会社が行うマイニングへの投資に等しいといえるから、客観的、実質的にみて、請求人の計算と危険において独立して営まれる業務であるとはいえないとして請求を棄却している（令和４年１月７日大阪審判所裁決（令030028))。

（考え方の整理）

暗号資産取引により生じた利益は所得税の課税対象となり、原則として雑所得に区分される（所法27、35、36）。

一般に所得税法の適用において事業所得該当性の基準として、最高裁判所は次のように判示している（昭56年4月24日最高二小判。弁護士の顧問としての労務提供が事業所得にあたるか給与所得にあたるかが争われた事件）。

> 事業所得とは、自己の計算と危険において独立して営まれ、営利性、有償性を有し、かつ反覆継続して遂行する意思と社会的地位とが客観的に認められる業務から生ずる所得

なお、実務上の暗号資産取引の所得区分の指針として、国税庁は次のように示している。

暗号資産取引により生じた損益は、邦貨又は外貨との相対的な関係により認識される損益と認められるので、原則として雑所得（その他雑所得）に区分される。

ただし、その年の暗号資産取引に係る収入金額が300万円を超える場合には次による。

・暗号資産取引に係る帳簿書類の保存がある場合：原則として事業所得

・暗号資産取引に係る帳簿書類の保存がない場合：原則として雑所得（業務に係る雑所得）

なお、暗号資産取引が事業所得等の起因となる行為に付随したものである場合には、事業所得となる（例えば、事業所得者が事業用資産として保有する暗号資産で棚卸資産の購入等の決済を行った場合）。

（参考）国税庁「暗号資産に関する税務上の取扱いについて（情報）」（令和4年12月22日）13頁

支部名	大阪	裁決番号	令030028	裁決年月日	令040107	裁決結果	棄却
争点番号	201501019	争点	15雑所得/1所得の区分/1雑所得と認めた事例/9その他				
事例集登載頁	裁決事例集には登載しておりません						
裁決要旨	○　請求人は、請求人が行う仮想通貨のマイニング（本件マイニング）に係る所得は、本件マイニングについて、①人的・物的設備を備え、②自己の危険と計算による企画遂行を行い、③精神的・肉体的労力を費やしていることなどから事業性が認められ、また、本件マイニングの開始に当たり、マイニングマシンを経営力向上設備等とする経営力向上計画について中小企業等経営強化法の認定を受けていることから、中小企業経営強化税制の目的に鑑みても、事業所得に該当する旨主張する。しかしながら、本件マイニングは、①マイニングマシンの購入代金の完済を停止条件として当該マイニングマシンの販売元の会社（N社）にマイニングの業務委託が行われ、②本件マイニングの収益において最も重要な仮想通貨の種別の選択権や市況環境を踏まえての停止や種別変更の判断も全てN社に委ねられ、請求人には異議を述べる権限もうかがわれないし、③請求人は本件マイニングに係る損失も負担せず、その運営経費の内容・金額についても不知であることからすると、請求人が行う本件マイニングは、請求人がマイニングマシンの取得費用の限度で危険を負担してN社が主体となって行う本件マイニングから生じる利益の分配を受けるというものに等しく、その経済的実質はN社が行うマイニングへの投資に等しいといえるから、客観的、実質的にみて、請求人の計算と危険において独立して営まれる業務であるとはいえない。また、中小企業等経営強化法における経営力向上計画の認定を受けただけでは、租税特別措置法第10条の5の3《特定中小事業者が特定経営力向上設備等を取得した場合の特別償却又は所得税額の特別控除》第1項に規定する特定経営力向上設備等を「事業の用に供した」ことを充足することにはならない。以上のことを踏まえると、本件マイニングに係る所得は事業所得ではなく雑所得に該当する。（令4．1．7大裁（所）令3-28）							

（出典）国税不服審判所

⑵　暗号資産の交換による利益の課税所得該当性が争点となった裁決例

暗号資産（仮想通貨）の所得について申告していなかった請求人は、暗号資産同士を交換しても権利が確定したとはいえず、所得税の課税所得には該当しないと主張したが、審判所は暗号資産の交換取引や暗号資産で支払われる他の暗号資産の購入取引により、保有する暗号資産は新たなものに変化したのであるから、保有資産の価値の増加益とはいえず、収入の原因たる権利（内在していた利益）が確定し、所得の実現があったとするのが相当であるとして請求を棄却している。

(考え方の整理)

暗号資産同士の交換を行った場合、所得税の課税対象となる（第５章２⑴Q4、Q14参照)。

保有する暗号資産Ａを他の暗号資産Ｂと交換した場合、暗号資産Ａで暗号資産Ｂを購入したことになるので、「暗号資産で商品を購入した場合」と同様に、暗号資産Ａの譲渡に係る所得金額を計算する必要がある。

異なった暗号資産同士の交換を行った場合課税対象となる考え方の背景は次のように整理することができよう。①所得税法第36条第１項は、収入の原因たる権利が確定的に発生した場合にはその時点で所得の実現があったとして、権利発生の時期の属する年度の課税所得を計算するという建前（いわゆる権利確定主義）を採用していると解されている（昭49．３．８最高二小判)。②そして、収入とは外部からの経済的価値の流入であると解されるところ、収入という形態において実現した利益は課税の対象となる一方、未実現の利益（評価益）は課税の対象から除外していると解される。③暗号資産の交換や、暗号資産で支払うことによって新たな暗号資産を取得する取引により、保有する暗号資産は既存のものから新たなものに変化したと認められるのであるから、所得税法第36条第１項に規定する収入すべき金額として実現したものと考えることになるのが相当である。

<table>
<tr><td>支部名</td><td>関信</td><td>裁決番号</td><td>令030023</td><td>裁決年月日</td><td>令040323</td><td>裁決結果</td><td>棄却</td></tr>
<tr><td>争点番号</td><td>201502029</td><td>争点</td><td colspan="5">15雑所得/2所得の発生/2収入すべき時期/6その他</td></tr>
<tr><td>事例集登載頁</td><td colspan="7">裁決事例集には登載しておりません</td></tr>
<tr><td>裁決要旨</td><td colspan="7">○　請求人は、暗号資産同士を交換しても権利が確定したとはいえない旨主張する。しかしながら、本件の取引は、暗号資産から他の暗号資産への交換及び暗号資産で支払われる他の暗号資産の購入であり、これにより、保有する暗号資産は、既存のものから新たなものに変化したと認められる。そうすると、本件の取引により生ずる利益は、交換及び購入後の新たな暗号資産の取得価額に流入して認識され、もはや、保有資産の価値の増加益といった単なる評価上のものにすぎないとはいえないから、暗号資産から他の暗号資産への交換及び新たな暗号資産の都度収入の原因たる権利（内在していた利益）が確定し、所得の実現があったとするのが相当である。（令４．３.23関裁（所）令3-23）</td></tr>
</table>

（出典）国税不服審判所

（暗号資産の交換を巡る問題（参考））

なお、暗号資産の交換が所得であるとする考え方を一般的に適用することの妥当性を巡っては、個別案件の事情如何によっては次のような主張がなされることもあるようである。現時点で裁決や判例で認められた事例はなく、実務において主張することについては慎重に検討する必要があるが、参考として紹介することとする。

・暗号資産は国の貨幣でないから、これを交換したからといってどの取引所の価格によって権利が確定するのか法律上明確でない。

・暗号資産は差押えの対象とならず、また、暗号資産で納税することもできないので、暗号資産を法定通貨に換金していない場合、暗号資産を交換しただけで課税されてしまうと納税資金がないため、暗号資産を交換しただけで担税力の増加があったとみるべきではない。

・より根本的な問題提起の例としては、仮想通貨は物件でも債権でもない電磁的記録であり、差押えの対象にもならないところ、2022年11月の世界有数の暗号資産（仮想通貨）交換会社FTXトレーディング社の破綻後、仮想通貨取引には本質が無限連鎖講（ネズミ講）と同じものが含まれているという指摘もなされている（JPモルガン・チェースのダイモン最高経営責任者（CEO）などによる）[※1]。

また、暗号資産は現金や外国通貨と同様、資産でないと解されている[※2]。これらのことから、交換により受領した仮想通貨には「資産」としての価値がないというべきであり、仮想通貨の交換に所得を認識すべきでないという主張もなされていないわけではない。

・なお、加算税について、国税庁が暗号資産（仮想通貨）の交換が課税所得となることを公表したのは平成29年12月１日であり、平成29年分の申告の対象となる期間のほとんどが経過していたのであるから、個別案件の事情如何によっては、平成29年分の暗号資産の交換取引分の所得申告漏れについての加算税の賦課については、国税通則法第66条第１項但し書きにいう「正当な理由」があるというべきであり、加算税の賦課が取り消されるべきであるという主張がなされることもあるようである。

※１　2022年11月29日本経済新聞朝刊（７面）
※２　星野主税局長は平成31年３月20日の藤巻健史（維新）議員に対する答弁で、「暗号資産は資金決済法上、代価の弁済のために不特定の者に対して使用することができる財産的価値と規定されております。消費税法上も、支払手段に類するものとされているところでございます。こうした現行法令を踏まえれば、暗号資産につきましては、外国通貨と同様に本邦通貨との相対的な関係の中で換算上のレートが変動することはあっても、それ自体が価値の尺度とされており、資産の価値の増加益を観念することは困難と考えております。このため、国税当局においては、暗号資産の譲渡による所得は一般的に譲渡所得には該当せず、雑所得に該当するものとして取り扱っているというふうに承知をしております。」としている。

(3) 仮想通貨の原価の見積計上が争点となった裁決例（法人税）

仮想通貨のレンディングサービスの「借り手」である請求人（法人）が、当期に生じた借入暗号資産（ビットコイン）の売却収益に対応する原価として、当該ビットコインに係る返還債務を履行するために支出される金額を当期末において見積計上し、原価として損金算入することができると主張したところ、審判所は、当期末に見積計上された金額は、既にすべて原価として計上されていると認められるほか、収益を獲得するために費消されたビットコインの対価の額にも、債務が確定した費用にも、当期において発生した損失の額にも認められないとして請求を棄却している。

支部名	東京	裁決番号	令020036	裁決年月日	令021204	裁決結果	棄却
争点番号	300702990	争点	7損金の額の範囲及び計算/2売上原価等/7その他				
事例集登載頁	裁決事例集には登載しておりません						
裁決要旨	○請求人は、期末に原価として計上した額（本件期末計上額）は借り入れた仮想通貨（本件ビットコイン）の売却収益に対する原価を見積計上したものであり、将来において本件ビットコインに係る返還債務を履行するために支出される金額により見積もったものであるから、当該事業年度の損金の額に算入することができる旨主張する。しかしながら、本件ビットコインの売却収益に対応する購入対価は既に全て原価として計上されていると認められるから、本件期末計上額を見積原価として追加的に計上する理由は認められない。また、本件期末計上額は、本件ビットコインの返還債務を履行した場合に生ずる損失の見積金額であると認められることから、収益を獲得するために費消されたビットコインの対価の額とは認められず、さらに、債務が確定した費用、又は当該事業年度において発生した損失の額であるとも認められない。したがって、本件期末計上額は、法人税法第22条《各事業年度の所得の金額の計算》第３項第１号ないし第３号に規定する当該事業年度の損金の額に算入される金額には該当しない。（令2.12.4東裁（法）令2-36）							

（出典）国税不服審判所

(4) 民間会社が提供する暗号資産損益計算ツールにより出力された帳票に基づく課税処分の適法性（理由付記の不備の有無）（所得税）

本裁決において、審判所は、課税庁が「暗号資産取引計算ツール」が算出した損益に基づいた更正決定を容認する判断を示している。

（考え方の整理）

暗号資産（仮想通貨）の管理のため、複数の民間の事業者から「暗号資産取引計算ツール」が提供されている。特に、複数の仮想通貨に投資している場合や、海外の取引所も利用しているような場合、暗号資産に規模の大きな投資を行っている場合など、自己が保有する仮想通貨の日々の評価額等を管理することは事務的に煩雑になるため、こうした取引計算ツールを利用することが多い。

ところで、雑所得の金額は「その年中の雑所得（略）に係る総収入金額から必要経費を控除した額」（所法35②二）であり、事業所得の金額は「その年中の事業所得に係る総収入金額から必要経費を控除した金額」（所法27②）と規定されている。

本件裁決においては、取引計算ツールは個別の仮想通貨の種類ごとに仮想通貨取引の損益について示すが、個別の取引の所得金額の根拠となる「総収入金額」や「取得費用」「譲渡費用」を示すものでない場合、暗号資産取引計算ツールの損益情報に基づき課税庁が処分することが許されるかどうかが争点とされたものである。

支部名	関信	裁決番号	令030023	裁決年月日	令040323	裁決結果	棄却
争点番号	100204111	争点	2国税の納付義務の確定/4更正又は決定等/11更正決定通知/1処分の理由				
事例集登載頁	裁決事例集には登載しておりません						
裁決要旨	○請求人は、決定処分の通知書について、その理由に記載された総収入金額は総収入金額ではなく暗号資産取引の計算ツールが算出した損益にすぎないし、原価に係る理由の記載もないから、処分の理由付記として不備がある旨主張する。しかしながら、当該通知書に総収入金額として記載されている金額は、暗号資産の取引による譲渡価額から購入原価及び手数料を控除した額であるものの、当該通知書に記載された理由には、本件決定処分の原因となる事実関係の内容及びその判断過程が具体的に示されており、行政手続法第14条第1項本文の趣旨目的を充足する程度に具体的に処分の理由が提示されているといえるから、不備はない。(令4.3.23関裁(所)令3-23)						

(出典) 国税不服審判所

2　暗号資産取引の裁判例とその争点

2022年11月現在、判決文を参照できる裁判例は限られているが、平成29年分、平成30年分の仮想通貨の売却又は交換による利益を申告しなかったことが所得税法違反に問われた事件がある。

(1)　暗号資産の売却・交換取引の利益を申告除外していた事例

(金沢地方裁判所　令和3年3月30日判決　令和3年(わ)第16号　判例秘書L07650492)

① 事案の概要

平成29年分及び平成30年分の所得税申告において、仮想通貨の売却・交換取引の利益約7,400万円を申告除外していた納税者が、懲役1年・執行猶予3年及び罰金1,800万円に処せられた所得税法違反事件(所法238①、②)。

② 事実関係

裁判所の認定を判決文より引用する。

被告人は，仮想通貨取引を行い同取引に係る雑所得を得ていたものであるが，自己の所得税を免れようと考え，同取引に係る雑所得を除外する方法により所得を秘匿した上

第１　平成29年分の実際総所得金額が4911万2641円であったにもかかわらず，平成30年３月12日，石川県小松市（以下略）所轄小松税務署において，同税務署長に対し，財務省令で定める電子情報処理組織を使用して行う方法により，総所得金額が62万2000円で，これに対する所得税額及び復興特別所得税額が０円である旨の内容虚偽の所得税及び復興特別所得税の確定申告をし，そのまま法定納期限を徒過させ，もって不正の行為により，平成29年分の正規の所得税額及び復興特別所得税額1631万5600円と前記申告税額との差額1631万5600円のうち，所得税額1598万20円を免れ

第２　平成30年分の実際総所得金額が１億4325万5139円であったにもかかわらず，平成31年３月４日，前記小松税務署において，同税務署長に対し，財務省令で定める電子情報処理組織を使用して行う方法により，総所得金額が62万2000円で，これに対する所得税額及び復興特別所得税額は，源泉徴収税額を控除すると109万3750円の還付を受けることとなる旨の内容虚偽の所得税及び復興特別所得税の確定申告をし，そのまま法定納期限を徒過させ，もって不正の行為により，平成30年分の正規の所得税額及び復興特別所得税額5861万8300円と前記還付税額との合計5971万2000円（100円未満の端数切捨て）のうち，所得税額5848万3839円を免れたものである。

③ 関連する法令

所得税法第238条第１項、第２項は次のように規定している。

偽りその他不正の行為により、第120条第１項第３号（確定所得申告）（略）に規定する所得税の額（略）に規定する所得税の額につき所得税を免れ、又は第142条第２項（純損失の繰戻しによる還付）（略）の規定による所得税の還付を受けた者は、10年以下の懲役若しくは1000万円以下の罰金に処し、又はこれを併科する。

２　前項の免れた所得税の額又は同項の還付を受けた所得税の額が1000万円を超えるときは、情状により、同項の罰金は、1000万円を超えその免れた所得税の額又は還付を受けた所得税の額に相当する金額以下とすることができる。

④ 量刑理由

裁判所は、逋脱額が多額であり、ほ脱率（実際の税額に対して脱税した額が占める割合）が極めて高率的であることから強い非難に値するとした上で、納税を済ませ、事実を認め反省していることなど酌むことのできる事情もあるなど、判決で次のように述べている。

本件は所得税法違反の事案である。

被告人は，平成29年から平成30年にかけて，仮想通貨取引で多額の利益を得ていたにもかかわらず，税務申告の際に同取引に係る雑所得を除外する方法により内容虚偽の確定申告を行い所得税を免れた。ほ脱額は合計7400万余円と多額に上り，ほ脱率は100パーセントと極めて高率である。莫大な利益を得ていながら，計算方法が複雑であることや資料の取寄せに時間を要することなどから，税務当局に問い合わせるなどの適切な措置をとることもなく安易に所得を秘匿したもので，国民に課

せられた納税義務を誠実に果たそうとする姿勢に欠けており，強い非難に値する。刑責はゆるがせにできない。

他方，税務調査を受けた後に修正申告を行って，本税及び過少申告加算税（合計1500万円弱）を納付したこと，事実を認めて反省の弁をのべ，再犯しない旨を約していること，前科がないこと等の被告人のために酌むことのできる事情もある。

以上の諸事情を勘案し，被告人に対しては，主文の刑に処するのが相当と判断した。

(2)　暗号資産の取得原価の計算方法で争い

（名古屋高等裁判所金沢支部　令和３年10月26日判決　令和３年(う)第35号　公刊物未登載）

平成29年分、平成30年分の暗号資産（仮想通貨）の取得原価の額の評価を総平均法によるべきであるとの主張に対し、平成31年税制改正前の所得税法には暗号資産の取得原価の計算方法についての規定はなく、暗号資産は当時の所得税法に規定する資産の中では有価証券に類似するものであるから、それについての評価方法である「総平均法に準ずる方法」（ただし、取引の都度取得価格を再計算するため、実質的には移動平均方法とほぼ同じ計算方法になる）によることには合理性があるとした事案。

① 争点

「平成29年分、平成30年分の暗号資産（仮想通貨）の取得価格の評価を総平均法によることができるか」

被告人のほ脱額の計算にあたり、仮想通貨の取得原価を移動平均法で計算して売上原価としているが、仮想通貨の譲渡原価の計算方法について、妥当な評価方法として移動平均法のほかに総平均法も認められている。総平均法を用いていればほ脱額が減少する合理的な疑いが残るのであるから、納税者有利の観点等にかんがみれば、ほ脱額の事実認定は移動平均法によるべきである。

② 国税庁FAQ「暗号資産に関する税務上の取扱いについて（情報）」

平成31年改正前は移動平均法によることが相当であるとし、平成31年改正後は移動平均法・総平均法を併記している。

平成29年12月１日　問４　「移動平均法を用いるのが相当（ただし、継続して適用することを要件に、総平均法を用いても差支えありません）。」

平成30年11月21日　問11「売却した仮想通貨の取得価格は、『移動平均法』で計算するのが相当ですが、継続して適用することを要件に『総平均法』で計算しても差し支えないこととしています。」

令和元年12月20日　問１「（注１）　総平均法又は移動平均法のうちいずれか選択した方法（選択しない場合、個人においては総平均法、法人においては移動平均法）により計算した金額となります。」

令和２年12月18日　問１　同上

令和３年６月30日　問１　同上

令和３年12月22日　問１　同上

令和４年12月22日　問１－１　同上

③ 裁判所の判断

平成29年分、30年分については、当時の所得税法の規定の下、移動平均法（年度末に計算する総平均法でなく、取引の都度取得価格を再計算する総平均法）に依ることに合理性があると判断している。

・仮想通貨等の暗号資産の取得原価の評価方法については、平成31年税制改正後の所得税法（所法48の２）により、政令（所施119の２）で定める評価方法「総平均法」又は「移動平均法」のいずれかを選択することができることになったが、平成31年改正前の平成29年分及び平成30年分に適用される所得税法には、暗号資産の売上原価の評価方法についての規定は置かれていなかった。

・当時の有価証券の評価方法についての各規程（所法48③及び所令118①）を準用し、その評価方法は「総平均法に準ずる方法」によることとするのが合理的であると解される。

・そして、「総平均法に準ずる方法」とは、年中に２回以上にわたって有価証券を取得し、これを譲渡した場合、年末にその年の総平均を計算する総平均法とは異なり、譲渡の都度それまでに取得した有価証券の平均単価を計算するものであり、実質的には移動平均法とほぼ同じ計算方法ということになり、結局、「総平均法に準ずる方法」により算出される仮想通貨の売上原価（取得価格）は、移動平均法により算出されるそれと一致するものと考えられる。

	平成31年改正前	令和４年
所得税法	（有価証券の譲渡原価等の計算及びその評価の方法） 第四十八条 （略） ３　居住者が二回以上にわたつて取得した同一銘柄の有価証券につき第三十七条第一項の規定によりその者の雑所得の金額の計算上必要経費に算入する金額又は第三十八条第一項（譲渡所得の金額の計算上控除する取得費）の規定によりその者の譲渡所得の金額の計算上取得費に算入する金額は、政令で定めるところによ	（暗号資産の譲渡原価等の計算及びその評価の方法） 第四十八条の二　居住者の暗号資産（資金決済に関する法律（平成二十一年法律第五十九号）第二条第五項（定義）に規定する暗号資産をいう。以下この条において同じ。）につき第三十七条第一項（必要経費）の規定によりその者の事業所得の金額又は雑所得の金額の計算上必要経費に算入する金額を算定する場合におけるその算定の基礎となるその年十二月三十一日において有する暗号資産の

	り、それぞれの取得に要した金額を基礎として第一項の規定に準じて評価した金額とする。	価額は、その者が暗号資産について選定した評価の方法により評価した金額（評価の方法を選定しなかつた場合又は選定した評価の方法により評価しなかつた場合には、評価の方法のうち政令で定める方法により評価した金額）とする。 ２　前項の選定をすることができる評価の方法の種類、その選定の手続その他暗号資産の評価に関し必要な事項は、政令で定める。
所得税法施行令	（譲渡所得の基因となる有価証券の取得費等） 第百十八条　居住者が法第四十八条第三項（譲渡所得の基因となる有価証券の取得費等の計算）に規定する二回以上にわたつて取得した同一銘柄の有価証券で雑所得又は譲渡所得の基因となるものを譲渡した場合には、その譲渡につき法第三十七条第一項（必要経費）の規定によりその者のその譲渡の日の属する年分の雑所得の金額の計算上必要経費に算入する金額又は法第三十八条第一項（譲渡所得の金額の計算上控除する取得費）の規定によりその者の当該年分の譲渡所得の金額の計算上取得費に算入する金額は、当該有価証券を最初に取得した時（その後既に当該有価証券の譲渡をしている場合には、直前の譲渡の時。以下この項において同じ。）から当該譲渡の時までの期間を基礎として、当該最初に取得した時において有していた当該有価証券及び当該期間内に取得した当該有価証券につき第百五条第一項第一号（総平均法）に掲げる総平均法に準ずる方法によつて算出した一単位当たりの金額により計算した金額とする。	（暗号資産の評価の方法） 第百十九条の二　（略）の規定によるその年十二月三十一日（略）において有する同項に規定する暗号資産（以下この項において「期末暗号資産」という。）の評価額の計算上選定をすることができる評価の方法は、期末暗号資産につき次に掲げる方法のうちいずれかの方法によつてその取得価額を算出し、その算出した取得価額をもつて当該期末暗号資産の評価額とする方法とする。 一　総平均法（暗号資産（略）をその種類の異なるごとに区別し、その種類の同じものについて、その年一月一日において有していた種類を同じくする暗号資産の取得価額の総額とその年中に取得をした種類を同じくする暗号資産の取得価額の総額との合計額をこれらの暗号資産の総数量で除して計算した価額をその一単位当たりの取得価額とする方法をいう。） 二　移動平均法（暗号資産をその種類の異なるごとに区別し、その種類の同じものについて、当初の一単位当たりの取得価額が、再び種類を同じくする暗号資産の取得をした場合にはその取得の時において有する当該暗号資産とその取得をした暗号資産との数量及び取得価額を基礎として算出した平均単価によつて改定されたものとみなし、以後種類を同じくする暗号資産の取得をする都度同様の方法により一単位当たりの取得価額が改定されたものとみなし、そ

		の年十二月三十一日から最も近い日において改定されたものとみなされた一単位当たりの取得価額をその一単位当たりの取得価額とする方法をいう。） （略）

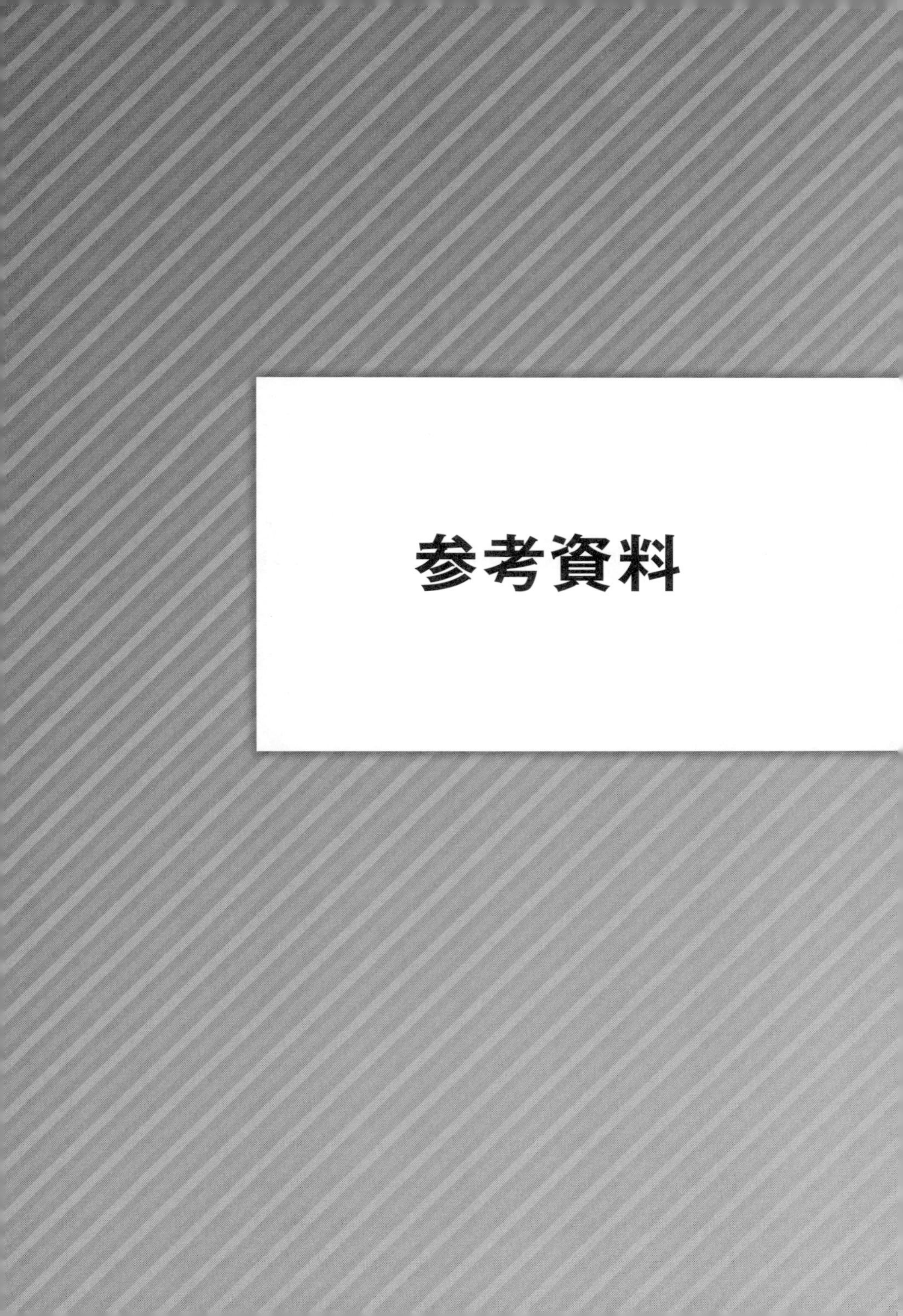

参考資料

課税総括課情報 個人課税課情報 法人課税課情報 資産課税課情報 資産評価企画官情報 消費税室情報	第1号 第1号 第1号 第1号 第1号 第1号	令和5年1月13日	国税庁 課税総括課 個人課税課 法人課税課 資産課税課 資産評価企画官 消費税室

ＮＦＴに関する税務上の取扱いについて（情報）

ＮＦＴに関する税制上の取扱いに係る一般的な質問等について、別添のとおり取りまとめたので、執務の参考とされたい。

ＮＦＴに関する税務上の取扱いについて（ＦＡＱ）

令和５年１月
国　税　庁

このＦＡＱは、ＮＦＴに関する税務上の一般的な取扱いについて、質疑応答形式で取りまとめたものです。

※　ＮＦＴ（Non-Fungible Token）とは、ブロックチェーン上で、デジタルデータに唯一の性質を付与して真贋性を担保する機能や、取引履歴を追跡できる機能をもつトークンをいいます。

※　この情報は、令和５年１月１日現在の法令・通達等に基づいて作成しています。

※　この情報は、一般的な取扱いを回答したものであり、納税者の方々が行う具体的な取引等については、この回答と異なる取扱いとなる場合があることにご注意ください。

≪目次≫

〔凡　　例〕

文中、文末引用の法令等の略称は以下のとおりです。

所法……………………所得税法（昭和 40 年法律第 33 号）
法法……………………法人税法（昭和 40 年法律第 34 号）
相法……………………相続税法（昭和 25 年法律第 73 号）
消法……………………消費税法（昭和 63 年法律第 108 号）
国外送金等調書法……内国税の適正な課税の確保を図るための国外送金等に係る調書の提出等に関する法律（平成 9 年法律第 110 号）
所令……………………所得税法施行令（昭和 40 年政令第 96 号）
消令……………………消費税法施行令（昭和 63 年政令第 360 号）
国外送金等調書令……内国税の適正な課税の確保を図るための国外送金等に係る調書の提出等に関する法律施行令（平成 9 年政令第 363 号）
国外送金等調書規則…内国税の適正な課税の確保を図るための国外送金等に係る調書の提出等に関する法律施行規則（平成 9 年大蔵省令第 96 号）
相基通達………………相続税法基本通達（昭和 34 年 1 月 28 日付直資 10）
消基通達………………消費税法基本通達（平成 7 年 12 月 25 日付課消 2 －25 ほか 4 課共同）
評価通達………………財産評価基本通達（昭和 39 年 4 月 25 日付直資 56、直審（資）17）

● ＮＦＴを組成して第三者に譲渡した場合（一次流通）

問１　私は、デジタルアートを制作し、そのデジタルアートを紐づけたＮＦＴをマーケットプレイスを通じて第三者に有償で譲渡しました。これにより、ＮＦＴを購入した第三者は、当該デジタルアートを閲覧することができるようになります。この場合の所得税の取扱いを教えて下さい。

（答）デジタルアートを制作し、そのデジタルアートを紐づけたＮＦＴを譲渡したことにより得た利益は、所得税の課税対象となります。

【解説】

○　所得税法における所得とは、収入等の形で新たに取得する経済的価値と解されており、ご質問の場合、収入等の形で新たに経済的価値を取得したと認められることから、所得税の課税対象となります。

○　ご質問の取引は、「デジタルアートの閲覧に関する権利」の設定に係る取引に該当し、当該取引から生じた所得は、雑所得（又は事業所得）に区分されます。

○　この場合の雑所得の金額は、次の算式で計算します。

【算式】

雑所得の金額　＝　ＮＦＴの譲渡収入　－　ＮＦＴに係る必要経費

（注１）ＮＦＴの譲渡収入をマーケットプレイス内で通貨として流通するトークンで受け取った場合には、そのトークンの時価が譲渡収入となります。

　ただし、そのトークンが暗号資産などの財産的価値を有する資産と交換できないなどの理由により、時価の算定が困難な場合には、譲渡したＮＦＴの市場価額（市場価額がない場合には、譲渡したＮＦＴの売上原価等）をそのトークンの時価と取り扱って差し支えありません。

（注２）ＮＦＴに係る必要経費とは、ＮＦＴの譲渡収入を得るために必要な売上原価の額並びに販売費及び一般管理費の額などをいいます。

　なお、ＮＦＴの売上原価は、そのＮＦＴを組成するために要した費用の額となり、デジタルアートの制作費は含まれません。

（注３）雑所得の金額が赤字の場合（損失が生じた場合）には、他の所得との損益通算はできません（雑所得内の通算は可能です。）。

【参考：法人税の取扱い】

○　法人がデジタルアートを制作して、そのデジタルアートを紐づけたＮＦＴを譲渡して適正な対価を得た場合、所得税と同様、その譲渡をして得た利益は法人税の課税対象となります。この場合における法人の所得の金額の計算上、その譲渡の日を含む事業年度の益金の額に算入すべき金額は、その適正な対価の額となります。

【関係法令等】

所法27、35、36、37、69

法法22、22の２

● ＮＦＴを組成して知人に贈与した場合（一次流通）

問２　私は、デジタルアートを制作し、そのデジタルアートを紐づけたＮＦＴを知人に無償で贈与しました。これにより、当該知人は、当該デジタルアートを閲覧することができるようになります。この場合の所得税の取扱いを教えて下さい。

（答）デジタルアートを制作し、そのデジタルアートを紐づけたＮＦＴを知人に贈与しても、所得税の課税関係は生じません。

【解説】

○　所得税法における所得とは、収入等の形で新たに取得する経済的価値と解されており、ご質問の場合、収入等の形で新たに経済的価値を取得したと認められないことから、所得税の課税関係は生じません。

（注）ＮＦＴの贈与を受けた場合の贈与税の課税関係については、問９をご参照ください。

【参考：法人税の取扱い】

○　法人が、デジタルアートを制作して、そのデジタルアートを紐づけたＮＦＴを贈与した場合、法人税の課税対象となります。この場合、法人の所得の金額の計算上、当該事業年度の益金の額に算入すべき金額は、そのＮＦＴの贈与の時における価額（時価）となります。

○　なお、その贈与は法人税法上寄附となりますので、寄附金の額となるそのＮＦＴの贈与の時における価額（時価）のうち法人税法の規定により計算した一定の金額を超える金額は、法人の所得の金額の計算上、損金の額に算入されません。

【関係法令等】

所法36

法法22、22の２、37

● 非居住者がＮＦＴを組成して、日本のマーケットプレイスで譲渡した場合（一次流通）

問３　私は、アメリカに居住する非居住者です。今般、デジタルアートを制作し、そのデジタルアートを紐づけたＮＦＴを日本のマーケットプレイスを通じて第三者に有償で譲渡しました。これにより、当該第三者は、当該デジタルアートを閲覧することができるようになります。この場合の所得税の取扱いを教えて下さい。

（答）非居住者の方が、日本のマーケットプレイスでＮＦＴを売却したとしても、原則として、日本の所得税の課税対象となりません。

【解説】

○　日本の所得税では、日本に居住する方は、全世界で稼得した所得が課税対象となり、日本に居住していない方（非居住者）は、日本で発生した所得（国内源泉所得）が課税対象となります。

○　ご質問の取引は、「デジタルアートの閲覧に関する権利」の設定に係る取引に該当し、当該取引から生じた所得は、原則として、国内源泉所得に該当せず、所得税の課税対象となりません。

（注）著作権に係る取引についての源泉所得税の取扱いについては、問 10 を参照ください。

【関係法令等】

所法161

● 購入したＮＦＴを第三者に転売した場合（二次流通）

問４　私は、デジタルアートの制作者からデジタルアートを紐づけたＮＦＴを購入し、当該デジタルアートを閲覧することができました。今般、マーケットプレイスを通じて、当該ＮＦＴを第三者に有償で転売しました。これにより、私が有していた「デジタルアートの閲覧に関する権利」は、第三者に移転することになります。この場合の所得税の取扱いを教えて下さい。

（答）デジタルアートを紐づけたＮＦＴを転売したことにより得た利益は、所得税の課税対象となります。

【解説】

○　所得税法における所得とは、収入等の形で新たに取得する経済的価値と解されており、ご質問の場合、収入等の形で新たに経済的価値を取得したと認められることから、所得税の課税対象となります。

○　ご質問の取引は、「デジタルアートの閲覧に関する権利」の譲渡に該当し、当該取引から生じた所得は、譲渡所得に区分されることになります。

（注）そのＮＦＴの譲渡が、棚卸資産若しくは準棚卸資産の譲渡又は営利を目的として継続的に行なわれる資産の譲渡に該当する場合には、事業所得又は雑所得に区分されます。

○　この場合の譲渡所得の金額は、次の算式で計算します。

【算式】

譲渡所得の金額　＝　ＮＦＴの転売収入−ＮＦＴの取得費−ＮＦＴの譲渡費用−特別控除額

（注１）ＮＦＴの転売収入をマーケットプレイス内の通貨として流通するトークンで受け取った場合には、そのトークンの時価が転売収入となります。

　ただし、そのトークンが暗号資産などの財産的価値を有する資産と交換できないなどの理由により、時価の算定が困難な場合には、転売したＮＦＴの市場価額（市場価額がない場合には、転売したＮＦＴの取得費等）をそのトークンの時価と取り扱って差し支えありません。

（注２）ＮＦＴの取得費とは、そのＮＦＴの購入代価と購入の際に要した費用の合計額となります。

（注３）ＮＦＴの譲渡費用とは、譲渡に要した費用の額をいいます。

（注４）総合課税の譲渡所得の特別控除の額は50万円です。

　なお、譲渡益（譲渡収入から取得費及び譲渡費用を差し引いた後の金額）が50万円以下のときは、その金額までしか控除できません。

（注５）譲渡所得の金額が赤字となった場合（損失が生じた場合）には、他の所得との損益通算が可能です。ただし、そのＮＦＴが主として趣味、娯楽、保養又は鑑賞の目的で所有していたものである場合には、他の所得との損益通算はできません（総合譲渡所得内の通算は可能です。）。

【参考：法人税の取扱い】

○　法人が、購入したデジタルアートを紐づけたＮＦＴを適正な対価を得て転売した場合、所得税と同様、その転売をして得た利益は法人税の課税対象となります。この場合における法人の所得の金額の計算上、その転売をした日を含む事業年度の益金の額に算入すべき金額は、その適正な対価の額となります。

【関係法令等】

所法 27、33、35、36、37、38、69

所令 178

法法 22、22 の 2

● 第三者の不正アクセスにより購入したＮＦＴが消失した場合

問５　私は、デジタルアートの制作者からデジタルアートを紐づけたＮＦＴを購入し、当該デジタルアートを閲覧することができました。今般、第三者の不正アクセスにより、購入したＮＦＴが消失しました。この場合の所得税の取扱いを教えてください。

（答）第三者の不正アクセスにより、購入したＮＦＴが消失した場合の所得税の取扱いは、次のとおりです。

・　そのＮＦＴが生活に通常必要でない資産や事業用資産等に該当せず、かつ、そのＮＦＴの消失が、盗難等に該当する場合には、雑損控除の対象となります。

・　そのＮＦＴが事業用資産等に該当する場合には、その損失について、事業所得又は雑所得の金額の計算上、必要経費に算入することができます。

【解説】

（雑損控除）

○　所得税法上、災害又は盗難若しくは横領によって資産（生活に通常必要でない資産及び棚卸資産等を除きます。）に損失が生じた場合の当該損失については、雑損控除の対象とされています。

○　したがって、第三者の不正アクセスが盗難等に該当し、かつ、そのＮＦＴが生活に通常必要でない資産又は事業用資産等に該当しない場合には、そのＮＦＴの消失に係る損失は、雑損控除の対象となります。

（注１）生活に通常必要でない資産とは、次の資産をいいます。

①　競走馬その他射こう的行為の手段となる動産

②　主として趣味、娯楽、保養又は鑑賞の目的で所有する資産

③　貴金属、書画、美術工芸品などで30万円を超える動産

（注２）事業用資産等とは、棚卸資産又は業務の用に供される資産（繰延資産のうち必要経費に算入されていない部分を含みます。）及び山林をいいます。

（注３）損失の額は、そのＮＦＴが消失した時点の時価となります。

なお、時価が分からない場合には、そのＮＦＴの購入金額として差し支えありません。

（必要経費）

○　所得税法上、事業用資産等の損失については、事業所得又は雑所得の金額の計算上、必要経費に算入することができます。

（注）必要経費算入額は、そのＮＦＴの帳簿価額となります。

【関係法令等】

所法51、72

● 役務提供の対価として取引先が発行するトークンを取得した場合

問6　私は、役務提供の対価として、取引先の法人が発行するトークンを取得しました。このトークンは、取引先が販売する商品の購入する際に使用することができます。この場合の所得税の取扱いを教えてください。

（答）役務提供の対価として取引先の法人が発行するトークンを取得した場合、所得税の課税対象となります。

【解説】

○　所得税法における所得とは、収入等の形で新たに取得する経済的価値と解されており、ご質問の場合、収入等の形で新たに経済的価値を取得したと認められることから、所得税の課税対象となります。

○　役務提供の対価に係る所得区分は、次のとおりです。

・　請負契約その他これに類する契約の場合は、事業所得又は雑所得に区分されます。

・　雇用契約その他これに類する契約の場合は、給与所得に区分されます。

（注）役務提供の対価の額は、そのトークンの時価となります。ただし、そのトークンが暗号資産などの財産的価値を有する資産と交換できないなどの理由により、時価の算定が困難な場合には、契約などによって定められた役務提供の対価の額を、そのトークンの時価と取り扱って差し支えありません。

【関係法令等】

所法 27、28、35、36

● 商品の購入の際に購入先が発行するトークンを取得した場合

問７　私は、商品の購入の際に、購入先の法人が発行するトークンを無償で取得しました。このトークンは購入先で商品を購入する際に使用することができます。この場合の所得税の取扱いを教えてください。

（答）商品の購入の際に、購入先の法人が発行するトークンを無償で取得したことによる経済的利益は、所得税の課税対象となります。

【解説】

○　所得税法における所得とは、収入等の形で新たに取得する経済的価値と解されており、ご質問の場合、収入等の形で新たに経済的価値を取得したと認められることから、所得税の課税対象となります。

○　トークンを無償で取得した場合の経済的利益は、法人からの贈与に当たることから、一時所得に区分されます。

（注）一時所得の収入金額は、無償で取得したトークンの時価となります。ただし、そのトークンが暗号資産などの財産的価値を有する資産と交換できないなどの理由により、時価の算定が困難な場合には、そのトークンの時価を０円として差し支えありません。

【関係法令等】

所法34、36

● ブロックチェーンゲームの報酬としてゲーム内通貨を取得した場合

問8　私は、ブロックチェーンゲームをプレイし、その報酬として、ゲーム内通貨（トークン）を取得しました。この場合の所得税の取扱いを教えてください。

（答）ブロックチェーンゲームで得た報酬は、原則として、所得税の課税対象となります。

【解説】

○　所得税法における所得とは、収入等の形で新たに取得する経済的価値と解されており、ご質問の場合、収入等の形で新たに経済的価値を取得したと認められることから、所得税の課税対象となります。

ただし、そのゲーム内通貨（トークン）が、ゲーム内でしか使用できない場合（ゲーム内の資産以外の資産と交換できない場合）には、所得税の課税対象となりません。

○　ブロックチェーンゲームの報酬は、雑所得に区分され、雑所得の金額は、次の算式で求めることとなります。

【算式】

雑所得の金額＝ブロックチェーンゲームの収入金額－ブロックチェーンゲームの必要経費

（注1）ブロックチェーンゲームの収入金額は、ブロックチェーンゲームで得たゲーム内通貨（トークン）の総額となります。

ゲーム内通貨（トークン）の評価は、ゲーム内通貨（トークン）の取得の都度行うこととなります。ただし、ゲーム内通貨（トークン）ベースで増減額を管理し、月末又は年末に一括で評価することもできます。

なお、暗号資産に直接交換できないなどの理由により、ゲーム内通貨（トークン）の時価の算定が困難な場合には、時価を0円として差し支えありません。

※　この場合のブロックチェーンゲームの報酬への課税時期は、「ゲーム内通貨（トークン）」を「暗号資産と交換できる他のトークン」に交換した時となります。

（注2）ブロックチェーンゲームの必要経費は、ブロックチェーンゲームの報酬を得るために使用したゲーム内通貨（トークン）の取得価額の総額となります。

ゲーム内通貨（トークン）の取得価額については、

・　購入したゲーム内通貨（トークン）については、購入価額
・　ブロックチェーンゲームで取得したゲーム内通貨（トークン）については、収入金額とした金額（具体的には（注1）で評価した金額）

となります。

○　なお、ブロックチェーンゲームにおいては、ゲーム内通貨（トークン）の取得や使用が頻繁に行われ、取引の都度の評価は、煩雑と考えられることから、ゲーム内通貨（トークン）ベー

スで所得金額を計算し、年末に一括で評価する方法（簡便法）で雑所得の金額を計算して差し支えありません。

【簡便法】

・　その年の12月31日に所有するゲーム内通貨（トークン）の総額
－　その年の１月１日に所有するゲーム内通貨（トークン）の総額
－　その年に購入したゲーム内通貨（トークン）の総額
＝　ゲーム内通貨（トークン）ベースの所得金額

・　ゲーム内通貨（トークン）ベースの所得金額×年末の暗号資産への換算レート
＝　雑所得の金額

（注）年の中途で、暗号資産に交換したゲーム内通貨（トークン）がある場合には、交換で取得した暗号資産の価額を雑所得の金額に加算します。

・　ゲーム内通貨（トークン）が暗号資産と交換できないなど時価の算定が困難な場合には、雑所得の金額は０円として差し支えありません。

※　この場合、「ゲーム内通貨（トークン）」を「暗号資産と交換できる他のトークン」に交換した時点で、当該トークンの価額を雑所得として申告することとなります。

【関係法令等】

所法35、36、37

● ＮＦＴを贈与又は相続により取得した場合

問９　ＮＦＴを贈与又は相続により取得した場合の贈与税又は相続税の取扱いを教えてください。

（答）個人から経済的価値のあるＮＦＴを贈与又は相続若しくは遺贈により取得した場合には、その内容や性質、取引実態等を勘案し、その価額を個別に評価した上で、贈与税又は相続税が課されます。

【解説】

○　相続税法上、個人が、金銭に見積もることができる経済的価値のある財産を贈与又は相続若しくは遺贈により取得した場合には、贈与税又は相続税の課税対象となることとされています。

○　この場合のＮＦＴの評価方法については、評価通達に定めがないことから、評価通達５((評価方法の定めのない財産の評価))の定めに基づき、評価通達に定める評価方法に準じて評価することとなります。

○　例えば、評価通達135((書画骨とう品の評価))に準じ、その内容や性質、取引実態等を勘案し、売買実例価額、精通者意見価格等を参酌して評価します。

（注）課税時期における市場取引価格が存在するＮＦＴについては、当該市場取引価格により評価して差し支えありません。

〔参考〕

○　評価通達（抄）

（評価方法の定めのない財産の評価）

5　この通達に評価方法の定めのない財産の価額は、この通達に定める評価方法に準じて評価する。

（書画骨とう品の評価）

135　書画骨とう品の評価は、次に掲げる区分に従い、それぞれ次に掲げるところによる。

⑴　書画骨とう品で書画骨とう品の販売業者が有するものの価額は、133((たな卸商品等の評価))の定めによって評価する。

⑵　⑴に掲げる書画骨とう品以外の書画骨とう品の価額は、売買実例価額、精通者意見価格等を参酌して評価する。

【関係法令等】

相法２、２の２

相基通達11の２－１

評価通達５、135

● ＮＦＴ取引に係る源泉所得税の取扱い

問10　給与所得者（日本で事業等の業務を行っておらず、給与の支払もしていない個人）である私は、マーケットプレイスを通じて、デジタルアート(著作物）の制作者から、デジタルアートが紐づけられたＮＦＴを購入し、その購入代価を支払いました。
　私は、制作者から当該デジタルアートに係る著作権の譲渡は受けておらず、当該デジタルアートをＳＮＳのアイコンに使うことについて著作権法第21条に規定する複製権及び同法第23条に規定する公衆送信権等に係る著作物の利用の許諾を受けました（当該デジタルアートをＳＮＳアイコンに使うことを除く著作権に係る利用許諾は受けておりません)。
　このような場合、私は、当該ＮＦＴの購入代価を支払う際に、「著作権の使用料」として、所得税を源泉徴収する必要がありますか。
（注）このマーケットプレイスの利用規約上、当該デジタルアートに係る著作権は制作者に帰属することとされ、著作権に係る利用許諾は当該制作者のみが行うことができると明記されています。
　なお、当該ＮＦＴの購入代価の内訳として、ＳＮＳのアイコンへの使用を認めることの対価は明記されていません。

（答）所得税を源泉徴収する必要はありません。

【解説】

○　居住者に対して、「著作権の使用料」を国内において支払う者は、その支払の際に所得税を源泉徴収することとされています。ただし、給与の支払をしていない個人の方が、著作権の使用料を支払う場合には、所得税を源泉徴収する必要はありません。
　また、非居住者又は外国法人に対して、国内において業務を行う者がその業務に係る「著作権の使用料」や「著作権の譲渡対価」を国内において支払う際には、所得税を源泉徴収することとされています(租税条約の適用により、所得税を源泉徴収する必要がない場合もあります。)。

（注）恒久的施設を有しない非居住者又は外国法人の有する「著作権の使用料」や「著作権の譲渡対価」の国内源泉所得については、源泉徴収のみで課税関係が終了することとされています（租税条約の適用により、源泉徴収されない場合もあります。)。

○　購入したＮＦＴに係るデジタルアートをＳＮＳのアイコンに使用することについて、著作権法第21条に規定する複製権及び同法第23条に規定する公衆送信権等に係る著作物の利用の許諾を受けることの対価は上記の「著作権の使用料」に該当することとなりますので、原則として、その支払の際に所得税を源泉徴収する必要があります。

○　ただし、ご質問の場合、当該ＮＦＴの購入代価の支払は、給与所得者（日本で事業等の業務を行っておらず、給与の支払もしていない個人）の方が行っておりますので、当該ＮＦＴの購入代価の支払の際に、「著作権の使用料」として所得税を源泉徴収する必要はありません。

（注）ＮＦＴの購入代価の支払を、給与所得者（日本で事業等の業務を行っておらず、給与の支払もしていない個人）でない方が行う場合でも、ご質問のように、ＮＦＴの購入代価の内訳として、デジタルアートをＳＮＳのアイコンに使うことについて著作権法第 21 条に規定する複製権及び同法第 23 条に規定する公衆送信権等に係る著作物の利用の許諾を受けることの対価が明記されていないためその対価部分を区分することが困難であり、かつ、その許諾の範囲はＳＮＳのアイコンに使用することに限られているためその許諾が有償であるとしてもその対価部分は極めて少額であると認められる場合には、そのＮＦＴの購入代価の支払の際に、「著作権の使用料」として所得税を源泉徴収する必要はありません。

【関係法令等】

所法 161、204、212

● ＮＦＴ取引に係る消費税の取扱い①（デジタルアートの制作者）

問11　私はデジタルアート（著作物）の制作を行っている個人事業者ですが、制作したデジタルアートを紐づけたＮＦＴをマーケットプレイスを通じて日本の消費者に有償で譲渡しました。これにより、私はＮＦＴの譲渡を受けた日本の消費者に対して、当該デジタルアートの利用を許諾することとなります。この場合の消費税の取扱いを教えて下さい。

（答）本取引は、デジタルアートの制作者（質問者）が、事業として、対価を得て日本の消費者に対して行う著作物の利用の許諾に係る取引であり、電気通信利用役務の提供として、デジタルアートの制作者に消費税が課されます。

【解説】

○　消費税法上、国内において事業者が事業として対価を得て行う「資産の譲渡」及び「資産の貸付け」並びに「役務の提供」に対して消費税を課するとされています[注1,2]。

○　本取引は、事業として対価を得て行われるものであり、かつ、電気通信回線を介して行われる著作物（著作権法第２条第１項第１号に規定する著作物）の利用の許諾に係る取引と認められますので、「電気通信利用役務の提供」に該当します（消法２①八の三）。

○　そして、電気通信利用役務の提供が国内において行われたものかどうかの判定（内外判定）は、役務の提供を受ける者の住所等（個人の場合には住所又は居所）が国内かどうかにより行うこととなります（消法４③三）。

○　したがって、本取引は、国内において事業者が事業として対価を得て行う電気通信利用役務の提供として、当該役務の提供を行った者（デジタルアートの利用の許諾を行った質問者）に消費税が課されることとなります[注3,4]。

（注１）　給与所得者が行う取引であっても、対価を得て行われる資産の譲渡等が反復、継続、独立して行われるものであれば、「事業として」の取引に該当します。

（注２）　無償による取引は原則として消費税の課税対象となりません。

（注３）　本取引における取引の相手方は日本の消費者であり、取引の相手方となる者が通常事業者に限られるものとは認められませんので、デジタルアートの制作者（質問者）が国外事業者に該当する場合であっても、本取引は「事業者向け電気通信利用役務の提供」には該当せず、当該役務の提供を受けた国内事業者が申告・納税を行ういわゆる「リバースチャージ方式」の対象にはなりません（消法２①八の四）。

（注４）　当該役務提供を受ける者の住所等が国外の場合には消費税の課税対象外（不課税）となります。

〔参考〕

その課税期間の基準期間[※1]における課税売上高[※2]が1,000万円を超える[※3]事業者は、消費税の課税事業者となり、消費税の申告及び納付を行う必要があります。

※1　原則として、個人事業者は前々年、法人は前々事業年度をいいます。

※2　課税売上高とは、消費税が課税される取引の売上金額（消費税及び地方消費税を除いた税抜金額）と、輸出取引などの免税売上金額の合計額です。返品、値引きや割戻し等に係る金額がある場合には、これらの合計額（消費税及び地方消費税を除いた税抜金額）を控除した残額をいいます。

　なお、基準期間において免税事業者であった場合には、その基準期間中の課税売上高には消費税が含まれていませんので、基準期間における課税売上高を計算するときには税抜きの処理は行いません。

※3　その課税期間の基準期間における課税売上高が1,000万円以下であっても、特定期間（個人事業者はその年の前年の１月１日から６月 30 日までの期間をいい、法人の場合は原則として、その事業年度の前事業年度開始の日以後６か月の期間をいいます。）における課税売上高が1,000万円を超える場合には、課税事業者となります)。

　なお、特定期間における1,000 万円の判定は、課税売上高に代えて、給与等支払額の合計額によることもできます。

【関係法令等】

消法２、４、５、9、9の２、28、45

消令６、45

消基通達１－４－５、５－１－１、５－１－２、５－７－15の２、５－８－３、５－８－４

● ＮＦＴ取引に係る消費税の取扱い②（デジタルアートに係るＮＦＴの転売者）

問 12　私は、マーケットプレイスを通じてデジタルアートの制作者からデジタルアート（著作物）が紐づけられたＮＦＴを購入した後、当該マーケットプレイスを通じて当該ＮＦＴを他者に有償で譲渡しました。私は当初の当該ＮＦＴの購入により当該デジタルアートの利用許諾を受けており、その後当該ＮＦＴを他者に譲渡することにより、当該利用許諾に係る権利（利用権）を当該他者に譲渡することになります。

なお、当該マーケットプレイスの利用規約上、当該デジタルアートに係る著作権は制作者に帰属し、著作物自体の利用の許諾は当該制作者のみが行うことができること、ＮＦＴの譲渡により著作物の利用権のみが移転することとされています。この場合の消費税の取扱いを教えて下さい。

（答）本取引は、デジタルアートの制作者（著作権者）から当該デジタルアートの利用の許諾を受けた者（質問者）が、当該利用の許諾に係る権利（著作権法第 63 条第３項の利用権）を他者に譲渡する取引であり、国内の事業者が事業として対価を得て行うものであれば、当該国内の事業者に消費税が課されます。

【解説】

○　消費税法上、国内において事業者が事業として対価を得て行う「資産の譲渡」及び「資産の貸付け」並びに「役務の提供」に対して消費税を課するとされています（注1,2）。

○　本取引は、マーケットプレイスの利用規約上、当該デジタルアートに係る著作権は制作者に帰属し、著作物自体の利用の許諾は当該制作者のみが行うことができること、ＮＦＴの譲渡により著作物の利用権のみが移転することとされています。このことから、質問者が著作権（出版権及び著作隣接権その他これに準ずる権利を含む。）自体を譲渡するものではなく、また、著作権の利用許諾を行うものでもないと認められます。

○　そうすると、本取引は、デジタルアート（著作物）が紐づけられたＮＦＴの譲渡に伴い、当該デジタルアートの制作者（著作権者）から当該デジタルアートの利用の許諾を受けた者（質問者）が、当該利用の許諾に係る権利（利用権）を他者に譲渡するものと認められます。

○　そして、当該利用権の譲渡が行われる時における資産の所在場所が明らかでないことから、本取引が国内において行われたものかどうかの判定（内外判定）は、譲渡を行う者の当該譲渡に係る事務所等の所在地が国内かどうかにより行うこととなります（消法４③一かっこ書、消令６①十）。

○　したがって、本取引が、国内において（譲渡に係る事務所等が国内に所在する事業者が）、事業として対価を得て行うものであれば、当該事業者に消費税が課されることとなります（注3）。

（注１）　給与所得者が行う取引であっても、対価を得て行われる資産の譲渡等が反復、継続、独立して行われるものであれば、「事業として」の取引に該当します。

（注２）　無償による取引は原則として消費税の課税対象となりません。

（注３）　仮に、マーケットプレイスの利用規約など当事者間の契約上、ＮＦＴの譲渡に伴い著作権を譲渡することとなっている場合には、著作権の譲渡として当該著作権の譲渡を行う者の住所地で内外判定を行うこととなり（消法４③一かっこ書、消令６①七）、譲渡の相手方が非居住者の場合には輸出免税の対象となります（消法７①五、消令17②六）。

また、当事者間の契約上、ＮＦＴの譲渡に伴い、著作権の利用を許諾することとなっている場合には、問11と同様の課税関係となります。

【関係法令等】

消法２、４、５、7、9、９の２、28、45

消令６、17、45

消基通１－４－５、５－１－１、５－１－２、５－１－３、５－７－６

● 財産債務調書への記載の要否

問 13　国内外のマーケットプレイスで購入したＮＦＴを保有しています。ＮＦＴは財産債務調書への記載の対象になりますか。

（答）保有しているＮＦＴが、12 月 31 日において暗号資産などの財産的価値を有する資産と交換できるものである場合、財産債務調書への記載が必要になります。

【解説】

○　財産債務調書には、ＮＦＴの種類別（アート、音楽、スポーツ、ゲーム等）、用途別及び所在別（注）に記載してください。

なお、財産債務調書合計表においては、「財産の区分」欄の中の「その他の財産（上記以外）」欄に記載してください。

（注）ＮＦＴの所在については、国外送金等調書規則第 12 条第 3 項第 6 号及び第 15 条第 2 項の規定により、その財産を有する方の住所（住所を有しない方にあっては、居所）の所在となります。

○　ＮＦＴを購入したマーケットプレイスの所在が国内か国外かにかかわらず、財産債務調書への記載が必要になります。

【関係法令等】

国外送金等調書法 6 の 2①

国外送金等調書令 12 の 2⑧

国外送金等調書規則 12③六、15①②、別表第三

● 財産債務調書へのＮＦＴの価額の記載方法

問 14　ＮＦＴの価額は、どのように記載すればよいですか。

（答）ＮＦＴの価額については、その年の 12 月 31 日における「時価」又は「見積価額」により記載します。

【解説】

○　財産債務調書に記載する財産の価額は、その年の 12 月 31 日における「時価」又は時価に準ずるものとして「見積価額」によることとされています。

○　ＮＦＴについては、その年の 12 月 31 日におけるＮＦＴの現況に応じ、不特定多数の当事者間で自由な取引が行われる場合に通常成立すると認められる価額を時価として記載します。

（注）その年の12月31日における市場取引価格が存在するＮＦＴについては、当該市場取引価格を時価として差し支えありません。

○　また、財産債務調書に記載する財産の価額は、その財産の時価による算定が困難な場合、見積価額を算定し記載しても差し支えありません。

ＮＦＴの見積価額は、例えば、次のような方法により算定された価額をいいます。

①　その年の 12 月 31 日における売買実例価額（その年の 12 月 31 日における売買実例価額がない場合には、その年の 12 月 31 日前の同日に最も近い日におけるその年中の売買実例価額）のうち、適正と認められる売買実例価額

②　①による価額がない場合には、その年の翌年１月１日から財産債務調書の提出期限までにそのＮＦＴを譲渡した場合における譲渡価額

③　①及び②がない場合には、取得価額

【関係法令等】

国外送金等調書法６の２④

国外送金等調書令 12 の２②

国外送金等調書規則 12⑤、15④

● 国外財産調書への記載の要否

問15　国外のマーケットプレイスで購入したＮＦＴを保有しています。ＮＦＴは国外財産調書への記載の対象になりますか。

（答）国外財産調書への記載の対象にはなりません。

【解説】

○　ＮＦＴは、国外送金等調書規則第 12 条第３項第６号の規定により、財産を有する方の住所（住所を有しない方にあっては、居所）の所在により「国外にある」かどうかを判定する財産に該当します。また、国外財産調書は、居住者（国内に住所を有し、又は現在まで引き続いて１年以上居所を有する個人をいい、非永住者を除きます。）が提出することとされています。

したがって、居住者が国外のマーケットプレイスで購入したＮＦＴは、「国外にある財産」とはなりませんので、国外財産調書への記載の対象にはならず、財産債務調書への記載の対象となります。詳しくは問 13 をご参照ください。

【関係法令等】

国外送金等調書法５
国外送金等調書令 10⑦
国外送金等調書規則 12③六

法人課税課情報	第２号	令和５年１月20日	国税庁 法人課税課

法人が保有する暗号資産に係る期末時価評価の取扱いについて（情報）

標題のことについては、暗号資産に関する法人税法上の取扱いのうち、期末の時価評価に係る質疑応答事例について別添のとおり取りまとめたから、執務の参考とされたい。

なお、暗号資産に関する一般的な法人税法上の取扱いについては、令和４年12月22日付課税総括課情報第10号ほか５課共同「暗号資産に関する税務上の取扱いについて（情報）」を参照されたい。

（別添）

法人が保有する暗号資産に係る期末時価評価の取扱いについて

この情報は、令和５年１月１日現在の法令に基づいて作成しています。

なお、この質疑応答事例において「暗号資産」とは、資金決済に関する法律第２条第５項に規定する暗号資産をいいます。

≪目　　次≫

≪凡　　例≫

法法……………………法人税法（昭和 40 年法律第 34 号）

法令……………………法人税法施行令（昭和 40 年政令第 97 号）

1　暗号資産の期末時価評価

問　当社は、事業年度終了の時に暗号資産を保有していますが、期末に何らかの処理をする必要はありますか。

答　法人が事業年度終了の時において有する暗号資産（活発な市場が存在する暗号資産(注)（本問において「市場暗号資産」といいます。）に限ります。）については、時価法により評価した金額（本問において「時価評価金額」といいます。）をもってその時における評価額とする必要があります。

なお、その市場暗号資産を自己の計算において有する場合には、その評価額と帳簿価額との差額（本問において「評価損益」といいます。）は、その事業年度の益金の額又は損金の額に算入する必要があります。

また、この評価損益は翌事業年度で洗替処理をすることになります。

なお、時価評価金額は、暗号資産の種類ごとに次のいずれかにその暗号資産の数量を乗じて計算した金額とされています。

① 価格等公表者によって公表されたその事業年度終了の日における市場暗号資産の最終の売買の価格(※1)

（※1）公表された同日における最終の売買の価格がない場合には、同日前の最終の売買の価格が公表された日でその事業年度終了の日の最も近い日におけるその最終の売買の価格となります。

② 価格等公表者によって公表されたその事業年度終了の日における市場暗号資産の最終の交換比率×その交換比率により交換される他の市場暗号資産に係る上記①の価格(※2)

（※2）公表された同日における最終の交換比率がない場合には、同日前の最終の交換比率が公表された日でその事業年度終了の日に最も近い日におけるその最終の交換比率に、その交換比率により交換される他の市場暗号資産に係る上記①の価格を乗じて計算した価格となります。

（注）活発な市場が存在する暗号資産とは、法人が保有する暗号資産のうち次の要件の全てに該当するものをいいます。

イ　継続的に売買価格等(※3)が公表され、かつ、その公表される売買価格等がその暗号資産の売買の価格又は交換の比率の決定に重要な影響を与えているものであること。

（※3）売買価格等とは、売買の価格又は他の暗号資産との交換の比率をいいます。

ロ　継続的に上記イの売買価格等の公表がされるために十分な数量及び頻度で取引が行われていること。

ハ　次の要件のいずれかに該当すること。

(イ)　上記イの売買価格等の公表がその法人以外の者によりされていること。

(ロ)　上記ロの取引が主としてその法人により自己の計算において行われた取引でないこと。

【関係法令等】

法法61
法令118の7、118の8、118の9

参　考

令和５年度税制改正の大綱（令和４年12月23日閣議決定）では、暗号資産の評価方法等について、次の見直しを行うこととされております。詳細につきましては、今後、法令等により明らかにされます。

① 法人が事業年度末において有する暗号資産のうち時価評価により評価損益を計上するものの範囲から、次の要件に該当する暗号資産を除外する。

　イ 自己が発行した暗号資産でその発行の時から継続して保有しているものであること。

　ロ その暗号資産の発行の時から継続して次のいずれかにより譲渡制限が行われているものであること。

　　(イ) 他の者に移転することができないようにする技術的措置がとられていること。

　　(ロ) 一定の要件を満たす信託の信託財産としていること。

② 自己が発行した暗号資産について、その取得価額を発行に要した費用の額とする。

2　期末時価評価の対象となる活発な市場が存在する暗号資産

問　期末時価評価の対象となる活発な市場が存在する暗号資産とはどのようなものですか。

答　活発な市場が存在する暗号資産とは、法人が保有する暗号資産のうち次の要件の全てに該当するものをいいます。

①　継続的に売買価格等(注)が公表され、かつ、その公表される売買価格等がその暗号資産の売買の価格又は交換の比率の決定に重要な影響を与えているものであること。

（注）　売買価格等とは、売買の価格又は他の暗号資産との交換の比率をいいます。

②　継続的に上記①の売買価格等の公表がされるために十分な数量及び頻度で取引が行われていること。

③　次の要件のいずれかに該当すること。

イ　上記①の売買価格等の公表がその法人以外の者によりされていること。

ロ　上記②の取引が主としてその法人により自己の計算において行われた取引でないこと。

活発な市場が存在する暗号資産に該当するかどうかは、保有する暗号資産の種類、その保有する暗号資産の過去の取引実績及びその保有する暗号資産が取引の対象とされている暗号資産取引所又は暗号資産販売所の状況等を勘案し、個々の暗号資産の実態に応じて判断することになりますが、この判断に際して、例えば、合理的な範囲内で入手できる売買価格等が暗号資産取引所又は暗号資産販売所ごとに著しく異なっていると認められる場合や、売手と買手の希望する価格差が著しく大きい場合には、上記①及び②の観点から、通常、市場は活発ではないと判断されることになります。

また、上記③の要件は、上記①の売買価格等を公表する者が自己のみであり、かつ、その売買価格等が主として自己の計算において行われた取引によって形成された価格である場合には、時価を自ら創出・操縦することによる利益調整が可能となることから、このような価格は法人税の観点から公正な価格とは言えないため、時価法の対象から除外するために設けられた要件となります。したがって、暗号資産交換業者の場合には、ある暗号資産について、自己の運営する暗号資産取引所又は暗号資産販売所の売買価格等以外の売買価格等が存在すれば、その暗号資産は上記③の要件に該当することになります。また、ある暗号資産について、自己の運営する暗号資産取引所又は暗号資産販売所の売買価格等のみが公表されている場合でも、その売買価格等が主として他の者の計算において行われた取引（取次ぎ又は代理）によるものである場合には、その暗号資産は上記③の要件に該当することになります。

【関係法令等】

法法 61

法令 118 の 7

3　ＤＥＸにおいて取引される暗号資産

問　当社が保有する暗号資産Ａは、ＤＥＸ（分散型取引所）に上場されています。本件ＤＥＸでは、自動マーケットメイカーによって現時点における当該暗号資産Ａと市場暗号資産Ｂとの交換比率が明らかにされ、その明らかにされた交換比率に基づき、随時、当該暗号資産Ａと市場暗号資産Ｂとの交換の取引が行われています。この場合に、当該暗号資産Ａは法人税法上の期末時価評価の対象となりますか。

答　暗号資産Ａが活発な市場が存在する暗号資産に該当する場合には、期末時価評価の対象となります。

法人税法上、期末時価評価の対象となる活発な市場が存在する暗号資産とは、法人が保有する暗号資産のうち次の要件の全てに該当するものをいいます。

①　継続的に売買価格等(注)が公表され、かつ、その公表される売買価格等がその暗号資産の売買の価格又は交換の比率の決定に重要な影響を与えているものであること。

（注）　売買価格等とは、売買の価格又は他の暗号資産との交換の比率をいいます。

②　継続的に上記①の売買価格等の公表がされるために十分な数量及び頻度で取引が行われていること。

③　次の要件のいずれかに該当すること。

イ　上記①の売買価格等の公表がその法人以外の者によりされていること。

ロ　上記②の取引が主としてその法人により自己の計算において行われた取引でないこと。

ところで、ＤＥＸとは、一般に中央に管理者のいない分散型取引所のことをいいますが、いわゆる市場には、随時、売買・換金等を行うことができる取引システム等が含まれると解されます。この点、本件ＤＥＸでは、自動マーケットメイカーによって現時点における暗号資産の交換比率が明らかにされ、その明らかにされた交換比率に基づき、随時、暗号資産の交換の取引が行われており、本件ＤＥＸは市場の範囲に含まれると考えられます。

このため、本件ＤＥＸにおいて公表される交換比率が他の暗号資産取引所において公表される交換比率と著しく異なるといった特殊な事情が認められず、本件ＤＥＸにおいて継続的に暗号資産の交換の取引が成立しているのであれば、本件ＤＥＸにおいて取引の対象となる暗号資産は上記①から③までの要件を満たす限り期末時価評価の対象となり、通常は、本件ＤＥＸによって公表された事業年度終了の時における最終の交換比率に、その交換比率により交換される他の活発な市場が存在する暗号資産の事業年度終了の時における最終の売買価格を乗じて計算した金額が期末時価評価金額になるものと考えられます。

【関係法令等】

法法61

法令118の7、118の8

4　ステーキングのためロックアップした暗号資産の期末時価評価

問　当社は、保有する暗号資産Ａについて、ステーキングによる報酬を得るために、ロックアップ（暗号資産を他に移転できないような仕組みを採用）を行っております。この暗号資産Ａに関しましては、所定の条件を満たしてロックアップが解除されるまでは、当社は譲渡ができない状態になっております。この場合、当社がロックアップしている暗号資産Ａについては、法人税法上の期末時価評価の対象となり、評価損益を益金の額又は損金の額に算入する必要がありますか。

なお、暗号資産Ａは、暗号資産取引所に上場されており、十分な数量及び頻度で取引が行われ、継続的に売買価格等が公表されております。また、当社は、その暗号資産取引所を運営しておらず、その暗号資産取引所で暗号資産Ａの取引も行っておりません。

答　法人税法上の期末時価評価の対象となり、評価額と帳簿価額との差額を益金の額又は損金の額に算入することとなります。

法人が事業年度終了の時において有する暗号資産のうち、活発な市場が存在する暗号資産を自己の計算において有する場合には、時価法により評価した金額をもってその時における評価額とし、その評価額と帳簿価額との差額をその事業年度の益金の額又は損金の額に算入する必要があります。

本件ではその保有する暗号資産はロックアップにより譲渡できない状態となっておりますが、ロックアップ期間中にステーキング報酬を得ることができます。また、その保有する暗号資産の将来的な価格変動リスク等を貴社が負うため、自己の計算において暗号資産Ａを有するものと考えられます。

その他、本件においては、暗号資産Ａは継続的に売買価格等が公表されている等の所定の要件を満たしますので、活発な市場が存在する暗号資産となり、貴社は事業年度終了の時において有する暗号資産Ａについて、時価法により評価した金額をもってその時における評価額とし、その評価額と帳簿価額との差額は、その事業年度の益金の額又は損金の額に算入する必要があります。

【関係法令等】

法法61

法令 118 の 7

5　貸付けをした暗号資産の期末時価評価

問　当社は、保有する暗号資産Ａについて、使用料を得るために相対による貸付けを行っております。この暗号資産Ａに関しては、貸付期間が終了するまでは、当社は譲渡ができない状態になっております。この場合、当社が貸付けしている暗号資産Ａについては、法人税法上の期末時価評価の対象となり、評価損益を益金の額又は損金の額に算入する必要がありますか。

なお、暗号資産Ａは、暗号資産取引所に上場されており、十分な数量及び頻度で取引が行われ、継続的に売買価格等が公表されております。また、当社は、その暗号資産取引所を運営しておらず、その暗号資産取引所で暗号資産Ａの取引も行っておりません。

答　法人税法上の期末時価評価の対象となり、評価額と帳簿価額との差額を益金の額又は損金の額に算入することとなります。

法人が事業年度終了の時において有する暗号資産のうち、活発な市場が存在する暗号資産を自己の計算において有する場合には、時価法により評価した金額をもってその時における評価額とし、その評価額と帳簿価額との差額をその事業年度の益金の額又は損金の額に算入する必要があります。

本件ではその保有する暗号資産を貸し付けておりますが、貸付期間中に使用料を得ることができます。また、その保有する暗号資産の将来的な価格変動リスク等を貴社が負うため、自己の計算において暗号資産Ａを有するものと考えられます。

その他、本件においては、暗号資産Ａは継続的に売買価格等が公表されている等の所定の要件を満たしますので、活発な市場が存在する暗号資産となり、貴社は事業年度終了の時において有する暗号資産Ａについて、時価法により評価した金額をもってその時における評価額とし、その評価額と帳簿価額との差額は、その事業年度の益金の額又は損金の額に算入する必要があります。

【関係法令等】

法法61
法令 118 の 7

6　借入れをした暗号資産の期末時価評価

問　当社は、暗号資産交換業者以外の者から相対により暗号資産Ａを借り入れ、これを借入期間が終了するまで貸付け等により運用することで収益を得ています。この場合、当社が借入れをしている暗号資産Ａについては、法人税法上の期末時価評価の対象となり、評価損益を益金の額又は損金の額に算入する必要がありますか。

なお、暗号資産Ａは、暗号資産取引所に上場されており、十分な数量及び頻度で取引が行われ、継続的に売買価格等が公表されております。また、当社は、その暗号資産取引所を運営しておらず、その暗号資産取引所で暗号資産Ａの取引も行っておりません。

答　法人税法上の期末時価評価の対象とはなり得ますが、評価額と帳簿価額との差額を益金の額又は損金の額に算入する必要はありません。

法人が事業年度終了の時において有する暗号資産のうち、活発な市場が存在する暗号資産については、時価法により評価した金額をもってその時における評価額とし、また、その暗号資産を自己の計算において有する場合は、その評価額と帳簿価額との差額をその事業年度の益金の額又は損金の額に算入する必要があります。

ここでいう「有する」とは、所有権の対象とならないようなものを包摂する広い概念であり、暗号資産を借り入れている貴社がその借入暗号資産の処分権を有していること等に鑑みると、貴社は暗号資産を有していると解される場合もあると考えられます。本件においては、暗号資産Ａは継続的に売買価格等が公表されている等の所定の要件を満たしますので、活発な市場が存在する暗号資産となり、貴社が暗号資産を有していると解される場合には、暗号資産Ａについて、時価法により評価した金額をもってその時における評価額とすることになります。

しかしながら、返還を要する暗号資産Ａの将来的な価格変動リスク等を貴社が負わないことに鑑みると、一般的には自己の計算において暗号資産Ａを有するとは言えないため、その評価額と帳簿価額との差額をその事業年度の益金の額又は損金の額に算入する必要はありません。

【関係法令等】

法法61
法令 118 の 7

参　考

令和５年度税制改正の大綱（令和４年 12 月 23 日閣議決定）では、法人が暗号資産交換業者以外の者から借り入れた暗号資産の譲渡をした場合において、その譲渡をした日の属する事業年度終了の時までにその暗号資産と種類を同じくする暗号資産の買戻しをしていないときは、その時においてその買戻しをしたものとみなして計算した損益相当額を計上する見直しを行うこととされております。詳細につきましては、今後、法令等により明らかにされます。

課税総括課情報 個人課税課情報 法人課税課情報 資産課税課情報 資産評価企画官情報 消費税室情報	第５号 第６号 第５号 第19号 第４号 第３号	令和６年12月20日	国税庁 課税総括課 個人課税課 法人課税課 資産課税課 資産評価企画官 消費税室

暗号資産等に関する税務上の取扱いについて（情報）

令和５年12月25日付「暗号資産等に関する税務上の取扱いについて（ＦＡＱ）」を別添のとおり改訂したので、執務の参考とされたい。

（別添）

暗号資産等に関する税務上の取扱いについて（ＦＡＱ）

平成30年11月
（令和６年12月最終改訂）
国税庁

このＦＡＱは、暗号資産及び電子決済手段に関する税務上の取扱いについて、税目ごとに寄せられた一般的な質問等を取りまとめたものです。

※　この情報は、令和６年12月１日現在の法令・通達等に基づいて作成しています。
　なお、このＦＡＱにおいて「暗号資産」とは、資金決済に関する法律第２条第14項に規定する暗号資産をいいます。また、「電子決済手段」とは同条第５項第１号から第３号までに規定する電子決済手段をいいます。

≪目　次≫

〔凡　　例〕

文中、文末引用の法令等の略称は以下のとおりです。

所法……………………所得税法（昭和 40 年法律第 33 号）
法法……………………法人税法（昭和 40 年法律第 34 号）
相法……………………相続税法（昭和 25 年法律第 73 号）
消法……………………消費税法（昭和 63 年法律第 108 号）
措法……………………租税特別措置法（昭和 32 年法律第 26 号）
国外送金等調書法……内国税の適正な課税の確保を図るための国外送金等に係る調書の提出等に関する法律（平成９年法律第 110 号）
決済法…………………資金決済に関する法律（平成 21 年法律第 59 号）
所令……………………所得税法施行令（昭和 40 年政令第 96 号）
法令……………………法人税法施行令（昭和 40 年政令第 97 号）
消令……………………消費税法施行令（昭和 63 年政令第 360 号）
国外送金等調書令……内国税の適正な課税の確保を図るための国外送金等に係る調書の提出等に関する法律施行令（平成９年政令第 363 号）
法規……………………法人税法施行規則（昭和 40 年省令第 12 号）
国外送金等調書規則…内国税の適正な課税の確保を図るための国外送金等に係る調書の提出等に関する法律施行規則（平成９年大蔵省令第 96 号）
所基通達………………所得税基本通達（昭和 45 年７月１日付直審（所）30）
法基通達………………法人税基本通達（昭和 44 年５月１日付直審（法）25）
相基通達………………相続税法基本通達（昭和 34 年１月 28 日付直資 10）
評価通達………………財産評価基本通達（昭和 39 年４月 25 日付直資 56、直審（資）17）
所経理通達……………消費税法等の施行に伴う所得税の取扱いについて（平成元年３月 29 日付直所３－８、直資３－６）
法経理通達……………消費税法等の施行に伴う法人税の取扱いについて（平成元年３月１日付直法２－１）

（注意事項）

このＦＡＱは、暗号資産及び電子決済手段による一般的な取引等を前提に作成したものであり、各取引事例等（取引金額や取引相場を含みます。）は架空のものです。

このＦＡＱで使用している事例等における計算式において、暗号資産の単位は以下のとおり表記しています。

・ビットコイン…BTC
・リップル………XRP

≪1　所得税・法人税共通関係≫

1－1　暗号資産を売却した場合〔令和２年12月更新〕

問　次の暗号資産取引を行った場合の所得の計算方法を教えてください。

（例）・　4月2日　4,000,000円で4BTCを購入した。

・　4月20日　0.2 BTCを210,000円で売却した。

（注）　上記取引において暗号資産の売買手数料については勘案していない。

答　上記（例）の場合の所得金額は、次の計算式のとおりです。

【計算式】

210,000円［譲渡価額］－（（4,000,000円÷4BTC）［1BTC当たりの価額(注1)］×0.2BTC［売却した数量］）［譲渡原価］＝10,000円(注2)［所得金額］

（注）1　総平均法又は移動平均法のうちいずれか選択した方法（選択しない場合、個人においては総平均法、法人においては移動平均法）により計算した金額となります。

2　その他の必要経費がある場合には、その必要経費の額を差し引いた金額となります。

保有する暗号資産を売却（日本円に換金）した場合の所得金額は、その暗号資産の譲渡価額とその暗号資産の譲渡原価等との差額となります。

【関係法令等】

所法36、37、48の２

所令119の２、119の５

法法61

法令118の６

1－2　暗号資産で商品を購入した場合〔令和２年12月更新〕

問　次の暗号資産取引を行った場合の所得の計算方法を教えてください。
（例）・　４月２日　4,000,000円で４BTCを購入した。
・　10月５日　403,000円（消費税等込）の商品を購入する際の決済に0.3 BTCを支払った。なお、取引時における交換レートは１BTC＝1,350,000円であった。
（注）　上記取引において暗号資産の売買手数料については勘案していない。

答　上記（例）の場合の所得金額は、次の計算式のとおりです。

【計算式】

403,000円［商品価額(＝ビットコインの譲渡価額)］ － （(4,000,000円÷４BTC)［１BTC当たりの価額(注1)］ × 0.3BTC［支払った数量］）［譲渡原価］ ＝ 103,000円(注2)［所得金額］

（注）１　総平均法又は移動平均法のうちいずれか選択した方法（選択しない場合、個人においては総平均法、法人においては移動平均法）により計算した金額となります。
２　その他の必要経費がある場合には、その必要経費の額を差し引いた金額となります。

保有する暗号資産で商品を購入した場合、保有する暗号資産を譲渡したことになりますので、この譲渡に係る所得金額は、その暗号資産の譲渡価額とその暗号資産の譲渡原価等との差額となります。

【関係法令等】

所法36、37、48の２
所令119の２、119の５
法法61
法令118の６

１－３　暗号資産同士の交換を行った場合〔令和２年12月更新〕

問　次の暗号資産取引を行った場合の所得の計算方法を教えてください。

（例）・　４月２日　4,000,000円で４BTCを購入した。

・　11月２日　40XRPを購入する際の決済に１BTCを支払った。なお、取引時における交換レートは１XRP＝30,000円であった。

（注）　１　上記取引において暗号資産の売買手数料については勘案していない。

２　上記取引は一時的に必要な暗号資産を取得した場合には該当しないケースである。

答　上記（例）の場合の所得金額は、次の計算式のとおりです。

【計算式】

（30,000円×40XRP）［リップルの購入価額（＝ビットコインの譲渡価額）］－（（4,000,000円÷４BTC）［１BTC当たりの価額(注１)］×１BTC［支払った数量］）［譲渡原価］＝200,000円(注２)［所得金額］

（注）１　総平均法又は移動平均法のうちいずれか選択した方法（選択しない場合、個人においては総平均法、法人においては移動平均法）により計算した金額となります。

２　その他の必要経費がある場合には、その必要経費の額を差し引いた金額となります。

保有する暗号資産Ａを他の暗号資産Ｂと交換した場合、暗号資産Ａで暗号資産Ｂを購入したことになりますので、「１－２　暗号資産で商品を購入した場合」と同様に、暗号資産Ａの譲渡に係る所得金額を計算する必要があります。

【関係法令等】

所法36、37、48の２

所令119の２、119の５

法法61

法令118の６

1－4　暗号資産による寄附を行った場合〔令和6年12月追加〕

問　次のとおり暗号資産による寄附を行った場合の税務上の取扱いを教えてください。

（例）・　自己が保有している帳簿価額5,000,000円の4BTCを認定特定非営利活動法人であるA協会の行う特定非営利活動に係る事業に関連する寄附として、X年4月2日にA協会が保有するウォレットに移転した。

・　本件寄附は、出資に関する業務以外の業務に充てられる。

・　本件寄附に対して、A協会から対価性のある返礼は受け取っていない。

・　本件寄附について、A協会から次の事項を証する書類で、寄附者として自己の氏名（名称）及び住所（所在地）が記載されたものを受け取っている。

①　A協会が寄附金を受領した旨

②　寄附金がA協会の行う特定非営利活動に係る事業に関連する旨

③　寄附金の額は5,400,000円である旨

④　寄附金の受領年月日はX年4月2日である旨

（注）　上記③の寄附金の額については、暗号資産取引所によって公表されたX年4月1日における1BTCの最終の売買の価格である1,350,000円に4を乗じて計算した金額が記載されたものであるが、このX年4月1日における1BTCの最終の売買の価格とA協会が4BTCを保有するウォレットで受領した時の1BTCの売買の価格とに大きな差異は認められない。

答　上記（例）の場合の5,400,000円は、認定特定非営利活動法人に対する寄附金の額となります。また、帳簿価額5,000,000円と寄附金の額5,400,000円との差額である400,000円は、暗号資産の譲渡に係る利益の額となります。

（所得税法における取扱い）

所得税法上、寄附は金銭（日本円）によるものに限られません。暗号資産の寄附をした場合には、その寄附をした時におけるその暗号資産の価額に相当する金額（時価）が寄附金の額となります。

この時価については、原則として、A協会が保有するウォレットで寄附に係る暗号資産を受領した時のその暗号資産の市場価格となりますが、取引相場に大きな変動が認められないような場合には、価格等公表者（注1）によって公表されたその受領した日の前日の最終の売買の価格により計算した金額を付することとしても課税上の弊害はないと考えられます。

なお、個人が認定特定非営利活動法人に対して一定の寄附金（注2）を支出した場合には、その支出した寄附金の額について、支出した年分の所得控除として寄附金控除の適用を受けるか、又は支出した年分の税額控除の適用を受けるか、いずれか有利な方を選択することができます。

（注）1　暗号資産の売買価格等（※）を継続的に公表し、かつ、その公表する売買価格等がその暗号資産の売買の価格又は交換の比率の決定に重要な影響を与えている場合におけるその公表をする一定の者をいいます。

（※）売買価格等とは、売買の価格又は他の暗号資産との交換の比率をいいます。

2　寄附をした個人に特別の利益が及ぶと認められるもの及び出資に関する業務に充てられることが明らかなものを除きます。

また、個人が暗号資産の贈与（相続人に対する贈与で被相続人である贈与者の死亡により効力を生ずるものを除きます。）をした場合には、事業所得又は雑所得の金額の計算上、その贈与の時における暗号資産の価額を総収入金額に算入することとされています。したがって、保有する暗号資産を法人に寄附した場合には、寄附をした個人の事業所得又は雑所得の計算上、その寄附の時における暗号資産の価額（時価）を総収入金額に、その暗号資産の帳簿価額を必要経費に、それぞれ算入することとなります。

（法人税法における取扱い）

法人税についても同様に、暗号資産の寄附をした場合には、その寄附をした時におけるその暗号資産の価額に相当する金額（時価）が寄附金の額となります。

なお、法人が支出した寄附金の額のうちに認定特定非営利活動法人又は特例認定特定非営利活動法人に対するこれらの法人の行う特定非営利活動に係る事業に関連する寄附金[注3]の額がある場合には、その寄附金の額は、一般の寄附金に係る損金算入限度額とは別枠で、寄附をした法人の区分に応じて計算される損金算入限度額の範囲内で損金の額に算入されることとなります。

（注）3　出資に関する業務に充てられることが明らかなものを除きます。

また、A協会に暗号資産の寄附をする行為は、A協会に暗号資産を無償で譲渡する行為であるため、その譲渡の時における暗号資産の価額とその暗号資産の帳簿価額に相当する金額の差額である譲渡損益額を、その事業年度の所得の金額の計算上、益金の額又は損金の額に算入することとなります。

【関係法令等】

所法40、78

所令87

法法37、61

措法41の18の2、66の11の3

1－5　暗号資産の取得価額　〔令和６年12月更新〕

問　国内の暗号資産交換業者から、暗号資産を購入しましたが、その際に手数料を支払いました。この場合の購入した暗号資産の取得価額はどうなりますか。

（例）10月２日　２BTCを2,000,000円で購入した。購入時に手数料550円（消費税等込）を支払った。

答　上記（例）の場合の暗号資産の取得価額は、購入の代価2,000,000円に手数料550円を加算した2,000,550円になります。

暗号資産の取得価額は、その取得の方法により、それぞれ次のとおりとされています。

なお、次の①の場合の取得価額は、購入手数料など暗号資産の購入のために要した費用がある場合には、その費用の額を加算した金額となります。

①　対価を支払って取得（購入）した場合
　購入時に支払った対価の額

②　自己が発行することにより取得した暗号資産
　その発行のために要した費用の額

③　贈与又は遺贈により取得した場合（次の④の場合を除く。）
　贈与又は遺贈の時の価額（時価）

④　相続人に対する死因贈与、相続、包括遺贈又は相続人に対する特定遺贈により取得した場合
　被相続人の死亡の時に、その被相続人が暗号資産について選択していた方法により評価した金額（被相続人が死亡時に保有する暗号資産の評価額）

⑤　上記以外の場合
　その取得時点の価額（時価）

（注）　上記以外の場合とは、例えば、暗号資産同士の交換、マイニング（採掘）、分裂（分岐）などにより暗号資産を取得した場合をいい、その場合の取得価額は、取得時点の価額（時価）になります。なお、分裂（分岐）により暗号資産を取得した場合の取得価額は０円です（「１－５　暗号資産の分裂（分岐）により暗号資産を取得した場合」参照）。

【参考】消費税の課税事業者（税抜経理方式を適用）である法人が、上記（例）の取引を行う場合の購入した暗号資産の取得価額

上記（例）の場合の暗号資産の取得価額は2,000,500円（注１、２）になります。

（注）１　消費税法では、暗号資産などの支払手段等の譲渡は非課税とされていますが、暗号資産交換業者に対して取引の仲介料として支払う手数料は、仲介に係る役務の提供の対価に該当し、消費税の課税対象になります。

２　本件取引を行う者が消費税法上の課税事業者に該当し、かつ、税抜経理方式を適用している場合には、手数料に含まれる消費税等の額（50円＝550円×10/110）と課税取引の対価の額（500円＝550円－50円）を区分し、課税取引の対価の額を暗号資産の支払対価の額に加算した金額（2,000,500円＝2,000,000円＋500円）が購入した暗号資産の取得価額となります。

【関係法令等】

所法36、37、40
所令119の６
所経理通達２
法法61
法令118の５
法経理通達２

１－６　暗号資産の分裂（分岐）により暗号資産を取得した場合〔令和２年12月更新〕

問　暗号資産の分裂（分岐）に伴い、新たに誕生した暗号資産を取得しましたが、この取得により、所得税又は法人税の課税対象となる所得は生じますか。

答　暗号資産の分裂（分岐）により新たに誕生した暗号資産を取得した場合、その時点では課税対象となる所得は生じません。

所得税法上、経済的価値のあるものを取得した場合には、その取得時点における時価を基にして所得金額を計算します。

しかしながら、ご質問の暗号資産の分裂（分岐）に伴い取得した新たな暗号資産については、分裂（分岐）時点において取引相場が存しておらず、同時点においては価値を有していなかったと考えられます。

したがって、その取得時点では所得が生じず、その新たな暗号資産を売却又は使用した時点において所得が生ずることとなります。

なお、その新たな暗号資産の取得価額は０円となります。

法人税についても同様に、分裂（分岐）に伴い取得した新たな暗号資産の取得価額は０円となり、分裂（分岐）に伴い新たな暗号資産を取得したことによりその事業年度の所得の金額の計算上益金の額に算入すべき収益の額はないものと考えられます。

【関係法令等】

所法 36

法法 22

1－7　マイニング、ステーキング、レンディングなどにより暗号資産を取得した場合〔令和３年12月更新〕

問　マイニング、ステーキング、レンディングなどにより暗号資産を取得した場合の所得税又は法人税の課税関係はどのようになりますか。

答　マイニング、ステーキング、レンディングなどにより暗号資産を取得した場合、その取得に伴い生ずる利益は所得税又は法人税の課税対象となります。

いわゆる「マイニング」、「ステーキング」、「レンディング」など（以下「マイニング等」といいます。）により暗号資産を取得した場合、その取得した暗号資産の取得時点の価額（時価）については所得の金額の計算上総収入金額（法人税においては益金の額）に算入され、マイニング等に要した費用については所得の金額の計算上必要経費（法人税においては損金の額）に算入されることになります。

【関係法令等】

所法27、35、36、37

法法22、22の２

1－8　非居住者又は外国法人が行う暗号資産取引〔令和4年12月更新〕

問　私は、アメリカに居住していますが、保有する暗号資産を日本の暗号資産交換業者に売却しました。この場合、日本での申告は必要でしょうか。

答　日本での申告の必要はありません。

日本の所得税では、日本に居住する方は、全世界で稼得した所得が課税対象となり、外国に居住する方（非居住者）は、日本で発生した所得（国内源泉所得）が課税対象となります。

そのうえで、国内源泉所得の対象となる資産の譲渡に係る所得（恒久的施設に帰属する所得を除きます。）は、次に掲げるものなどに限定されており、外国に居住する方（非居住者）が日本の暗号資産交換業者に保有する暗号資産を譲渡することにより生ずる所得は、所得税の課税対象とされていません。

①　国内にある不動産の譲渡による所得
②　国内にある不動産の上に存する権利等の譲渡による所得
③　国内にある山林の伐採又は譲渡による所得
④　内国法人の発行する株式等の譲渡による所得で一定のもの
⑤　不動産関連法人の株式等の譲渡による所得
⑥　非居住者が国内に滞在する間に行う国内にある資産の譲渡による所得

外国法人についても同様に日本での申告の必要はありません。

（注）　外国に居住する方（非居住者）や外国法人が日本の暗号資産交換業者に保有する暗号資産を譲渡することにより生ずる所得については、源泉徴収の対象ともされていません。

【関係法令等】

所法161、212
所令281
法法138
法令178

≪２　所得税関係≫

２－１　暗号資産取引による所得の総収入金額の収入すべき時期〔令和４年12月更新〕

問　暗号資産取引を行ったことにより生じた利益について、いつの年分の収入とすべきですか。

答　原則として売却等をした暗号資産の引渡しがあった日の属する年分となります。
ただし、選択により、その暗号資産の売却等に関する契約をした日の属する年分とすることもできます。

暗号資産取引により生じた損益については、原則として雑所得（その他雑所得）に区分され（「２－２　暗号資産取引の所得区分」参照）、雑所得（その他雑所得）の収入すべき時期は、その収入の態様に類似する、他の所得の収入すべき時期に準じて判定した日とされています。

したがって、暗号資産取引により生じた所得の総収入金額の収入すべき時期は、その収入の態様を踏まえ、資産の譲渡による所得の収入すべき時期に準じて判定します。

【関係法令等】

所法35、36

所基通達36－12、36－14

２－２　暗号資産取引の所得区分〔令和４年12月更新〕

問　暗号資産取引により生じた利益は、所得税法上の何所得に区分されますか。

答　暗号資産取引により生じた利益は、所得税の課税対象になり、原則として雑所得（その他雑所得）に区分されます。

暗号資産取引により生じた損益は、邦貨又は外貨との相対的な関係により認識される損益と認められますので、原則として、雑所得（その他雑所得）に区分されます。

ただし、その年の暗号資産取引に係る収入金額が300万円を超える場合には、次の所得に区分されます。

・　暗号資産取引に係る帳簿書類の保存がある場合・・・原則として、事業所得

・　暗号資産取引に係る帳簿書類の保存がない場合・・・原則として、雑所得（業務に係る雑所得）

なお、「暗号資産取引が事業所得等の基因となる行為に付随したものである場合」、例えば、事業所得者が、事業用資産として暗号資産を保有し、棚卸資産等の購入の際の決済手段として暗号資産を使用した場合は、事業所得に区分されます。

【関係法令等】

所法27、35、36

所基通達35－2

２－３　暗号資産の必要経費〔令和４年12月更新〕

問　暗号資産の売却による所得を申告する場合、どのような支出が必要経費となりますか。

答　暗号資産の売却による所得の計算上、必要経費となるものには、例えば次の費用があります。

・　その暗号資産の譲渡原価

・　売却の際に支払った手数料

このほか、インターネットやスマートフォン等の回線利用料、パソコン等の購入費用などについても、暗号資産の売却のために直接必要な支出であると認められる部分の金額に限り、必要経費に算入することができます。

暗号資産の売却による所得は、原則として雑所得（その他雑所得）に区分されますので、その所得金額は、総収入金額から必要経費を控除することにより算出します（「２－２　暗号資産取引の所得区分」参照）。

この必要経費に算入できる金額は、暗号資産の譲渡原価その他暗号資産の売却等に際し直接要した費用の額です。

必要経費については、次の事項に注意してください。

①　インターネットやスマートフォン等の回線利用料については、一般的に、暗号資産取引に係る利用料とそれ以外の利用料を一括で支払うこととなりますが、このような支出については、暗号資産取引に係る利用料を明確に区分できる場合に限り、その明確に区分された金額を必要経費に算入することができます。

②　パソコンなど、使用可能期間が１年以上で、かつ、一定金額を超える資産については、その年に一括して必要経費に計上するのではなく、使用可能期間の全期間にわたり分割して必要経費（こうした費用を「減価償却費」といいます。）とする必要があります。

なお、暗号資産取引に係る所得が、事業所得又は雑所得（業務に係る雑所得）に区分される場合には、その年における販売費、一般管理費その他その所得を生ずべき業務について生じた費用の額も必要経費に算入することができます。

【関係法令等】

所法37、45、48の２

所令96

２－４　暗号資産の譲渡原価〔令和２年12月更新〕

問　次のとおり、継続して同じ種類の暗号資産を売買しました。この場合の暗号資産の売却に関する譲渡原価について教えてください。

（例）　３月１日に初めてビットコインを購入して以降、内訳のとおり、数度にわたり購入と売却を行い、１年間の売却額（数量）の総額は、5,295,000円（５BTC）、購入額（数量）の総額は、4,037,800円（6.5 BTC）でした。

（内訳）・　３月１日　４BTCを1,845,000円で購入（保有数量４BTC）
・　６月20日　２BTCを1,650,000円で購入（保有数量６BTC）
・　７月10日　２BTCを2,400,000円で売却（保有数量４BTC）
・　９月15日　0.5 BTCを542,800円で購入（保有数量4.5BTC）
・　11月30日　３BTCを2,895,000円で売却（保有数量1.5BTC）

（注）上記取引において暗号資産の売買手数料については勘案していない。

答　上記（例）の場合、総平均法においては3,106,000円、移動平均法においては3,080,200円が、譲渡原価となります。

複数の暗号資産を継続的に売買する方がその売却等に係る所得金額を計算する際には、譲渡原価の計算を行う必要があります。

譲渡原価は、暗号資産の種類（名称：ビットコインなど）ごとに、「①：前年から繰り越した年初（１月１日）時点で保有する暗号資産の評価額」と「②：その年中に取得した暗号資産の取得価額の総額」との合計額から、「③：年末（12月31日）時点で保有する暗号資産の評価額」を差し引いて計算します。

この「年末時点で保有する暗号資産の評価額」は、その保有する暗号資産の「年末時点での１単位当たりの取得価額」に「年末時点で保有する数量」を乗じて求めますが、「年末時点での１単位当たりの取得価額」は、「総平均法」又は「移動平均法」のいずれかの評価方法により算出することとされています。

上記（例）の場合の譲渡原価は、その評価方法の別に次のとおりとなります。

総平均法：　同じ種類の暗号資産について、年初時点で保有する暗号資産の評価額とその年中に取得した暗号資産の取得価額との総額との合計額をこれらの暗号資産の総量で除して計算した価額を「年末時点での１単位当たりの取得価額」とする方法をいいます。

移動平均法：　同じ種類の暗号資産について、暗号資産を取得する都度、その取得時点において保有している暗号資産の簿価の総額をその時点で保有している暗号資産の数量で除して計算した価額を「取得時点の平均単価」とし、その年12月31日から最も近い日において算出された「取得時点の平均単価」を「年末時点での１単位当たりの取得価額」とする方法をいいます。

総平均法を用いた場合

以下の計算式のとおり、「年末時点での１単位当たりの取得価額」は 621,200 円となり、「年末時点で保有する暗号資産の評価額」は 931,800 円になります。

したがって、譲渡原価は、3,106,000 円になります（4,037,800 円－931,800 円）。

＜計算式＞

$$\frac{\text{① １年間に取得した同一種類（名称）の暗号資産の取得価額の総額}}{\text{② １年間に取得した同一種類（名称）の暗号資産の数量}} = \text{③ 年末時点での１単位当たりの取得価額}$$

（注）前年から繰り越した暗号資産がある場合には、①と②にそれぞれにその価額、数量を加算します。

① １年間に取得したビットコインの取得価額の総額	4,037,800 円
② １年間に取得したビットコインの数量	6.5BTC
③ 年末時点での１単位当たりの取得価額（①÷②）	621,200 円
④ 年末時点で保有するビットコインの評価額（③×1.5BTC）	931,800 円

移動平均法を用いた場合

以下の計算式のとおり、「年末時点での１単位当たりの取得価額」は 638,400 円となり、「年末時点で保有する暗号資産の評価額」は 957,600 円になります。

したがって、譲渡原価は、3,080,200 円になります（4,037,800 円－957,600 円）。

＜計算式＞

種類（名称）の異なる暗号資産を取得する都度、次の計算式により平均単価の見直しを行います。

$$\frac{\text{① 取得時点で保有する同一種類（名称）の暗号資産の簿価の総額}}{\text{② 取得時点で保有する同一種類（名称）の暗号資産の数量}} = \text{③ 取得時点の平均単価}$$

（注）１　前年から繰り越した暗号資産がある場合には、①と②にそれぞれにその価額、数量を加算します。

２　その年 12 月 31 日から最も近い日において算出された「取得時点の平均単価」が「年末時点での１単位当たりの取得価額」となります。

⑴　取得時点の平均単価（３月１日）

① 取得時点で保有するビットコインの簿価の総額	1,845,000 円
② 取得時点で保有するビットコインの数量	4 BTC
③ 取得時点の平均単価（①÷②）	461,250 円

⑵　取得時点の平均単価（６月 20 日）

①　取得時点で保有するビットコインの簿価の総額　3,495,000 円

(461,250 円　×　4 BTC)　＋　1,650,000 円　＝　3,495,000 円

（取得の時に保有している暗号資産の簿価）　（6 月 20 日購入額）

②　取得時点で保有するビットコインの数量　6 BTC

③　取得時点の平均単価（①÷②）　582,500 円

⑶　取得時点の平均単価（９月 15 日）

①　取得時点で保有するビットコインの簿価の総額　2,872,800 円

(582,500 円　×　4 BTC)　＋　542,800 円　＝　2,872,800 円

（取得の時に保有している暗号資産の簿価）　（9 月 15 日購入額）

②　取得時点で保有するビットコインの数量　4.5BTC

③　取得時点の平均単価（①÷②）　638,400 円

⑷　年末時点での１単位当たりの取得価額　638,400 円

＝９月 15 日取得時点の平均単価　638,400 円

⑸　年末時点で保有するビットコインの評価額

638,400 円　×　1.5BTC　＝　957,600 円

（年末時点での 1 単位当たりの取得価額）（年末時点で保有する数量）

※　暗号資産の譲渡原価を含め、その売却等に係る所得金額の計算については、暗号資産交換業者から送付される「年間取引報告書」を基に「暗号資産の計算書（総平均法用・移動平均法用）」を作成することで、簡便に行うことができます（「２－８　年間取引報告書を活用した暗号資産の所得金額の計算」参照）。

「暗号資産の計算書（総平均法用・移動平均法用）」は、国税庁ホームページに掲載されています。

https://www.nta.go.jp/publication/pamph/shotoku/kakuteishinkokukankei/kasoutuka/index.htm

【関係法令等】

所法48の２

所令 119 の２

２－５　暗号資産の評価方法の届出〔令和２年12月更新〕

問　初めて暗号資産を取得しましたが、その暗号資産の評価方法を選定する必要があると聞きました。選定の具体的な手続を教えてください。

答　初めて暗号資産を取得した年分の確定申告期限（原則：翌年３月 15 日）までに、納税地の所轄税務署長に対し、「所得税の暗号資産の評価方法の届出書」の提出が必要です。

「２－４　暗号資産の譲渡原価」のとおり、暗号資産の売却等に係る譲渡原価の計算の基礎となる年末（12 月 31 日）時点で保有する暗号資産の評価額については、「総平均法」又は「移動平均法」のいずれかの評価方法により算出することとされています。

これらの評価方法は、暗号資産の種類（名称）ごとに選定することとされており、

①　初めて暗号資産を取得した場合

②　異なる種類の暗号資産を取得した場合

には、その取得した年分の確定申告期限（原則：翌年３月 15 日）までに、納税地の所轄税務署長に対し、その選定した評価方法など所定の事項を記載した届出書（所得税の暗号資産の評価方法の届出書）を提出する必要があります。

（注）１　この取扱いは、令和元年の所得税法等の改正により措置されたものです

２　評価方法の届出書の提出がない場合には、評価方法は「総平均法」になります。

３　「所得税の暗号資産の評価方法の届出書」の記載例は、次ページに掲載しています。

【関係法令等】

所法48の２

所令 119 の２、119 の３、119 の５

所得税法施行令の一部を改正する政令（平成 31 年政令第 95 号）附則４

（参考様式）所得税の暗号資産の評価方法の届出書の記載例

税務署受付印

1170

所得税の~~有価証券~~暗号資産の評価方法の届出書

麹町 税務署長

令和 4 年 6 月 1 日提出

納税地	(住所地)・居所地・事業所等（該当するものを○で囲んでください。） （〒 XXX － XXXX ） 東京都千代田区霞が関○○-○○ （TEL XX － XXXX － XXXX ）
上記以外の住所地・事業所等	納税地以外に住所地・事業所等がある場合は記載します。 （〒 － ） （TEL － － ）
フリガナ	ゼイム イチロウ
氏名	税務 一郎
生年月日	大正・(昭和)・平成・令和 62年 1月 8日生
職業	会社員
フリガナ	
屋号	

~~有価証券~~暗号資産の評価方法については、次によることとしたので届けます。

1 評価方法

区分	種類	評価方法	新たに取得した年月日
有価証券・(暗号資産)	ビットコイン	総平均法	令和4年4月1日
有価証券・暗号資産			
有価証券・暗号資産			
有価証券・暗号資産			
有価証券・暗号資産			
有価証券・暗号資産			

2 その他参考事項

関与税理士

（TEL － － ）

税務署整理欄	整理番号	関係部門連絡	A	B	C		
	0						
	通信日付印の年月日	確認印					
	年 月 日						

本様式は国税庁ホームページからダウンロードできます。

https://www.nta.go.jp/taxes/tetsuzuki/shinsei/annai/shinkoku/annai/21kasou.htm

保有する暗号資産の種類が多く、届出書の「1　評価方法」に記載することができない場合は、適宜の用紙に「1　評価方法」に該当する項目を記載の上、届出書と併せて提出してください。

２－６　暗号資産の評価方法の変更手続〔令和２年12月更新〕

問　暗号資産の評価方法として総平均法を選定し、「所得税の暗号資産の評価方法の届出書」を提出しましたが、その評価方法を移動平均法に変更したいと考えています。変更の具体的な手続について教えてください。

答　評価方法を変更しようとする年において、その年の３月15日までに、納税地の所轄税務署長に対し、移動平均法を用いる旨を記載した「所得税の暗号資産の評価方法の変更承認申請書」を提出して、その承認を受ける必要があります。

「２－５　暗号資産の評価方法の届出」のとおり、暗号資産の売却等に係る譲渡原価の計算の基礎となる年末（12月31日）時点で保有する暗号資産の評価額については、「総平均法」又は「移動平均法」のいずれかの評価方法を選定するための「所得税の暗号資産の評価方法の届出書」の提出が必要です。

この選定した評価方法（評価の方法を届け出なかった方が「総平均法」を評価方法としていた場合を含みます。）を変更しようとする場合には、その変更しようとする年の３月15日までに、納税地の所轄税務署長に対し、その変更しようとする評価方法など所定の事項を記載した申請書（所得税の暗号資産の評価方法の変更承認申請書）を提出して、その承認を受ける必要があります。

（注）１　「所得税の暗号資産の評価方法の変更承認申請書」を提出した年の12月31日までに承認又は却下の通知がない場合は、その日において承認があったものとみなされます。

２　変更前の評価方法を採用してから相当期間（特別の理由がない場合には３年）を経過していないときや変更しようとする評価方法によっては所得金額の計算が適正に行われ難いと認められるときは、その申請が却下される場合があります。

３　「所得税の暗号資産の評価方法の変更承認申請書」の記載例は、次ページに掲載しています。

【関係法令等】

所法48の２

所令101、119の２、119の４

所基通達47－16の２、48の２－３

（参考様式）所得税の暗号資産の評価方法の変更承認申請書の記載例

税務署受付印

1190

所得税の~~有価証券~~暗号資産の評価方法の変更承認申請書

麹町 税務署長

令和 5年 3月 15日提出

納税地	住所地・居所地・事業所等（該当するものを○で囲んでください。） （〒 XXX － XXXX ） 東京都千代田区霞が関○○―○○ （TEL XX － XXXX － XXXX ）
上記以外の住所地・事業所等	納税地以外に住所地・事業所等がある場合は記載します。 （〒 － ） （TEL － － ）
フリガナ	ゼイム イチロウ
氏名	税務 一郎
生年月日	大正・昭和・平成・令和 62年 1月 8日生
職業	会社員
フリガナ／屋号	

令和 5 年分から、~~有価証券~~暗号資産の評価方法を次のとおり変更したいので申請します。

1 評価方法

区分	種類	現在の評価方法		採用しようとする新たな評価方法
		現在の方法	採用した年	
有価証券・暗号資産	ビットコイン	総平均法	令和3年	移動平均法
有価証券・暗号資産				
有価証券・暗号資産				
有価証券・暗号資産				
有価証券・暗号資産				
有価証券・暗号資産				

2 変更しようとする理由（できるだけ具体的に記載します。）

ビットコインの売却等の所得計算について、現行の総平均法よりも正確な計算をすることができるため。

3 その他参考事項

関与税理士

（TEL － － ）

税務署整理欄	整理番号	関係部門連絡	A	B	C		
	0						
	通信日付印の年月日	確認印					
	年 月 日						

本様式は国税庁ホームページからダウンロードできます。

https://www.nta.go.jp/taxes/tetsuzuki/shinsei/annai/shinkoku/annai/25kasou.htm

変更しようとする暗号資産の種類が多く、申請書の「1　評価方法」に記載することができない場合は、適宜の用紙に「1　評価方法」に該当する項目を記載の上、申請書と併せて提出してください。

２－７　暗号資産の取得価額や売却価額が分からない場合〔令和２年12月更新〕

問　本年中に暗号資産取引を行いましたが、取引履歴を残していないため、暗号資産の取得価額や売却価額が分かりません。これらの価額を確認する方法はありますか。

答　次の区分に応じて暗号資産取引の取得価額や売却価額を確認することができます。

①　国内の暗号資産交換業者を通じた暗号資産取引

平成30年１月１日以後の暗号資産取引については、国税庁から暗号資産交換業者に対して、次の事項などを記載した「年間取引報告書」の交付をお願いしています（「２－９　年間取引報告書の記載内容」参照）。

・　年中購入数量：その年の暗号資産の購入数量
・　年中購入金額：その年の暗号資産の購入金額（取得価額）
・　年中売却数量：その年の暗号資産の売却数量
・　年中売却金額：その年の暗号資産の売却金額

お手もとに年間取引報告書がない場合は、暗号資産交換業者に年間取引報告書の（再）交付を依頼してください。

（注）　平成29年以前は、年間取引報告書が交付されない場合があります。その場合は下記②により、ご自身で暗号資産の取得価額や売却価額を確認してください。

②　上記①以外の暗号資産取引（国外の暗号資産交換業者・個人間取引）

個々の暗号資産の取得価額や売却価額について、例えば次の方法で確認してください。

・　暗号資産を購入した際に利用した銀行口座の出金状況や、暗号資産を売却した際に利用した銀行口座の入金状況から、暗号資産の取得価額や売却価額を確認する。

・　暗号資産取引の履歴及び暗号資産交換業者が公表する取引相場（注）を利用して、暗号資産の取得価額や売却価額を確認する。

（注）　個人間取引の場合は、あなたが主として利用する暗号資産交換業者の取引相場を利用してください。確定申告書を提出した後に、正しい金額が判明した場合には、確定申告の内容の訂正（修正申告又は更正の請求）を行ってください。

なお、売却した暗号資産の取得価額については、売却価額の５％相当額とすることが認められます。

例えば、ある暗号資産を500万円で売却した場合において、その暗号資産の取得価額を売却価額の５％相当額である25万円とすることが認められます。

【関係法令等】

所基通達48の２－４

２－８　年間取引報告書を活用した暗号資産の所得金額の計算〔令和２年12月更新〕

問　暗号資産交換業者Ａ・Ｂから、次の年間取引報告書が送付されました。この年間取引報告書を活用した暗号資産の所得金額の計算方法を教えてください。

年間取引報告書

税務　一郎　様　　　　A取引所

《現物取引》

通貨名	①年始数量	②年中購入数量	③年中購入金額	④年中売却数量	⑤年中売却金額	⑥移入数量	⑦移出数量	⑧年末数量
ビットコイン		4.5	2,387,800	3.0	2,895,000			1.5

年間取引報告書

税務　一郎　様　　　　B取引所

《現物取引》

通貨名	①年始数量	②年中購入数量	③年中購入金額	④年中売却数量	⑤年中売却金額	⑥移入数量	⑦移出数量	⑧年末数量
ビットコイン		2.0	1,650,000	2.0	2,400,000			0.0

答　年間取引報告書の太枠（赤字）部分及び太字点線枠（青字）部分について、国税庁ホームページに掲載している「暗号資産の計算書（総平均法用）」に入力すれば、簡便に所得金額を計算することができます。

（https://www.nta.go.jp/publication/pamph/shotoku/kakuteishinkokukankei/kasoutuka/index.htm）

上記の場合の暗号資産の所得金額は、2,189,000円となります。

「暗号資産の計算書（総平均法用）」の計算例は次ページをご参照ください。

【関係法令等】

－

【入力例】

令和４ 年分　暗号資産の計算書（総平均法用）

氏名　税務　一郎

1　暗号資産の名称　ビットコイン

2　年間取引報告書に関する事項

取引所の名称	購入		売却	
	数量	金額	数量	金額
A取引所	4.50	2,387,800	3.00	2,895,000
B取引所	2.00	1,650,000	2.00	2,400,000
合計	6.50	4,037,800	5.00	5,295,000

3　上記２以外の取引に関する事項

月	日	取引先	摘要	購入等		売却等	
				数量	金額	数量	金額
合計				0.00	0	0.00	0

4　暗号資産の売却原価の計算

	年始残高（※）	購入等	総平均単価	売却原価（※）	年末残高・翌年繰越
数量	(A)	(C) 6.50	―	(F) 5.00	(H) 1.50
金額	(B)	(D) 4,037,800	(E) 621,200	(G) 3,106,000	(I) 931,800

※前年の(H)(I)を記載　　※売却した暗号資産の譲渡原価

5　暗号資産の所得金額の計算

収入金額		必要経費			所得金額
売却価額	信用・証拠金（差益）	売却原価（※）	手数料等	信用・証拠金（差損）	
5,295,000		3,106,000			2,189,000

※売却した暗号資産の譲渡原価

【参考】
収入金額計　5,295,000
必要経費計　3,106,000

これらの金額に基づき、確定申告書を作成します。

※　前年以前から暗号資産取引を行っていた方は、前年末の暗号資産の数量・金額を「年始残高」の欄に入力します。前年末の暗号資産の数量・金額が分からない場合には、ご自身で前年分の暗号資産の計算書を作成し、前年末の暗号資産の数量・金額を計算してください。

※　支払手数料などの必要経費がある場合には、「手数料等」の欄にその額を入力して計算します。

２－９　年間取引報告書の記載内容〔令和２年12月更新〕

問　暗号資産交換業者から送付される年間取引報告書には、何が記載されているのですか。

答　年間取引報告書の各欄には、次の事項が記載されています。

①　年始数量　　：その年の１月１日現在の暗号資産の保有数量
②　年中購入数量：その年の暗号資産の購入数量
③　年中購入金額：その年の暗号資産の購入金額（取得価額）
④　年中売却数量：その年の暗号資産の売却数量
⑤　年中売却金額：その年の暗号資産の売却金額
⑥　移入数量　　：その年に購入以外で口座に受け入れた暗号資産の数量
⑦　移出数量　　：その年に売却以外で口座から払い出した暗号資産の数量
⑧　年末数量　　：その年の12月31日現在の暗号資産の保有数量
⑨　損益合計　　：その年の暗号資産の証拠金取引の損益の合計額
⑩　支払手数料　：その年に暗号資産交換業者に支払った支払手数料の額

※　暗号資産の売却･購入などを外貨で行った場合には、取引時の電信売買相場の仲値(TTM)で円に換算した金額に基づき、各事項が記載されています。

なお、次の取引をした場合における各欄の表示内容は、次のとおりです。

①　暗号資産交換業者から無償で暗号資産の交付を受けた場合
「年中売却数量」：－
「年中売却金額」：交付を受けた暗号資産の価額（時価）
「年中購入数量」：交付を受けた暗号資産の数量
「年中購入金額」：交付を受けた暗号資産の価額（時価）

②　暗号資産で決済を行った場合
・　暗号資産交換業者で円転して決済を行った場合
「年中売却数量」：円転した暗号資産の数量
「年中売却価額」：円転した暗号資産の価額（時価）
・　暗号資産そのもので決済を行った場合
「移出数量」：決済で使用した暗号資産の数量

③　暗号資産交換業者で暗号資産Ａと暗号資産Ｂを交換した場合
暗号資産Ａの「年中売却数量」：交換した暗号資産Ａの数量
暗号資産Ａの「年中売却金額」：取得した暗号資産Ｂの価額（時価）
暗号資産Ｂの「年中購入数量」：取得した暗号資産Ｂの数量
暗号資産Ｂの「年中購入金額」：取得した暗号資産Ｂの価額（時価）

年間取引報告書の様式例は、次ページに掲載しています（暗号資産交換業者により、様式が異なる場合があります。）。

【関係法令等】

－

（参考）　年間取引報告書の様式例

年間取引報告書

《現物取引》

通貨名	①年始数量	②年中購入数量	③年中購入金額	④年中売却数量	⑤年中売却金額	⑥移入数量	⑦移出数量	⑧年末数量

《証拠金取引》

通貨名	⑨損益合計
合　計	

《支払手数料》

通貨名	⑩支払手数料
合　計	

2－10　暗号資産を低額（無償）譲渡等した場合の取扱い〔令和４年12月更新〕

問　次のとおり、暗号資産を取得価額と同一価額で売却しましたので、売却による利益はありませんが、この売却額は、その時の暗号資産の相場（時価）と比べて低額なものとなっていました。この売却による所得以外の所得はありませんが、確定申告は必要ですか。

（例）・　４月９日に450,000円で１BTCを購入した。

・　５月20日に450,000円で１BTCを売却した。

なお、売却時における交換レートは１BTC＝1,000,000円であった。

（注）　上記取引において暗号資産の売買手数料については勘案していない。

答　上記（例）の場合、総収入金額は700,000円（時価の70％相当額）として計算しますので、所得金額を250,000円として申告が必要になります。

個人が、時価よりも著しく低い価額の対価による譲渡（注1）により暗号資産を他の個人又は法人に移転させた場合には、その対価の額とその譲渡の時におけるその暗号資産の価額との差額のうち実質的に贈与したと認められる金額（注2）を総収入金額に算入する必要があります（注3）。

（注）１　「時価よりも著しく低い価額の対価による譲渡」とは、時価の70％相当額未満で売却する場合をいいます。

２　「実質的に贈与したと認められる金額」は、時価の70％相当額からその対価の額を差し引いた金額として差し支えありません。

３　上記により暗号資産の取得をした個人が、その暗号資産を譲渡した場合における当該暗号資産の取得価額は、その対価の額とその取得の時におけるその暗号資産の価額との差額のうち実質的に贈与したと認められる金額との合計額となります。

４　令和元年分以後の所得税について適用されます。

上記（例）の場合には、次のとおり、低額譲渡に該当するため、総収入金額に算入される金額は、700,000円となります。

【計算式等】

○　低額譲渡に該当するかどうかの判定

①　売却価額　　　　　：450,000円

②　時価の70％相当額：1,000,000円　×　70％　＝700,000円

③　①＜②であることから、売却価額は、時価の70％相当額未満であり、低額譲渡に該当します。

○　総収入金額算入額

低額譲渡に該当する場合の総収入金額は、実際の売却価額に加えて、時価の70％相当額との差額を総収入金額に算入することとなります。

450,000円　＋　（700,000円　－　450,000円）　＝　700,000円

［実際の売却価額］　［時価の70％相当額との差額］　［総収入金額算入額］

○　所得金額の計算

700,000円　－　450,000円　＝　250,000円

［総収入金額］　［譲渡原価］　［所得金額］

なお、贈与（相続人に対する死因贈与を除きます。）又は遺贈（包括遺贈及び相続人に対する特定遺贈を除きます。）により暗号資産を他の個人又は法人に移転させた場合には、その贈与又は遺贈の時における暗号資産の価額（時価）を総収入金額に算入する必要があります。

（注）1　上記により暗号資産の取得をした個人が、その暗号資産を譲渡した場合における当該暗号資産の取得価額は、その贈与又は遺贈の時における暗号資産の価額となります。

2　令和元年分以後の所得税について適用されます。

3　個人が暗号資産を相続若しくは遺贈又は贈与により取得した場合には、相続税又は贈与税の課税対象となります。詳しくは、「４－１　暗号資産を相続や贈与により取得した場合」をご覧ください。

【関係法令等】

所法40

所令 87

所基通達40－２、40－３

2－11　暗号資産取引で損失が生じた場合の取扱い〔令和２年12月更新〕

問　暗号資産取引による所得を計算したところ、損失が生じました。この損失を給与所得などの他の所得から差し引く（通算する）ことができますか。

答　雑所得の金額の計算上生じた損失については、給与所得など他の所得から差し引く（通算する）ことはできません。

所得税法上、他の所得と通算できる損失は、不動産所得・事業所得・山林所得・譲渡所得の金額の計算上生じた損失に限られます。雑所得については、これらの所得に該当しませんので、雑所得の金額の計算上生じた損失がある場合であっても、他の所得から差し引く（通算する）ことはできません。

【関係法令等】

所法69

２－12　暗号資産の証拠金取引〔令和２年 12 月更新〕

問　暗号資産の証拠金取引については、外国為替証拠金取引（いわゆるＦＸ）と同様に申告分離課税の対象となりますか。

答　暗号資産の証拠金取引による所得については、租税特別措置法に規定する申告分離課税（先物取引に係る雑所得等の課税の特例）の適用はありませんので、総合課税により申告していただくことになります。

外国為替証拠金取引（いわゆるＦＸ）は、金融商品取引法上の金融商品先物取引等に該当しますので、申告分離課税の対象となります。

暗号資産の証拠金取引は、ＦＸと同様に金融商品先物取引等に該当するものの、租税特別措置法の規定により、申告分離課税の対象から除かれていますので、その取引により得た所得については、総合課税の対象になります。

【関係法令等】

所法35

措法41の14

２－13　暗号資産の信用取引〔令和６年12月更新〕

問　次の暗号資産信用取引を行った場合の所得の金額の計算方法を教えてください。
（例）・　９月　１日　１BTCを1,000,000円で売り付けた。
・　９月24日　１BTCを800,000円で買い付けた。
（注）　上記取引において暗号資産の売買手数料等については勘案していない。

答　上記（例）の場合の所得金額は、次の計算式のとおりです。

【計算式】

1,000,000円　－　800,000円（注１）　＝　200,000円（注２）
〔売付け価額〕　〔買付け価額〕　〔所得金額〕

（注）１　譲渡原価は、個別法により計算した金額となります。
２　その他の必要経費がある場合には、その必要経費の額を差し引いた金額となります。

暗号資産信用取引とは、他の者から信用の供与を受けて行う暗号資産の売買をいいます。

この暗号資産信用取引の方法により、暗号資産の売付け（買付け）をし、その後にその暗号資産と種類を同じくする暗号資産の買付け（売付け）をして決済をした場合における所得金額は、暗号資産の譲渡により通常得るべき対価の額（売付け価額）（注１）とその買付けに係る暗号資産の対価の額（買付け価額）（注２）との差額となります。

なお、暗号資産信用取引を行った場合の所得については、その取引の決済の日の属する年分の所得となります。

（注）１　売付けを行う者が、他の者から支払を受ける金利は売付け価額に含め、他の者に支払ういわゆる品貸料は売付け価額から控除します。
２　買付けを行う者が、他の者に支払う金利は買付け価額に含め、他の者から支払を受けるいわゆる品貸料は買付け価額から控除します。

【関係法令等】

所令119の７
所基通達36・37共－22

≪３　法人税関係≫

３－１　暗号資産関係

３－１－１　暗号資産の譲渡損益の計上時期〔令和５年12月更新〕

問　暗号資産の売却、暗号資産での商品の購入又は暗号資産同士の交換といった暗号資産取引を行ったことにより生じた譲渡損益は、いつの事業年度の益金の額又は損金の額に算入すればよいですか。

答　暗号資産の売却等に係る契約をした日（約定日）の属する事業年度の益金の額又は損金の額に算入することになります。

暗号資産の売却（「１－１　暗号資産を売却した場合」のケース）、暗号資産での商品の購入（「１－２　暗号資産で商品を購入した場合」のケース）又は暗号資産同士の交換（「１－３　暗号資産同士の交換を行った場合」のケース）を行う取引は、いずれも暗号資産の譲渡に該当しますので、これらの取引に係る譲渡損益は、その譲渡に係る約定日の属する事業年度の益金の額又は損金の額に算入すること（いわゆる約定日基準）になります。

【関係法令等】

法法61

３－１－２　暗号資産の譲渡原価〔令和６年12月更新〕

問　暗号資産の譲渡原価について教えてください。

答　暗号資産の譲渡原価は、次のとおり計算します。
　譲渡原価＝暗号資産の１単位当たりの帳簿価額×その譲渡をした暗号資産の数量

　暗号資産の譲渡利益（損失）額は、その暗号資産の譲渡の時における有償によるその暗号資産の譲渡により通常得べき対価の額とその暗号資産の譲渡原価との差額とされています。
　この譲渡原価は、暗号資産の１単位当たりの帳簿価額(注１)にその譲渡をした暗号資産の数量を乗じた金額となります。

（注）１　１単位当たりの帳簿価額の計算は、移動平均法又は総平均法により算出することとされています（法定評価方法は、移動平均法です。総平均法を採用する場合には、所轄税務署長に届出等をしてください。）。なお、この算出方法は、暗号資産の種類ごと、かつ、次の区分ごとに選定することとされています。
　イ　特定譲渡制限付暗号資産(注２)に該当する暗号資産であって自己発行暗号資産(注３)に該当しないもの
　ロ　特定譲渡制限付暗号資産に該当する暗号資産であって自己発行暗号資産に該当するもの
　ハ　特定自己発行暗号資産(注４)に該当する暗号資産
　ニ　上記イからハまでの暗号資産以外の暗号資産
　２　特定譲渡制限付暗号資産とは、譲渡についての制限その他の条件が付されている暗号資産であって、その条件が付されていることにつき適切に公表されるための手続が行われている一定のものをいいます。
　　一定のものとは、次のイ及びロの要件の全てに該当する暗号資産をいいます。
　イ　その暗号資産につき、特定条件(※１)が付されていること。
　　（※１）　特定条件とは、暗号資産交換業者に関する内閣府令（平成29年内閣府令第７号。本問において「交換業府令」といいます。）第23条第１項第９号に規定する移転制限をいい、移転についての制限その他の条件として認定資金決済事業者協会の規則で金融庁長官の指定するものに定めるものとされています。具体的な内容は、移転制限が付された暗号資産の情報提供及び公表に関する規則（一般社団法人日本暗号資産取引業協会）に定められています。
　ロ　その法人が、その暗号資産につき、暗号資産交換業者が認定資金決済事業者協会を通じて特定条件が付されていることを公表するための一定の手続(※２)を行っていること。
　　（※２）　一定の手続とは、暗号資産交換業者が公表等措置（交換業府令第23条第１項第９号に掲げる措置をいいます。）を講ずるためのその暗号資産交換業者に対する同号イの要請若しくは同号ロの通知又は他の者に対する当該他の者が同号ロの通知をすることの要請をいい、次の(イ)から(ハ)までのいずれかの手続とされています。具体的な手続方法は、移転制限が付された暗号資産の情報提供及び公表に関する規則（一般社団法人日本暗号資産取引業協会）に定められています。
　　　(イ)　その暗号資産交換業者に対する、その暗号資産につき、上記イの移転制限を付すことの要請
　　　(ロ)　その暗号資産交換業者に対する、その暗号資産につき、上記イの移転制限が付され、又は付されることが予定されている旨の通知（その暗号資産交換業者がその通知の内容を確認することができるものに限ります。）
　　　(ハ)　他の者に対する、当該他の者がその暗号資産につき、上記イの移転制限が付され、又は付されることが予定されている旨のその暗号資産交換業者に対する通知（その暗号資産交換業者がその通知の内容を確認することができるものに限ります。）をすることの要請
　３　自己発行暗号資産とは、法人が発行し、かつ、その発行の時から継続して有する暗号資産をいいます。
　４　特定自己発行暗号資産とは、自己発行暗号資産であって、その発行の時から継続して譲渡についての制限その他の条件が付されている一定のものをいいます。
　　一定のものとは、その発行の時から継続して次のイ又はロの要件のいずれかに該当する暗号資産をいいます。

イ　その暗号資産につき、他の者に移転することができないようにする技術的措置であって、次の要件の全てに該当するものがとられていること。

(イ)　その移転することができない期間が定められていること。

(ロ)　その技術的措置が、その暗号資産を発行した法人（その法人との間に完全支配関係がある他の者を含みます。）の役員及び使用人その他一定の者のみによって解除をすることができないものであること。

ロ　その暗号資産が信託で次の要件の全てに該当するもの（受益者等課税信託に限ります。）の信託財産とされていること。

(イ)　その信託の受託者が信託会社のみであり、かつ、その信託の受益者等がその暗号資産を発行した法人のみであること。

(ロ)　その信託に係る信託契約において、その信託の受託者がその信託財産に属する資産及び負債を受託者等（その信託の受託者及び受益者等をいいます。）以外の者に譲渡しない旨が定められていること。

(ハ)　その信託に係る信託契約において、その暗号資産を発行した法人によって、その信託の受益権の譲渡及びその信託の受益者等の変更をすることができない旨が定められていること。

【関係法令等】

法法61

法令118の６、118の７

法規26の10

交換業府令23

暗号資産交換業者に関する内閣府令第二十三条第一項第九号の規定に基づき認定資金決済事業者協会の規則を指定する件（令和６年金融庁告示第36号）

３－１－３　暗号資産の期末時価評価〔令和６年12月更新〕

問　当社は、事業年度終了の時に暗号資産を有していますが、期末に何らかの処理をする必要はありますか。

答　法人が事業年度終了の時において有する暗号資産のうち次のものについては、時価法により評価した金額をもってその時における評価額とする必要があります。

①　活発な市場が存在する暗号資産(注1)（本問において「市場暗号資産」といいます。）であって次の暗号資産に該当しないもの

イ　特定譲渡制限付暗号資産

ロ　特定自己発行暗号資産

②　市場暗号資産に該当する特定譲渡制限付暗号資産（自己発行暗号資産を除きます。）で、その評価の方法につき時価法を選定しているもの(注2)

なお、上記①及び②の暗号資産を自己の計算において有する場合には、その評価額と帳簿価額との差額（本問において「評価損益」といいます。）は、その事業年度の益金の額又は損金の額に算入する必要があります。

また、この評価損益は、翌事業年度で洗替処理をすることになります。

おって、時価評価金額は、その市場暗号資産の種類ごとに次のいずれかの価格にその市場暗号資産の数量を乗じて計算した金額とされています。

❶　価格等公表者によって公表されたその事業年度終了の日における市場暗号資産の最終の売買の価格(※1)

（※１）　公表された同日における最終の売買の価格がない場合には、同日前の最終の売買の価格が公表された日でその事業年度終了の日に最も近い日におけるその最終の売買の価格となります。

❷　価格等公表者によって公表されたその事業年度終了の日における市場暗号資産の最終の交換比率(※2)×その交換比率により交換される他の市場暗号資産に係る上記❶の価格

（※２）　公表された同日における最終の交換比率がない場合には、同日前の最終の交換比率が公表された日でその事業年度終了の日に最も近い日におけるその最終の交換比率となります。

（注）１　活発な市場が存在する暗号資産の範囲については、「３－１－４　活発な市場が存在する暗号資産」を参照してください。

２　市場暗号資産に該当する特定譲渡制限付暗号資産（自己発行暗号資産を除きます。）の期末時の評価は、時価法又は原価法により行うこととされており、法定評価方法は、原価法とされています。時価法を採用する場合には、所轄税務署長に届出等をしてください。

【関係法令等】

法法61

法令118の７、118の８、118の９、118の10

３－１－４　活発な市場が存在する暗号資産〔令和６年12月更新〕

問　期末時価評価の対象となり得る活発な市場が存在する暗号資産とはどのようなものですか。

答　活発な市場が存在する暗号資産とは、法人が有する暗号資産のうち次の要件の全てに該当するものをいいます。

① 継続的に売買価格等(注)が公表され、かつ、その公表される売買価格等がその暗号資産の売買の価格又は交換の比率の決定に重要な影響を与えているものであること。

(注)　売買価格等とは、売買の価格又は他の暗号資産との交換の比率をいいます。

② 継続的に上記①の売買価格等の公表がされるために十分な数量及び頻度で取引が行われていること。

③ 次の要件のいずれかに該当すること。

イ　上記①の売買価格等の公表がその法人以外の者によりされていること。

ロ　上記②の取引が主としてその法人により自己の計算において行われた取引でないこと。

活発な市場が存在する暗号資産に該当するかどうかは、法人が有する暗号資産の種類、その有する暗号資産の過去の取引実績、その有する暗号資産が取引の対象とされている暗号資産取引所又は暗号資産販売所の状況等を勘案し、個々の暗号資産の実態に応じて判断することになりますが、この判断に際して、例えば、合理的な範囲内で入手できる売買価格等が暗号資産取引所又は暗号資産販売所ごとに著しく異なっていると認められる場合や、売手と買手の希望する価格差が著しく大きい場合には、上記①及び②の観点から、通常、市場は活発ではないと判断されることになります。

また、上記③の要件は、上記①の売買価格等を公表する者が自己のみであり、かつ、その売買価格等が主として自己の計算において行われた取引によって形成された価格である場合には、時価を自ら創出・操縦することによる利益調整が可能となることから、このような価格は法人税の観点から公正な価格とはいえないため、時価法の対象から除外するために設けられた要件となります。したがって、暗号資産交換業者が有する暗号資産の場合には、その有する暗号資産について、自己の運営する暗号資産取引所又は暗号資産販売所の売買価格等以外の売買価格等が存在すれば、その暗号資産は上記③の要件に該当することになります。また、その有する暗号資産について、自己の運営する暗号資産取引所又は暗号資産販売所の売買価格等のみが公表されている場合でも、その売買価格等が主として他の者の計算において行われた取引（取次ぎ又は代理）によるものである場合には、その暗号資産は上記③の要件に該当することになります。

なお、活発な市場が存在する暗号資産であっても、次の暗号資産に該当するものは、期末時価評価の対象となりません。

- 特定自己発行暗号資産
- 特定譲渡制限付暗号資産で自己発行暗号資産に該当するもの
- 特定譲渡制限付暗号資産（自己発行暗号資産を除きます。）で、その評価の方法につき時価法を選定していないもの

【関係法令等】

法法 61

法令 118 の 7

3－1－5　ＤＥＸにおいて取引される暗号資産〔令和６年12月更新〕

問　当社が有する暗号資産Ａ（当社が発行したものではなく、移転制限[注]は付されていません。）は、ＤＥＸに上場しています。本件ＤＥＸでは、自動マーケットメイカーによって現時点におけるその暗号資産Ａと市場暗号資産Ｂとの交換比率が明らかにされ、その明らかにされた交換比率に基づき、随時、その暗号資産Ａと市場暗号資産Ｂとの交換の取引が行われています。この場合に、その暗号資産Ａは法人税法上の期末時価評価の対象となりますか。

（注）　暗号資産交換業者に関する内閣府令（平成29年内閣府令第７号）第23条第１項第９号に規定する移転制限をいいます。

答　暗号資産Ａが活発な市場が存在する暗号資産に該当する場合には、期末時価評価の対象となります。

法人税法上、活発な市場が存在する暗号資産とは、法人が有する暗号資産のうち次の要件の全てに該当するものをいいます。

①　継続的に売買価格等[注1]が公表され、かつ、その公表される売買価格等がその暗号資産の売買の価格又は交換の比率の決定に重要な影響を与えているものであること。

(注) 1　売買価格等とは、売買の価格又は他の暗号資産との交換の比率をいいます。

②　継続的に上記①の売買価格等の公表がされるために十分な数量及び頻度で取引が行われていること。

③　次の要件のいずれかに該当すること。

イ　上記①の売買価格等の公表がその法人以外の者によりされていること。

ロ　上記②の取引が主としてその法人により自己の計算において行われた取引でないこと。

ところで、ＤＥＸとは、一般に中央に管理者のいない分散型取引所のことをいいますが、ＤＥＸが市場の範囲に含まれるのかについては疑問が生じるところです。この点、いわゆる市場には、随時、売買・換金等を行うことができる取引システム等が含まれると考えられるところ、本件ＤＥＸでは、自動マーケットメイカーによって現時点における暗号資産の交換比率が明らかにされ、その明らかにされた交換比率に基づき、随時、暗号資産の交換の取引が行われており、本件ＤＥＸは市場の範囲に含まれると考えられます。

このため、本件ＤＥＸにおいて公表される交換比率が他の暗号資産取引所において公表される交換比率と著しく異なるといった特殊な事情が認められず、本件ＤＥＸにおいて継続的に暗号資産の交換の取引が成立しているのであれば、本件ＤＥＸにおいて取引の対象となる暗号資産は上記①から③までの要件を満たす限り、活発な市場が存在する暗号資産となります。

このように本件ＤＥＸにおいて取引の対象となる暗号資産が活発な市場が存在する暗号資産となる場合においては、暗号資産Ａは貴社が発行したものではないとのことですので特定自己発行暗号資産に該当せず、また、移転制限も付されていないとのことですので特定譲渡制限付暗号資産にも該当しないため、期末時価評価の対象となります。この場合において、通常は、本件ＤＥＸによって公表された事業年度終了の日における最終の交換比率[注2]に、その交換比率により交換される他の活発な市場が存在する暗号資産の事業年度終了の日における最終の売買価格を乗じて計算した金額が期末の時価評価金額になるものと考えられます。

(注) 2　公表された事業年度終了の日における最終の交換比率がない場合には、同日前の最終の交換比率が公表された日でその事業年度終了の日に最も近い日におけるその最終の交換比率となります。

【関係法令等】

法法61

法令 118の７、118の８

3－1－6　ステーキングのためロックアップした暗号資産の期末時価評価〔令和６年12月更新〕

問　当社は、当社が有する暗号資産Ａ（当社が発行したものではなく、移転制限（注）は付されていません。）について、ステーキングによる報酬を得るために、暗号資産を他に移転できないような仕組みであるロックアップを行っています。この暗号資産Ａに関しては、所定の条件を満たしてロックアップが解除されるまでは、当社は譲渡ができない状態になっております。この場合、当社がロックアップしている暗号資産Ａについては、法人税法上の期末時価評価の対象となり、評価損益を益金の額又は損金の額に算入する必要がありますか。

なお、暗号資産Ａは、暗号資産取引所に上場しており、十分な数量及び頻度で取引が行われ、継続的に売買価格等が公表されております。また、当社は、その暗号資産取引所を運営していません。

（注）　暗号資産交換業者に関する内閣府令（平成29年内閣府令第７号）第23条第１項第９号に規定する移転制限をいいます。

答　法人税法上の期末時価評価の対象となり、評価額と帳簿価額との差額を益金の額又は損金の額に算入することとなります。

法人が事業年度終了の時において有する暗号資産のうち次のものを自己の計算において有する場合には、時価法により評価した金額をもってその時における評価額とし、その評価額と帳簿価額との差額をその事業年度の益金の額又は損金の額に算入する必要があります。

①　活発な市場が存在する暗号資産であって次の暗号資産に該当しないもの

イ　特定譲渡制限付暗号資産

ロ　特定自己発行暗号資産

②　活発な市場が存在する暗号資産に該当する特定譲渡制限付暗号資産（自己発行暗号資産を除きます。）で、その評価の方法につき時価法を選定しているもの

本件では、貴社が有する暗号資産Ａはロックアップにより譲渡できない状態となっていますが、ロックアップ期間中にステーキング報酬を得ることができます。また、貴社の有する暗号資産Ａの将来的な価格変動リスク等を貴社が負うため、自己の計算において暗号資産Ａを有するものと考えられます。

その他、本件においては、暗号資産Ａは、継続的に売買価格等が公表されている等の所定の要件を満たしますので、活発な市場が存在する暗号資産となり、貴社が発行したものではないことから特定自己発行暗号資産に該当せず、また、移転制限も付されていないとのことですので特定譲渡制限付暗号資産にも該当しないため、貴社は事業年度終了の時において有する暗号資産Ａについて、時価法により評価した金額をもってその時における評価額とし、その評価額と帳簿価額との差額は、その事業年度の益金の額又は損金の額に算入する必要があります。

【関係法令等】

法法61

法令118の７

３－１－７　貸付けをした暗号資産の期末時価評価〔令和６年12月更新〕

問　当社は、当社が有する暗号資産Ａ（当社が発行したものではなく、移転制限(注)は付されていません。）について、使用料を得るために相対による貸付けを行っております。この暗号資産Ａに関しては、貸付期間が終了するまでは、当社は譲渡ができない状態になっております。この場合、当社が貸付けしている暗号資産Ａについては、法人税法上の期末時価評価の対象となり、評価損益を益金の額又は損金の額に算入する必要がありますか。

なお、暗号資産Ａは、暗号資産取引所に上場しており、十分な数量及び頻度で取引が行われ、継続的に売買価格等が公表されております。また、当社は、その暗号資産取引所を運営していません。

（注）　暗号資産交換業者に関する内閣府令（平成29年内閣府令第７号）第23条第１項第９号に規定する移転制限をいいます。

答　法人税法上の期末時価評価の対象となり、評価額と帳簿価額との差額を益金の額又は損金の額に算入することとなります。

法人が事業年度終了の時において有する暗号資産のうち次のものを自己の計算において有する場合には、時価法により評価した金額をもってその時における評価額とし、その評価額と帳簿価額との差額をその事業年度の益金の額又は損金の額に算入する必要があります。

①　活発な市場が存在する暗号資産であって次の暗号資産に該当しないもの
　イ　特定譲渡制限付暗号資産
　ロ　特定自己発行暗号資産

②　活発な市場が存在する暗号資産に該当する特定譲渡制限付暗号資産（自己発行暗号資産を除きます。）で、その評価の方法につき時価法を選定しているもの

本件では、貴社が有する暗号資産Ａを貸し付けていますが、貸付期間中に使用料を得ることができます。また、貴社の有する暗号資産の将来的な価格変動リスク等を貴社が負うため、自己の計算において暗号資産Ａを有するものと考えられます。

その他、本件においては、暗号資産Ａは、継続的に売買価格等が公表されている等の所定の要件を満たしますので、活発な市場が存在する暗号資産となり、貴社が発行したものではないことから特定自己発行暗号資産に該当せず、また、移転制限も付されていないとのことですので特定譲渡制限付暗号資産にも該当しないため、貴社は事業年度終了の時において有する暗号資産Ａについて、時価法により評価した金額をもってその時における評価額とし、その評価額と帳簿価額との差額は、その事業年度の益金の額又は損金の額に算入する必要があります。

【関係法令等】

法法61
法令118の７

３−１−８　借入れをした暗号資産の期末時価評価〔令和６年12月更新〕

問　当社は、暗号資産交換業者以外の者から相対により暗号資産Ａを借り入れ、これを借入期間が終了するまで他社に貸し付けることにより使用料を得ています。この場合、当社が借入れをしている暗号資産Ａについては、法人税法上の期末時価評価の対象となり、評価損益を益金の額又は損金の額に算入する必要がありますか。

なお、暗号資産Ａは、暗号資産取引所に上場しており、十分な数量及び頻度で取引が行われ、継続的に売買価格等が公表されております。また、当社は、その暗号資産取引所を運営しておらず、その暗号資産取引所で暗号資産Ａの取引も行っておりません。

答　法人税法上の期末時価評価の対象とはなり得ますが、評価額と帳簿価額との差額を益金の額又は損金の額に算入する必要はありません。

法人が事業年度終了の時において有する暗号資産のうち次のものについては、時価法により評価した金額をもってその時における評価額とし、また、その暗号資産を自己の計算において有する場合は、その評価額と帳簿価額との差額をその事業年度の益金の額又は損金の額に算入する必要があります。

①　活発な市場が存在する暗号資産であって次の暗号資産に該当しないもの

イ　特定譲渡制限付暗号資産

ロ　特定自己発行暗号資産

②　活発な市場が存在する暗号資産に該当する特定譲渡制限付暗号資産（自己発行暗号資産を除きます。）で、その評価の方法につき時価法を選定しているもの

ここでいう「有する」とは、所有権の対象とならないようなものを包摂する広い概念であり、暗号資産を借り入れている貴社がその借入暗号資産の処分権を有していること等に鑑みると、貴社は暗号資産を有していると解される場合もあると考えられます。本件においては、暗号資産Ａは継続的に売買価格等が公表されている等の所定の要件を満たしますので、活発な市場が存在する暗号資産となり、貴社が暗号資産を有していると解される場合には、暗号資産Ａについて、時価法により評価した金額をもってその時における評価額とすることになります。

しかしながら、返還を要する暗号資産Ａの将来的な価格変動リスク等を貴社が負わないことに鑑みると、一般的には自己の計算において暗号資産Ａを有するとはいえないため、その評価額と帳簿価額との差額をその事業年度の益金の額又は損金の額に算入する必要はありません。

【参考】

貴社が、他の者から信用の供与を受けて借り入れた暗号資産を譲渡した場合は、暗号資産信用取引となりますので、その譲渡をした日の属する事業年度終了の時までに暗号資産と種類を同じくする暗号資産の買戻しをしていないときは、「３−１−13　暗号資産信用取引に係るみなし決済損益額」のとおり、その時において買い戻して決済したものとみなして算出した利益の額又は損失の額に相当する金額を、その事業年度の益金の額又は損金の額に算入する必要があります。

【関係法令等】

法法61

法令 118 の 7

３−１−９　特定自己発行暗号資産に該当する暗号資産〔令和５年12月追加〕

問　当社は、当社が発行し、かつ、発行の時から継続して有している暗号資産Ａについて、秘密鍵を４個作成し、そのうち３個の秘密鍵がなければその暗号資産を移転することができない措置をその発行の時から継続してとっています。また、そのうちの２個の秘密鍵が記載された書類を顧問税理士に預け、保管委託契約を締結しています（その２個の秘密鍵は、その預けられた書類にのみ記載されています。）。契約上の保管期間は２年としており、保管期間が満了するまで預けた秘密鍵の返却を求めることはできません。暗号資産Ａには活発な市場がありますが、期末において時価評価をする必要はありますか。当社の顧問税理士は、当社及び関係会社の役員及び使用人ではなく、また、これらの者との間に親族関係その他の私的な関係はありません。

答　貴社が有する暗号資産Ａは、秘密鍵の保管期間が満了するまでは特定自己発行暗号資産に該当するため、保管期間中に到来する貴社の事業年度終了の時においては時価評価をする必要はありません。

法人が、事業年度終了の時において有する暗号資産のうち、活発な市場が存在する暗号資産については、時価法により評価した金額をもってその時における評価額とし、また、その暗号資産を自己の計算において有する場合は、その評価額と帳簿価額との差額をその事業年度の益金の額又は損金の額に算入する必要があります。

一方で、活発な市場が存在する暗号資産であっても、法人が発行し、かつ、その発行の時から継続して有する暗号資産に対し、その発行の時から継続して、他の者に移転することができないようにする技術的措置であって次の①及び②の要件のいずれにも該当する措置をとっている場合の暗号資産は特定自己発行暗号資産とされ、期末時価評価の対象となりません。

①　その移転することができない期間が定められていること。

②　その技術的措置が、その暗号資産を発行した法人（その法人との間に完全支配関係がある他の者を含みます。以下「発行法人等」といいます。）の役員及び使用人（以下「役員等」といいます。）その他一定の者(※)（以下、これらの者をまとめて「関係者」といいます。）のみによって解除をすることができないものであること。

(※)　一定の者とは、次の者をいいます。

イ　発行法人等の役員等の親族

ロ　発行法人等の役員等と婚姻の届出をしていないが事実上婚姻関係と同様の事情にある者

ハ　上記イ又はロ以外の者で発行法人等の役員等から受ける金銭その他の資産によって生計を維持しているもの

ニ　上記ロ又はハの者と生計を一にするこれらの者の親族

貴社は、暗号資産Ａに係る秘密鍵のうち２個が記載された書類を、貴社の関係者ではない顧問税理士に保管委託していますが、契約上定められた保管期間が満了するまではその預けた秘密鍵の返却を求めることができないとのことです。暗号資産Ａは４個の秘密鍵のうち３個の秘密鍵がなければ移転させることができないとのことですから、秘密鍵のうちの２個がその保管委託された書類でしか確認することができない以上、顧問税理士との保管委託契約の期間中は、暗号資産Ａは貴社の関係者のみでは移転することができない状態にあります。また、契約上の保管期間、すなわち暗号資産Ａを移転することができない期間は２年と定められていることから、貴社が暗号資産Ａに対して行ったこれら一連の措置は上記①及び②の要件のいずれにも該当します。貴社は、これらの措置を発行の時から継続してとっていますので、暗号資産Ａは特定自己発行暗号資産に該当し、期末における時価評価の対象となりません。

なお、秘密鍵の保管期間が満了した場合は、その時点で上記①の要件を充足しなくなることから、暗号資産Ａは特定自己発行暗号資産に該当しないこととなります。

【関係法令等】

法法61
法令118の７
法規26の10
法基通達２―３－67の２

３－１－10　複数の事業者が共同発行する暗号資産〔令和５年12月追加〕

問　当社は、他の複数の事業者と共同でプロジェクトを立ち上げる予定です。当該プロジェクトに係る暗号資産を新たに発行するに当たり、共同事業者間の協定であらかじめ定められた量の暗号資産が、発行と同時に各事業者に割り当てられます。発行時に当社が割当てを受けた暗号資産について、割当ての時から継続して譲渡制限を付されているものは、特定自己発行暗号資産となりますか。

答　貴社が割当てを受ける暗号資産のうち、割当ての時から継続して譲渡についての制限その他の条件が付されている一定のものに該当するものは、特定自己発行暗号資産となります。

法人が発行し、かつ、その発行の時から継続して有する暗号資産であってその時から継続して譲渡についての制限その他の条件が付されている一定のものは、特定自己発行暗号資産となります。

この一定のものとは、その発行の時から継続して次の①又は②の要件のいずれかに該当する暗号資産をいいます。

①　その暗号資産につき、他の者に移転することができないようにする技術的措置であって、次の要件の全てに該当するものがとられていること。

イ　その移転することができない期間が定められていること。

ロ　その技術的措置が、その暗号資産を発行した法人（その法人との間に完全支配関係がある他の者を含みます。）の役員及び使用人その他一定の者のみによって解除をすることができないものであること。

②　その暗号資産が信託で次の要件の全てに該当するもの（受益者等課税信託に限ります。）の信託財産とされていること。

イ　その信託の受託者が信託会社のみであり、かつ、その信託の受益者等がその暗号資産を発行した法人のみであること。

ロ　その信託に係る信託契約において、その信託の受託者がその信託財産に属する資産及び負債を受託者等以外の者に譲渡しない旨が定められていること。

ハ　その信託に係る信託契約において、その暗号資産を発行した法人によって、その信託の受益権の譲渡及びその信託の受益者等の変更をすることができない旨が定められていること。

複数の事業者が共同で事業を行い、その事業に係る暗号資産を共同で発行する場合、一般的に、共同事業者間において締結する契約又は協定において、各事業者がその発行時に割当てを受ける暗号資産の数量が定められていることが考えられます。このように、共同で事業を行う複数の事業者が共同で暗号資産を発行する場合に、その発行時に各事業者が契約又は協定に定められた数量の割当てを受けることは、割当てを受けたそれぞれの事業者において、自ら行う共同事業に係る暗号資産を発行したことと同視できることから、貴社が、共同事業者間の契約又は協定に従って発行と同時に割当てを受ける暗号資産については、その割当ての時から継続して有するもので、かつ、その時から継続して上記①又は②の要件のいずれかに該当するものは、特定自己発行暗号資産に該当することとなります。

【関係法令等】

法法 61
法令 118 の 7
法規 26 の 10

３－１－11　特定譲渡制限付暗号資産に該当する暗号資産〔令和６年12月追加〕

問　当社は、当社が有する暗号資産Ａ（当社が発行したものではありません。）について、移転制限が付された暗号資産の情報提供及び公表に関する規則（一般社団法人日本暗号資産取引業協会）並びにこれに関するガイドラインに従って当事業年度中に移転制限を付すとともに、その旨を暗号資産交換業者に通知しましたが、暗号資産Ａの種類、数量等の情報が一般社団法人日本暗号資産取引業協会のウェブサイト上で公表されるのは翌事業年度となる見込みです。暗号資産Ａには活発な市場がありますが、当事業年度末において時価評価をする必要はありますか。なお、当社は、特定譲渡制限付暗号資産について、評価の方法の選定を行っていません。

答　貴社が有する暗号資産Ａは、貴社の当事業年度終了の時においては時価評価をする必要はありません。

法人が、事業年度終了の時において有する暗号資産のうち、活発な市場が存在する暗号資産については、時価法により評価した金額をもってその時における評価額とし、また、その暗号資産を自己の計算において有する場合は、その評価額と帳簿価額との差額をその事業年度の益金の額又は損金の額に算入する必要があります。

一方で、活発な市場が存在する暗号資産であっても、次の①及び②の要件のいずれにも該当する暗号資産は特定譲渡制限付暗号資産とされ、特定譲渡制限付暗号資産のうち自己発行暗号資産に該当しないものは、時価法と原価法のうちその法人が選定した方法により評価した金額をもって事業年度終了の時における評価額とすることになります。なお、評価の方法を選定しなかった場合には、原価法により評価することになります。

①　その暗号資産につき、特定条件（注1）が付されていること。

②　その法人が、その暗号資産につき、暗号資産交換業者が認定資金決済事業者協会を通じて特定条件が付されていることを公表するための一定の手続（注2）を行っていること。

（注）1　特定条件とは、暗号資産交換業者に関する内閣府令（平成29年内閣府令第７号。本問において「交換業府令」といいます。）第23条第１項第９号に規定する移転制限をいい、移転についての制限その他の条件として認定資金決済事業者協会の規則で金融庁長官の指定するものに定めるものとされています。具体的な内容は、移転制限が付された暗号資産の情報提供及び公表に関する規則（一般社団法人日本暗号資産取引業協会）に定められています。

2　一定の手続とは、暗号資産交換業者が公表等措置（交換業府令第23条第１項第９号に掲げる措置をいいます。）を講ずるためのその暗号資産交換業者に対する交換業府令第23条第１項第９号イの要請若しくは同号ロの通知又は他の者に対する当該他の者が同号ロの通知をすることの要請をいい、次のイからハまでのいずれかの手続とされています。具体的な手続方法は、移転制限が付された暗号資産の情報提供及び公表に関する規則（一般社団法人日本暗号資産取引業協会）に定められています。

イ　その暗号資産交換業者に対する、その暗号資産につき、上記１の移転制限を付すことの要請

ロ　その暗号資産交換業者に対する、その暗号資産につき、上記１の移転制限が付され、又は付されることが予定されている旨の通知（その暗号資産交換業者がその通知の内容を確認することができるものに限ります。）

ハ　他の者に対する、当該他の者がその暗号資産につき、上記１の移転制限が付され、又は付されることが予定されている旨のその暗号資産交換業者に対する通知（その暗号資産交換業者がその通知の内容を確認することができるものに限ります。）をすることの要請

貴社は、当事業年度中に暗号資産Ａに移転制限を付しているとのことですから、貴社が有す

る暗号資産Ａは上記①の要件に該当します。また、事業年度末までに上記②の一定の手続を行っていれば、実際の公表が翌事業年度になったとしても、上記②の要件に該当することになります。貴社は、当事業年度中に暗号資産Ａに移転制限を付した旨を暗号資産交換業者に通知したとのことですので、暗号資産Ａは上記②の要件にも該当します。したがって、暗号資産Ａは特定譲渡制限付暗号資産に該当します。さらに、暗号資産Ａは、貴社が発行したものではないことから自己発行暗号資産に該当しません。

したがって、暗号資産Ａは、活発な市場が存在する暗号資産であって、特定譲渡制限付暗号資産に該当し、自己発行暗号資産に該当しないことから、時価法と原価法のうち貴社が選定した方法により評価することになりますが、貴社は、評価の方法の選定を行っていないとのことですので、暗号資産Ａの評価の方法は原価法となるため、期末時価評価の対象となりません。

【関係法令等】

法法 61

法令 118 の 7

法規 26 の 10

交換業府令 23

暗号資産交換業者に関する内閣府令第二十三条第一項第九号の規定に基づき認定資金決済事業者協会の規則を指定する件（令和６年金融庁告示第 36 号）

3－1－12　暗号資産信用取引を行った場合〔令和５年12月更新〕

問　次の暗号資産信用取引を行った場合の所得の金額の計算方法を教えてください。

（例）・　9月　1日　1 BTC を 1,000,000 円で売り付けた。

・　9月 24 日　1 BTC を 800,000 円で買い付けた。

（注）　上記取引において暗号資産の売買手数料等については勘案していない。

答　上記（例）の場合の所得金額は、次の計算式のとおりです。

【計算式】

1,000,000 円　－　800,000 円（注1）　＝　200,000 円

［売付け価額］　［買付け価額］　［所得の金額］

（注）1　譲渡原価は、個別法により計算した金額となります。

暗号資産信用取引とは、他の者から信用の供与を受けて行う暗号資産の売買をいいます（以下同じです。）。

この暗号資産信用取引の方法により、暗号資産の売付けをし、その後にその暗号資産と種類を同じくする暗号資産の買付けをして決済をした場合における暗号資産の譲渡損益額は、暗号資産の譲渡により通常得べき対価の額（売付け価額）（注2、4）とその買付けに係る暗号資産の買付けに係る対価の額（買付け価額）（注3、4）との差額になります。

（注）2　他の者から支払を受ける金利に相当する額は、売付け価額に含めます。

3　他の者に支払う買委託手数料及びいわゆる品貸料は、買付け価額に含めます。

4　上記２及び３については、継続適用を条件として、その発生に応じて収益又は費用として益金の額又は損金の額に算入している場合は、それが認められます（ただし、売買委託手数料を除きます。）。

なお、これとは反対の暗号資産信用取引の方法により、暗号資産の買付けをし、その後にその暗号資産と種類を同じくする暗号資産の売付けをして決済をした場合における暗号資産の譲渡損益額も、暗号資産の譲渡により通常得べき対価の額（売付け価額）（注5、7）とその買付けに係る暗号資産の買付けに係る対価の額（買付け価額）（注6、7）との差額になります。

（注）5　他の者から支払を受けるいわゆる品貸料は、売付け価額に含めます。

6　他の者に支払う買委託手数料及び金利に相当する額は、買付け価額に含めます。

7　上記５及び６については、継続適用を条件として、その発生に応じて収益又は費用として益金の額又は損金の額に算入している場合は、それが認められます（ただし、売買委託手数料を除きます。）。

また、いわゆる暗号資産ＦＸ取引や暗号資産先物取引は、暗号資産信用取引ではなくデリバティブ取引に該当します。

【関係法令等】

法法61、61の５

法令118の６

法基通達２－３－62

３－１－13　暗号資産信用取引の譲渡損益の計上時期〔令和３年12月更新〕

問　暗号資産信用取引を行ったことにより生じた譲渡損益は、いつの事業年度に計上すればよいですか。

答　それぞれ次の日の属する事業年度に計上することになります。

①　暗号資産の売付けをし、その後にその暗号資産と種類を同じくする暗号資産の買付けをして決済するもの……その決済に係る買付けの契約をした日

②　暗号資産の買付けをし、その後にその暗号資産と種類を同じくする暗号資産の売付けをして決済するもの……その決済に係る売付けの契約をした日

暗号資産信用取引に係る譲渡損益の計上時期は、暗号資産の売付けをし、その後にその暗号資産と種類を同じくする暗号資産の買付けをして決済するもの（上記答①）は、「３－１　暗号資産の譲渡損益の計上時期」の暗号資産取引の約定日基準の例外として、売付けの契約をした日ではなく、その決済に係る買付けの契約をした日の属する事業年度になります。

また、暗号資産の買付けをし、その後にその暗号資産と種類を同じくする暗号資産の売付けをして決済するもの（上記答②）は、「３－１　暗号資産の譲渡損益の計上時期」の暗号資産取引の約定日基準どおり、その決済に係る売付けの契約をした日の属する事業年度になります。

【関係法令等】

法法61

法規26の９

法基通達２－１－21の14

３－１－14　暗号資産信用取引に係るみなし決済損益額〔令和５年12月更新〕

問　当社は、暗号資産信用取引を行っていますが、事業年度終了の時において決済されてないものがあります。期末に何らかの処理をする必要はありますか。

答　法人が暗号資産信用取引を行った場合で、事業年度終了の時において決済されていないものがあるときは、事業年度終了の時に決済したものとみなして算出した利益の額又は損失の額に相当する金額（本問において「みなし決済損益額」といいます。）をその事業年度の益金の額又は損金の額に算入します。

みなし決済損益額は、次の区分に応じてそれぞれ次の金額とされています（事業年度終了の時に決済されていない暗号資産信用取引に係る暗号資産に限ります。）。

①　暗号資産信用取引の方法により暗号資産の売付けをしている場合

その売付けに係る対価の額　－　（その暗号資産の期末時の時価評価金額　×　その暗号資産の数量）

②　暗号資産信用取引の方法により暗号資産の買付けをしている場合

（その暗号資産の期末時の時価評価金額　×　その暗号資産の数量）－　その買付けに係る対価の額

なお、みなし決済損益額を計上した場合は、翌事業年度で洗替処理をします。

【関係法令等】

法法61
法令118の12
法規26の12

3－2　電子決済手段関係

3－2－1　電子決済手段の取得時の課税関係〔令和５年12月追加〕

問　当社は電子決済手段を金銭の払込みにより取得しました。この場合の税務上の取得価額はどうなりますか。

答　電子決済手段の券面額に基づく価額が税務上の取得価額となります。

電子決済手段は、法定通貨の価値と連動した価格で発行され、券面額に基づく価額と同額で償還を約するもの及びこれに準ずる性質を有するものとされており、要求払預金に類似する性格を有し、金銭債権に該当すると考えられます。

ところで、会計上、電子決済手段を取得した場合は、その受渡日にその電子決済手段の券面額に基づく価額をもって電子決済手段を資産として計上し、その電子決済手段の取得に際して払い込んだ金銭の額とその券面額に基づく価額との間に差額があるときは、その差額を損益として処理することとされています。したがって、税務上も、電子決済手段はその券面額をもって取得価額とし、その払い込んだ金銭の額と取得した電子決済手段の券面額に基づく価額との間に差額があるときは、券面額に基づく価額に満たない部分の金額又は券面額に基づく価額を超える部分の金額は、電子決済手段を取得した事業年度の所得金額の計算上、益金の額又は損金の額に算入することとなります。

なお、その券面額に基づく価額を超える部分の金額が寄附金の額に該当する場合には、その寄附金の額に一定の損金算入制限がかかります。

【関係法令等】

法法22④、37

３－２－２　電子決済手段の譲渡時の課税関係〔令和５年12月追加〕

問　当社は電子決済手段を第三者に譲渡しました。この場合の課税関係はどうなりますか。

答　電子決済手段を第三者に譲渡した場合において、第三者から受け取った対価の額と電子決済手段の帳簿価額に差額がある場合には、電子決済手段を移転した事業年度において、譲渡損益の額を所得金額の計算上益金の額又は損金の額に算入することになります。

具体的には、貴社が第三者から受け取った対価の額が電子決済手段の帳簿価額を超える場合にはその超える部分の金額を所得金額の計算上益金の額に算入し、第三者から受け取った金銭の額が電子決済手段の帳簿価額に満たない場合にはその満たない部分の金額を所得金額の計算上損金の額に算入することとなります。

なお、その帳簿価額に満たない部分の金額が寄附金の額に該当する場合には、その寄附金の額に一定の損金算入制限がかかります。

【関係法令等】

法法22④、22の２、37

３－２－３　電子決済手段の期末時の課税関係〔令和５年12月追加〕

問　当社は電子決済手段を有していますが、期末に時価評価をする必要はありますか。また、期末に有する電子決済手段に対して貸倒引当金を繰り入れた場合の税務上の取扱いはどうなりますか。

答　期末に有する電子決済手段について、時価評価をする必要はありません。また、期末に有する電子決済手段に対する貸倒引当金の繰入額は、その電子決済手段が個別評価金銭債権に該当する場合を除き、所得金額の計算上損金の額に算入されません。

電子決済手段は、法定通貨の価値と連動した価格で発行され、券面額と同額で償還を約するもの及びこれに準ずる性質を有するものとされており、要求払預金に類似する性格を有し、金銭債権に該当すると考えられます。金銭債権については、税務上は期末時価評価の対象とはされていません。このため、貴社が期末に有する電子決済手段について、時価評価をする必要はありません。

また、資本金の額が１億円以下である等の一定の要件に該当する法人は、一定の金銭債権について、その貸倒引当金の繰入額を所得金額の計算上損金の額に算入することが認められています。この点、預貯金や預け金に類するような債権は一括評価金銭債権（貸倒実績率に基づく貸倒引当金の繰り入れの対象となる、売掛金、貸付金その他これらに準ずる金銭債権）には該当しないこととされているところ、電子決済手段は一括評価金銭債権に該当しないため、法人が期末に保有する電子決済手段が個別評価金銭債権（更生計画認可の決定に基づいて弁済を猶予される等の事実が生じていることによりその一部につき貸倒れその他これに類する事由による損失が見込まれる金銭債権）に該当しない限りは、その電子決済手段に対する貸倒引当金の繰入額は所得金額の計算上、損金の額に算入されません。

【関係法令等】

法法52①②

法基通達11－２－18

３－２－４　外貨建電子決済手段の期末時の課税関係〔令和５年12月追加〕

問　当社は外貨建電子決済手段（外国通貨で表示される電子決済手段をいいます。以下同じです。）を有していますが、期末における円換算の方法はどうなりますか。

答　外貨建電子決済手段の期末における換算方法は、期末時換算法又は発生時換算法のいずれかを選定することとされ、その期末における換算方法を選定しなかった場合には、発生時換算法により換算することとなります。

電子決済手段は、法定通貨の価値と連動した価格で発行され、券面額と同額で償還を約するもの及びこれに準ずる性質を有するものとされており、要求払預金に類似する性格を有し、金銭債権に該当すると考えられるところ、外貨建電子決済手段に関しては、税務上、短期外貨建債権以外の外貨建債権に該当することになります。

短期外貨建債権以外の外貨建債権の期末における換算方法は、期末時換算法又は発生時換算法のいずれかを選定することができます。ただし、その期末における換算方法を選定しなかった場合の法定の換算方法は発生時換算法とされていますので、期末時換算法を選定する場合には、「外貨建資産等の期末換算方法等の届出書」による届出又は「外貨建資産等の期末換算方法等の変更承認申請書」による変更の申請が必要となります。

【関係法令等】

法法61の９

法令122の４～122の７

≪４　相続税・贈与税関係≫

４－１　暗号資産を相続や贈与により取得した場合〔令和４年12月更新〕

問　暗号資産を相続や贈与により取得した場合の課税関係はどうなりますか。

答　被相続人等から暗号資産を相続若しくは遺贈又は贈与により取得した場合には、相続税又は贈与税が課税されます。

相続税法では、個人が、金銭に見積もることができる経済的価値のある財産を相続若しくは遺贈又は贈与により取得した場合には、相続税又は贈与税の課税対象となることとされています。

暗号資産については、決済法上、「代価の弁済のために不特定の者に対して使用することができる財産的価値」と規定されていることから、被相続人等から暗号資産を相続若しくは遺贈又は贈与により取得した場合には、相続税又は贈与税が課税されることになります。

（注）　暗号資産の贈与等をした個人の課税関係
個人が、贈与（相続人に対する死因贈与を除きます。）又は遺贈（包括遺贈及び相続人に対する特定遺贈を除きます。）により暗号資産を移転させた場合には、所得税の計算上、その贈与又は遺贈の時における暗号資産の価額（時価）を総収入金額に算入する必要があります。詳しくは、「２－10　暗号資産を低額（無償）譲渡等した場合の取扱い」をご覧ください。

【関係法令等】

相法２、２の２

相基通達11の２－１

4－2　相続や贈与により取得した暗号資産の評価方法〔令和２年12月更新〕

問　相続や贈与により取得した暗号資産の評価方法について教えてください。

答　活発な市場が存在する暗号資産は、相続人等の納税義務者が取引を行っている暗号資産交換業者が公表する課税時期における取引価格によって評価します。

暗号資産の評価方法については、評価通達に定めがないことから、評価通達５((評価方法の定めのない財産の評価))の定めに基づき、評価通達に定める評価方法に準じて評価することとなります。

この場合、活発な市場が存在する(注1)暗号資産については、活発な取引が行われることによって一定の相場が成立し、客観的な交換価値が明らかとなっていることから、外国通貨に準じて、相続人等の納税義務者が取引を行っている暗号資産交換業者が公表する課税時期における取引価格(注2、3、4)によって評価します。

なお、活発な市場が存在しない暗号資産の場合には、客観的な交換価値を示す一定の相場が成立していないため、その暗号資産の内容や性質、取引実態等を勘案し個別に評価します(注5)。

（注）１　「活発な市場が存在する」場合とは、暗号資産取引所又は暗号資産販売所において十分な数量及び頻度で取引が行われており、継続的に価格情報が提供されている場合をいいます。

２　「暗号資産交換業者が公表する課税時期における取引価格」には、暗号資産交換業者が納税義務者の求めに応じて提供する残高証明書に記載された取引価格を含みます。

３　暗号資産交換業者（暗号資産販売所）において、購入価格と売却価格がそれぞれ公表されている場合には、納税義務者が暗号資産を暗号資産交換業者に売却する価格（売却価格）で評価して差し支えありません。

４　納税義務者が複数の暗号資産交換業者で取引を行っている場合には、納税義務者の選択した暗号資産交換業者が公表する課税時期における取引価格によって評価して差し支えありません。

５　例えば、売買実例価額、精通者意見価格等を参酌して評価する方法などが考えられます。

【関係法令等】

評価通達４－３、５

≪５　源泉所得税関係≫

５－１　暗号資産による給与等の支払〔令和２年12月更新〕

問　当社は、従業員からの要望を受け、労働協約で別段の定めを設け、月々の給与等の一部を取引所で売買可能な暗号資産で支払うことにしました。この場合の給与に係る所得税の源泉徴収をどのように行えばよいですか。

（例）10月10日　従業員の９月分給与について、200,000円を現金で支払い、一部を当社が保有する暗号資産（給与支給時の取引価格は50,000円）で支払った。

答　従業員の給与の支給額は、現金200,000円と暗号資産の価額50,000円を合計した250,000円となりますので、250,000円を給与の支給額（月額）として源泉徴収税額を計算することになります。

給与は、金銭で支給されるのが一般的ですが、お尋ねのケースのように、労働協約で別段の定めを設け、給与の一部を暗号資産で支給する場合、その暗号資産による支給分も給与所得の収入金額に該当します。

したがって、源泉徴収義務者である貴社は、給与の支払の際、暗号資産の支給分も合わせて源泉徴収税額の計算を行うことになります。

なお、現金以外の現物給与については、その経済的利益を評価する必要がありますが、暗号資産の場合は、その支給時の価額で評価することになります。

【関係法令等】

所法28、36、183

≪６　消費税関係≫

６－１　暗号資産を譲渡した場合の消費税〔令和５年12月更新〕

問　当社は、国内の暗号資産交換業者を通じて、保有する暗号資産を譲渡しました。この場合の消費税の課税関係を教えてください。

答　国内の暗号資産交換業者を通じた暗号資産の譲渡には、消費税は課されません。

消費税法上、支払手段及びこれに類するものの譲渡は非課税とされています。国内の暗号資産交換業者を通じた暗号資産の譲渡は、この支払手段等の譲渡に該当し、消費税は非課税となります。

また、消費税の確定申告を一般課税により行う場合には、仕入控除税額を計算する際、当課税期間の課税売上高、免税売上高及び非課税売上高を基に課税売上割合を算出することとなりますが、支払手段等に該当する当該暗号資産の譲渡については、課税売上割合の算出に当たって、非課税売上高に含めて計算する必要はありません。

（参考）

1　暗号資産交換業者に対して暗号資産の売買に係る仲介料として支払う手数料は、仲介に係る役務の提供の対価として支払うものですので、課税対象になります。
　なお、暗号資産の売買を目的とした購入に係る手数料は、消費税の申告において個別対応方式を採用する場合、課税資産の譲渡等以外の資産の譲渡等にのみ要する課税仕入れ（いわゆる非課税売上げに対応する課税仕入れ）に該当することとなります。

2　平成29年６月以前に国内において行った暗号資産の譲渡は、消費税の課税対象となります。
　なお、消費税の課税事業者に該当する方が、平成 29 年６月以前に国内において行った暗号資産の購入に係る課税仕入れについて仕入税額控除の適用を受けるためには、取引の相手方の氏名等一定の事項が記載された帳簿及び請求書等の保存が要件となりますが、暗号資産交換業者などの媒介者を介して行われる暗号資産の購入に関し、取引の相手方又は媒介者から請求書等の交付を受けられないなど、やむを得ない理由がある場合には、帳簿にその旨と媒介者の氏名等を記載して保存することとなります。

3　令和５年６月１日以後に国内において行われる電子決済手段の譲渡についても、上記と同様に、支払手段等の譲渡に該当しますので、消費税は非課税となります。
　また、当該電子決済手段の譲渡についても、課税売上割合の算出に当たって、非課税売上高に含めて計算する必要はありません。

【関係法令等】

消法６①、30、別表２二

消令９④、48②

６－２　暗号資産の貸付けにおける利用料〔令和５年12月更新〕

問　当社は、国内の暗号資産交換業者との間で暗号資産貸借取引契約を締結し、保有している暗号資産を貸し付けることにより、１年後の契約期間満了時に、当該貸し付けた暗号資産に一定の料率を乗じた金額を利用料として受領しました。
　暗号資産交換業者が定める利用規約には、当社が暗号資産交換業者に対して暗号資産を貸し付け、契約期間が満了した後、当該貸し付けた暗号資産と同種及び同等の暗号資産が暗号資産交換業者から当社に返還されるとともに、当該返還に際して、利用料が支払われることが規定されています。
　この場合の消費税の課税関係を教えてください。

答　利用料を対価とする暗号資産の貸付けには、消費税が課されます。

　暗号資産交換業者が定める利用規約には、契約期間が満了した後、貸し付けた暗号資産と同種及び同等の暗号資産が暗号資産交換業者から貴社に返還されるとともに、利用料が支払われることが規定されていることから、ご質問の取引は事業者が対価を得て行う「資産の貸付け」に該当します。
　また、ご質問の取引は、支払手段及びこれに類するもの（暗号資産）の譲渡、利子を対価とする金銭の貸付け及び有価証券の貸付けのほか、消費税法別表第二に掲げる非課税取引のいずれにも該当しません。
　したがって、利用料を対価とする暗号資産の貸付けは、消費税の課税対象となります。

（参考）
　利用料を対価とする電子決済手段の貸付けについても、支払手段及びこれに類するものの譲渡、利子を対価とする金銭の貸付け及び有価証券の貸付けのほか、消費税法別表第二に掲げる非課税取引のいずれにも該当しませんので、消費税の課税対象となります。

【関係法令等】

消法２①八、４①、６①、別表第２
消令９④

≪７　法定調書関係≫

７－１　財産債務調書への記載の要否〔令和５年12月更新〕

問　国内外の暗号資産取引所に暗号資産を保有しています。暗号資産は財産債務調書への記載の対象になりますか。

答　暗号資産を 12 月 31 日において保有している場合、財産債務調書への記載が必要になります。

暗号資産を預けている暗号資産取引所の所在が国内か国外かについては、財産債務調書への記載の要否に影響はありません。

財産債務調書には、暗号資産の種類別（ビットコイン等の銘柄別）及び用途別（一般用及び事業用の別）に記載してください。

（注）　暗号資産の所在については、国外送金等調書規則第12条第３項第６号及び第15条第２項の規定により、その財産を有する方の住所（住所を有しない方にあっては、居所）の所在となりますので、所在別の記載は要しません。

【関係法令等】

国外送金等調書法６の２①③
国外送金等調書令 12 の２⑧
国外送金等調書規則 12③六、15①②、別表第三

７－２　財産債務調書への暗号資産の価額の記載方法〔令和５年12月更新〕

問　暗号資産の価額は、どのように記載すればよいですか。

答　暗号資産の価額については、その年の12月31日における「時価」又は「見積価額」により記載します。

活発な市場が存在する（注１）暗号資産については、活発な取引が行われることによって一定の相場が成立し、客観的な交換価値が明らかとなっていることから、財産債務調書を提出される方が取引を行っている暗号資産交換業者が公表するその年の12月31日における取引価格（注２、３、４）を時価として記載します。

（注）１　「活発な市場が存在する」場合とは、暗号資産取引所又は暗号資産販売所において十分な数量及び頻度で取引が行われており、継続的に価格情報が提供されている場合をいいます。

２　「暗号資産交換業者が公表するその年の12月31日における取引価格」には、暗号資産交換業者が財産債務調書を提出される方の求めに応じて提供する残高証明書に記載された取引価格を含みます。

３　暗号資産交換業者（暗号資産販売所）において、購入価格と売却価格がそれぞれ公表されている場合には、財産債務調書を提出される方が暗号資産を暗号資産交換業者に売却する価格（売却価格）を記載して差し支えありません。

４　財産債務調書を提出される方が複数の暗号資産交換業者で取引を行っている場合には、財産債務調書を提出される方の選択した暗号資産交換業者が公表するその年の12月31日における取引価格によって記載して差し支えありません。

時価による算定が困難な場合、その年の12月31日における財産の現況に応じ、その財産の取得価額や売買実例価額などを基に、合理的な方法により算定した価額を見積価額として記載しても差し支えありません。

この場合の暗号資産の見積価額は、例えば、次のような方法により算定された価額をいいます。

①　その年の12月31日における売買実例価額（その年の12月31日における売買実例価額がない場合には、その年の12月31日前の同日に最も近い日におけるその年中の売買実例価額）のうち、適正と認められる売買実例価額

②　①による価額がない場合には、その年の翌年１月１日から財産債務調書の提出期限までにその暗号資産を譲渡した場合における譲渡価額

③　①及び②がない場合には、取得価額

【関係法令等】

国外送金等調書法６の２⑥

国外送金等調書令12の２②

国外送金等調書規則12⑤、15④

７－３　国外財産調書への記載の要否〔令和４年12月更新〕

問　国外の暗号資産取引所に暗号資産を保有しています。暗号資産は国外財産調書への記載の対象になりますか。

答　国外財産調書への記載の対象にはなりません。

暗号資産は、国外送金等調書規則第12条第３項第６号の規定により、財産を有する方の住所（住所を有しない方にあっては、居所）の所在により「国外にある」かどうかを判定する財産に該当します。また、国外財産調書は、居住者（国内に住所を有し、又は現在まで引き続いて１年以上居所を有する個人をいい、非永住者を除きます。）が提出することとされています。

したがって、居住者が国外の暗号資産取引所に保有する暗号資産は、「国外にある財産」とはなりませんので、国外財産調書への記載の対象にはならず、財産債務調書への記載の対象となります。詳しくは「７－１　財産債務調書への記載の要否」を参照してください。

【関係法令等】

国外送金等調書法５
国外送金等調書令10⑦
国外送金等調書規則12③六

監修・著者一覧

【監修】

武田　恒男　税理士・一般社団法人租税調査研究会代表理事
東京国税局調査第一部調査開発課長、同局課税第二部資料調査第一課長、同局課税第二部次長、新宿税務署長等を歴任。

【著者】

＊筆者はすべて、税理士・一般社団法人租税調査研究会主任研究員

岡田　秀一
第１章
東京国税局課税第二部法人税課国際調査専門官、同局総務部税務相談室主任税務相談官、同局調査第三部統括国税調査官、広島局・三原税務署長を歴任。

松崎　啓介
第２章第１節
財務省主税局勤務（税法の企画立案に従事）、東京国税局調査部特官・統括官、審理官、企画課長、審理課長、個人課税課長、国税庁監督評価官室長、金沢国税局長を歴任。

山本　敏治
第２章第２節
東京国税局調査第一部特別国税調査官、税務大学校教授、国税庁長官官房東京派遣主任国税庁監察官、税務大学校主任教授、板橋税務署長を歴任。

松田　敬一
第２章第２節
東京国税局課税第一部資料調査第一課、同総務課課長補佐、相模原税務署副署長、署特別国税調査官（法人・開発・総合）、東京国税局調査第二部統括官、鎌倉税務署長等を歴任。

塚本　浩二
第２章第３節
東京国税局課税第二部法人課税課（審理・技術、源泉）課長補佐・実務指導専門官、国税庁長官官房監督評価官室監督評価官、東京国税局総務部次長、千葉東税務署長を歴任。

名取　和彦
第２章第４節
東京国税不服審判所副審判官、税務大学校教授、東京国税局税務相談室主任税務相談官、大森税務署長を歴任。

坂本　明美
第2章第5節
東京局課税一部機動課主査、同局資産税課実務指導専門官、監察官、副署長、資産税調査特官、局主任相談官、関信局桐生税務署長を歴任。

野末　英男
第3章
東京国税局課税第二部法人課税課課長補佐·国際税務専門官、税務学校教授、東京国税局課税第一部税訟務官室主任訟務官、同局課税第二部資料調査第三課長、成田税務署長を歴任。

笹崎　治孝
第4章
東京国税局課税第一部個人課税課課長補佐、東京上野税務署特別国税調査官（開発担当）、東京国税局査察部統括査察官、同局調査第三部統括国税調査官、平塚税務署長を歴任。

大塚　一長
第5章
第6章
東京国税局査察部主査、東京国税局調査第一部特別調査官、国税庁監察官、東京国税局調査第四部調査総括課長、同局総務部次長、京橋税務署長を歴任。

岡　直樹
第5章
第6章
税務大学校研究部教授、東京国税局調査第一部主任国際審理官、国税庁長官官房国際業務課（国際課税分析官）、東京国税局課税第一部（主任国税訟務官）目黒税務署長を歴任。

川口　桂司
第5章
第6章
東京国税局課税一部統括国税実査官、大阪国税局課税二部資料調査一課長、調査部次長、目黒税務署長、品川税務署長などを歴任。

【編集協力】

清水　太一
東京国税局総務部情報処理部門（SE）主任、同調査部（海外取引等調査担当）（移転価格等調査担当）国際税務専門官、主任国際情報審理官付（APA担当）国際税務専門官など歴任。

【執筆・編集協力】

宮口　貴志
税金専門紙・税理士業界専門紙の元編集長、（株）ZEIKENメディアプラス代表取締役、TAXジャーナリスト。一般社団法人租税調査研究会専務理事・事務局長。

サービス・インフォメーション

通話無料

①商品に関するご照会・お申込みのご依頼
TEL 0120(203)694/FAX 0120(302)640

②ご住所・ご名義等各種変更のご連絡
TEL 0120(203)696/FAX 0120(202)974

③請求・お支払いに関するご照会・ご要望
TEL 0120(203)695/FAX 0120(202)973

●フリーダイヤル(TEL)の受付時間は、土・日・祝日を除く 9:00〜17:30です。

●FAXは24時間受け付けておりますので、あわせてご利用ください。

一冊ですべてわかる!
暗号資産の税務処理と調査対応のポイント
令和6年度補訂版

2025年4月5日　初版発行

監　修　武　田　恒　男

発行者　田　中　英　弥

発行所　第一法規株式会社
〒107-8560　東京都港区南青山2-11-17
ホームページ　https://www.daiichihoki.co.jp/

暗号資産令6補　ISBN978-4-474-09664-6　C2034 (4)